민주주의의 무기, 똘레랑스

민주주의의 무기, 똘레랑스

지은이 필리프 사시에 | **옮긴이** 홍세화
초판 1쇄 인쇄 2010년 2월 5일 | **초판 1쇄 발행** 2010년 2월 10일
기획위원 양억관 정창영 | **편집** 김영주 | **디자인** 민진기디자인
펴낸이 송성호 | **펴낸곳** 이상북스
출판등록 제313-2009-7호(2009년 1월 13일) | **주소** 서울특별시 마포구 망원2동 431-15 102호
이메일 esangbooks@gmail.com | **전화** 02-6082-2562 | **팩스** 02-3144-2562
ISBN 978-89-93690-02-6 03300

*책값은 뒤표지에 표기되어 있습니다. *파본은 구입하신 서점에서 교환해 드립니다.

이 도서의 국립중앙도서관 출판시도서목록(CIP)은 e-CIP 홈페이지(http://www.nl.go.kr/ecip)에서 이용할 수 있습니다.(CIP 제어번호: CIP2010000180)

이상북스

민주주의의 무기, 똘레랑스

반성과 성찰을 넘어 공존과 자유를 위해 행동하라

Pourquoi la tolérance

필리프 사시에 지음 | 홍세화 옮김

일러두기

1. 이 책은 지난 2000년 상형문자에서 발간된 《왜 똘레랑스인가》를 개정하고, 원고를 추가,
   재가공하여 새롭게 펴낸 것임을 밝힌다.
2. 본문 중 역자 주는 각주로, 저자 주는 미주로 표기했다.
3. 미주 부분의 책 제목, 논문 제목 등은 이해와 가독성을 위해 가급적 원어를 따로 표기하지
   않고 번역자가 우리말로 번역한 제목으로 표기했다. 그러나 참고문헌에는 원어를 그대로
   표기했다.

왜 다시 똘레랑스인가

한국 사회는 경제적인 면에서는 성장했는지 모르지만 정신적인 면에서 성숙한 사회가 된 것 같지는 않다. 지난 1998년부터 10년간, 일부 보수 언론이 주장하는 "잃어버린 10년"이라는 말과는 달리 한국 사회는 민주주의의 작은 진전이 있었다. 그 '잃어버린 10년'을 거친 새 권력은 과거로 다시 돌아가기 위해 몸부림치고 있다. 그 와중에 지난 2009년, 전직 대통령 두 분이 아쉬운 죽음을 맞았다. 그 중 한 분은 새로운 권력의 표적이 되었고, 결국 스스로 생을 마감했다.

지금 한국 사회가 가진 모순을 극복하기 위해서 무엇이 필요할까? 이 땅에 팽배해 있는 극단적 물질 만능주의와 이제는 거의 고착화된 것처럼 보이는 양극화 현상 앞에서 '책 만드는 사람'으로서 어떤 고민을 해야 할까? 인문학 출판사들이 '인문학의 위기'를 말할 때 '돈 버는' 책들이 베스트셀러 자리를 점령하고 있는 것이 현실이다. '가진자'가 되기 위한 책들은 수없이 쏟아지고 있는데, 그만큼 약자를 배려

하고 모든 사람이 '사람답게 사는 사회'를 위한 이론적 토대를 마련해주는 교양서를 만나기란 쉽지 않다. 그래서 '평등한 세상을 위한 지식'이 담긴 책을 기획하고자 했다.

이 책은 그 생각의 첫 번째 성과다.

홍세화 선생의 번역을 통해 '똘레랑스'라는 이론을 만난 지 꼭 10년이 되었다. 10년 만에 다시 똘레랑스를 이야기한다는 것은 그만큼 '똘레랑스' 사상이 한국 사회에 뿌리내리지 못했다는 반증일 수 있다. 하지만 민주주의의 사상적 무기로서 '똘레랑스'는 결코 포기할 수 없는 가치다. '나와 다른' 입장과 생각을 '용인'하지 않고는 서로 다른 개성과 조건의 사람들이 어울려 사는 진정한 민주주의 사회를 만들 수 없기 때문이다. 똘레랑스가 없는 사회는 나와 다른 이에 대한 적대감과 상대적 우위에 있는 자들에 의한 압제가 공익과 진리를 지체 없이 이기게 되기 때문이다. 앞서 언급했지만, '한국 사회의 모순'을 극복하기 위한 이론적 무기로써, 적지 않은 역사를 가진 이 사상이 필요하지 않을까?

제목에 '민주주의의 무기'라는 표현을 쓴 것은 자칫 '젊잖게' 보여질 수도 있는 똘레랑스의 본질적 의미에 중점을 두었기 때문이다. 그리고 지난 5세기에 걸쳐 논의되고 다듬어져 온 서양 철학사를 담고 있는 이 책의 내용이 '물 건너 온' 이론에 익숙치 않은 이들에게는 자칫 딱딱한 것으로 받아들여질 수 있을지도 모른다는 생각에, 조금이나마 독자와의 거리를 좁히고 현실적인 면에 적용하기 위해 원서의 내용을 보충 설명하거나, 원서에 담기지 않았으나 필요할 만한 질문들을 몇 가지 분야에 걸쳐 정리했다. 대표적으로 '한국 사회와 똘레랑스' '똘레랑스와 교육' '똘레랑스의 미래' 등이다. 그리고 역자인 홍세화 선생에게 인터뷰를 요청했다. 한국 사회에 '똘레랑스'를 처음 소개했으며, 지금도 이 사회의 소외된 이웃과 약자들에 대한 관심과 생각을 끊임없이 실천하고 있는 지식인으로서 이 책의 내용을 우리의 현 상황과 눈높이에 맞추어 보여줄 수 있으리라는 생각에서다. 그것을 정리한 것이 이 책 앞부분에 실린 인터뷰, 〈성찰하는 개인에서 행동하는 시민으로〉다. 여기에는 우리 사회 여러 분야에 걸친 홍세화 선생의 생각과 고민이 담겨 있다. 이로 인해 본문 텍스트에 집중력을 떨어뜨릴 수 있고, 해석의 여지가 좁아질 수 있다는 위험이 있다. 하지만 똘레랑스 이론에 접근하고 적용하는 데 유용한 현실적 메시지가 된다면 그것으로 족하다는 생각이다. 이에 대한 판단은 독자의 몫으로 남긴다.

흔쾌히 인터뷰를 수락해 준 홍세화 선생과 불편한 환경에서도 묵묵히 인터뷰 전 과정을 촬영해 준 정창영 시네마오일공 대표에게 감사드린다. 마지막으로, 의미 있는 책이 절판된 것을 아쉽게 생각한 내게 이 책의 출간을 허락해 준 상형문자 출판사 최광용 대표에게 감사드린다.

2010년 2월
편집인 송성호

한국의 독자들에게

내 책이 한국에서 번역 · 출간될 예정이란 말을 들었을 때, 나는 지난 5세기 동안 유럽에서 일어난 서양 사상의 변천 과정을 개괄하는 이 책이 전혀 다른 문화적 맥락을 가진 한국인들에게 어떤 의미가 있을지 자문했다. 그러나 곧 나는 다시 생각하게 되었다. 이 책이 보여주고자 했던 똘레랑스에 대한 정당화의 다양함에 비추어 똘레랑스가 하나의 보편적 가치가 될 수 있겠으므로, 우리는 가정假定의 이 보편성―그 바탕에 질서와 유용성과 무상성無償性의 세 가지 접근이 뒤얽혀 있는―을 경험해 보는 기회를 붙잡기로 한 것이다. 실상 서양에서 벌어진 똘레랑스 사상의 이 간결한 역사가 한국인의 지성에게 말하지 않을 이유가 무엇이겠는가?

똘레랑스라는 말 자체도 그렇거니와 똘레랑스에 관한 토론이 16세기 서양에서 시작된 것은 종교적 맥락 속에서였다. 당시의 질문은 하느님의 신성과 계명에 관한 잘못된 의견을 참고 견뎌야 하는가에 있었다. 똘레랑스 옹호자들의 주된 답변은, 물질세계와 정신세계는 서로 별개의 것이므로 하느님의 말씀 자체에 따라 물질세계는 정신세계에 아무런 권력을 행사할 수 없으며, 따라서 종교 사상은 그 자체의 비물질적 질서와 그 목적에서 지상의 권력에 대해 필연적으로 자유롭다는 것을 확인시키는 데 있었다.

그러나 오늘날의 이데올로기적 갈등은 물질세계의 목적에 대한 영적 세계의 목적에 관련되는 것이 아니라 단 하나의 세계, 지금 이 세상 사람들의 행복 위에 놓이게 되었다. 내세란 없으며 최후의 심판─우리들에게 이 세상에서 심판하기를 금지케 했던, 그래서 심판하지 않아도 되었던─도 없다. 인간은 이제 자신의 진리를 지키는 유일한 수호자가 된 것이다. 지상의 생명, 우리가 단 한 번밖에 누리지 못하는 생명과 관련된 진리를 절박하게 지켜야 한다. 그렇다면 당연히 앵똘레랑스가 요구되는 것이 아닌가?

그렇지 않다. 왜냐하면 우리가 지키고자 하는 대의에 앵똘레랑스는 쓸모없는 것이기 때문이다. 설령 반대자들을 모두 죽여 없애겠다고 결정─현대의 폭군들조차 끝내 이루지 못한 일인데─한다고 해도 학대받는 사상은 항상 되살아나게 마련이다. 왜냐하면 학대받는 사상은 고통을 당하면서 더욱 살찌며, 고통을 당하면 당할수록 더욱더 용기와 의열義烈을 불러일으키며(옳지 않은 사상도 마찬가지다), 더욱더 정신 속에 각인되고 들불처럼 번지는 것이다. 잘못된 사상도 탄압하면 그것을 퍼뜨리는 결과를 가져온다. 이와 반대로, 참을성과 선함으로 이루어진 평화적인 방법은 우리가 지키고자 하는 대의에 친밀하게 한다. 이 평화적인 방법은 설득 대상자의 이성에만 호소함으로써 모든 인간의 내면에 현존하는 보편적 이성에 따른다는 증거를 제시한다. 그런데 과연 우리는 보편적 이성을 믿고 있는가?

그리고 우리는 인간이 인간을 옥죄는 결정론 너머 자유롭다고 믿고 있는가? 만일 인간이 자유롭지 못하다면, 그 모든 투쟁, 그 모든 완고함, 그 모든 고통은 도대체 무슨 소용이 있는가? 인간을 이끄는 기계적 역학은 우리를 필요로 하지 않는다. 그런 만큼 모든 인간은 자기 자신에게 내맡겨지게 된다. 그러나 만일 존재의 저 깊은 곳에서 인간이 자유롭다면, 다시 말해, 자발성과 무상성의 능력을 갖추었다면, 그 부분이 말하도록 놔두어야 할 것이다. 왜냐하면 그것은 삶 자체이며 새롭고 뜻밖인 우리의 희망이기 때문이다.

자유를 위하여 이 똘레랑스는 유일하며, 유달리 엄격하면서 복합적인 하나의 한계를 규정한다. 곧 나의 자유가 남의 자유를 침범하지 않아야 한다는 것이다. 참된 똘레랑스는 나의 자유를 인정할 뿐만 아니라 남의 자유도 인정할 때에만 실천될 수 있다. 그리하여 똘레랑스는 하나의 윤리이며, 각 개인이 보다 우월한 원칙을 위해 자신의 이해관계에 반하여 행동할 수 있게 하는 진정한 덕목이다.

똘레랑스는 투쟁에서의 무기이며, 성숙된 덕목이다.

2000년 11월

필리프 사시에Phillippe Sassier

성찰하는 개인에서
행동하는 시민으로

이 내용은 지난 2009년 10월 26일과 11월 23일 양일간 이상북스 사무실에서 약 4시간에 걸쳐 진행한 인터뷰를 정리한 것이다. 편집인의 질의와 번역자의 답변과 해설로 구성된 이 인터뷰는 독자에게 이 책의 내용을 좀더 쉽게 소개하기 위한 것이다. '똘레랑스'의 의미를 가급적 다양한 방식으로 소개하려 했으나, 모든 것을 담지는 못했다. 그러나 원서에는 없는 '한국 사회와 똘레랑스' '똘레랑스의 새로운 개념' 등을 소개하고 있으므로 원서를 보충하는 의미가 될 수 있겠다. 또한 똘레랑스의 개념을 보다 새롭게 보는 계기가 될 수 있을 것이다.

　민주주의의 무기, 똘레랑스

똘레랑스의 의미

편집인   만나 뵙게 되어 반갑습니다.

홍세화   반갑습니다.

편집인   1995년, 《나는 빠리의 택시 운전사》라는 책으로 선생님의 중심 주제인 '똘레랑스'가 한국 사회에 소개되었습니다. 또 선생님의 인기와 더불어 똘레랑스 바람을 일으키셨다고 봅니다. 15년이 지난 지금, 다시 똘레랑스가 제기되어야 하는 이유는 무엇일까요?

홍세화   현 정권이 들어선 뒤 자기와 다른 생각을 가지고 있는 사람들에 대한 불관용 또는 배제가 관철되고 있습니다. 그래서 더 피부로 느끼는 것 같습니다. 똘레랑스 사상이 하루 이틀이나 몇년 사이에 한 사회에 정착된다는 건 애당초 불가능한 일입니다. 똘레랑스가 차이에 대한 성찰이성의 반영이라고 할 때 차이를 용인할 만한 성찰이성이 사회 구성원 각자에게 중요하게 자리 잡힐 수 있다는 것 자체가 쉬운 일이 아닙니다. 사회 구성원들이 사회화 과정을 통해 의식을 형성한다고 본다면, 똘레랑스가 사회 속에 녹아들기 위해서는 오랜 시간과 교육이 필요하다고 보는 거죠. 그래서 똘레랑스는 한국 사회에서 끊임없이 반복해서 주장해야 하는 주제라고 생각합니다. 제가 프랑스에서 20여 년을 살았는데, 프랑스 사회도 아직 똘레랑스가 부족하기 때문에 똘레랑스를 강조하고 있는데요, 그래도 우리나라에 비교하면 많은 부분에 있어서 진전이 있다는 거죠. 똘레랑스를 강조하는 교육 과정도 있고요. 정치 토론을 하는 자리에서도 데모크라시(민주주의)만큼이나 만만치 않게 논의되고 주장되는 게 똘레랑스입니다. 프랑스에 살면서 그 사회에서 강조되고 구성원들 사이에서 폭넓게 공유되고 있는 가치로 느끼게 되었습니다. 또 한국 사회에서 차이를 용인하지 않는 정신자세나 행동이 얼마나 비극적이고 잔인한 결과를 가져왔었는지에 대한 저의 사적 경험도 있었고 역사 인식도 있었기 때문에 제가 더 강조를 하고 앞으로도 계속 강조할 수밖에 없습니다.

편집인　외래어인 '똘레랑스'의 의미를 소위 '관용' 혹은 '참음' 정도로만 인식이 되었던 것 같습니다. 똘레랑스의 의미를 명확하게 설명해 주십시오.

홍세화　가장 간단하게 줄인다면 '관용'보다는 '용인'이라고 말하겠습니다. 똘레랑스라는 말의 어원이 이 책에도 소개되고 있습니다만, '똘레라레tolerare'라는 라틴어에서 온 것인데 '참다' '견디다'의 뜻입니다. '관용'은 너그러울 관寬 자가 있어서 '너그럽게 받아들인다'라는 의미입니다. 그 말보다는 '용인', 즉 '참고 받아들인다'가 좀더 가깝습니다. 그렇다면 무엇을 용인하는가 하는 문제가 제기되지 않습니까? 관용이라는 말에는 아랫사람의 실수나 잘못을 너그럽게 용서해 준다는 의미가 담겨 있습니다. 똘레랑스는 그런 게 아니라 '차이' 그 자체를 받아들이는 것입니다. 종교가 다르든, 사상이 다르든, 피부 빛깔이 다르든, 문화가 다르든, 성징이 다르든 이 다른 것들을 다른 그대로 받아들이는 정신자세를 똘레랑스라고 할 수 있습니다. 그래서 관용보다는 용인이라고 얘기하고 싶고, 더 나아가서는 '화이부동' 에 아주 가깝거나 거의 같다고 생각합니다. 논어에 '군자는 화이부동하고 소인은 동이불화한다君子 和而不同, 小人 同而不和' 라고 쓰여 있습니다. 군자는 획일화하지 않으면서 서로 평화롭다는, 그러니까 다른 것을 그대로 놔둔 채 평화롭게 공존한다면, 소인은 같으면서 불화한다는, 그러니까 별 차이 없으면서 불화한다는 거죠.

화이부동을 좀더 쉽게 얘기한다면 예를 들어, '70퍼센트 정도가 크리스천이고 20퍼센트 정도가 무슬림이고 10퍼센트 정도가 종교가 없는' 사회를 상정해 볼 때, 화이부동이란 곧 70퍼센트인 크리스천과 20퍼센트인 무슬림과 10퍼센트인 종교가 없는 사람들이 그 상태대로 평화로운 것입니다. 하지만 지금까지의 인간 역사는 70퍼센트인 크리스천이 다수의 힘으로 20퍼센트인 무슬림이나 10퍼센트의 신앙 없는 사람들을 탄압하고 크리스천으로 개종할 것을 강제해 온 역사이고, 이 강제를 받아들이지 않을 때 억압하고 감옥에 가두고 심지어는 죽이기까지 해온 역사입니다. 이는 16세기 종교분쟁 때만의 얘기가 아니라, 최근의 유고 내분 과정 등을 통해서도 확인할 수 있습니다. 똘레랑스는 화이부동과 거의 같다고 말할 수 있겠습니다.

편집인 동양권에는 '중용' 과 '외유내강' 이라는 개념이 있습니다. 이런 개념들과 똘레랑스의 비슷한 점과 차이점을 이야기해 주십시오.

홍세화 만나는 부분이 있다고 생각해요. '중용' 이나 '외유내강' 이 만나는 지점은 분명히 있는데 그렇다고 완전히 일치되는 것은 아니라는 생각이 듭니다. '중용'도 우리가 본받아야 할 가치라고 생각하고, 특히 외유내강은 사람들이 어떤 삶의 자세를 가져야 되는가라는 면에서 아주 중요한 것임에는 분명합니다. 하지만 중용과 외유내강이 개인에 중점을 둔 문제라면, 똘레랑스는 사회적 가치라는 의미가 좀더 강합니다. 똘레랑스는 집단과 집단 사이의 문제로 제기되기 때문입니다. 똘레랑스는 중용이나 외유내강의 개념보다는 특히 차이의 문제에 대해 좀더 직접적인 요구를 담고 있다고 생각합니다.

똘레랑스와 성숙된 사회

편집인 이 책은 번역이 꽤 까다로왔을 거라는 생각이 듭니다. 번역을 하시면서 똘레랑스에 대해 새롭게 생각하신 점이 있다면 말씀해 주시고, 이 책이 한국의 독자들에게 시사하는 점은 또 무엇인지 말씀해 주십시오.

홍세화 번역을 하면서 매우 어려웠어요. 제가 전문적인 지식을 갖고 있지도 못한데…… 하지만 그 어떤 절실함이랄까 필요성에 의해 매달렸는데, 번역을 해 나가는 과정에서 유럽의 근대 사회에 있어서, 특히 사상론적 측면에서 똘레랑스가 아주 중요한 주제 중에 하나였다는 것을 확인할 수 있었죠. 그 면면들이 이 책에 담겨 있습니다. 이 책은 특히 우리가 더불어 사는 사회에서 공익과 진실이라는 중요한 가치를 제대로 보듬기를 바란다면 무엇보다 똘레랑스가 중요하다는 점을 말하고 있습니다. 저는 이 책을 통해 유럽 사회에서 종교분쟁 이후에 차이에서 발생되는 문제를 해결하고 극복하기 위해 얼마나 많은 담론과 노력이 있었는지 살펴볼 수 있었고, 이를 통해 이 문제가 만만한 문제가 아니라는 인식도 하게 되었습니다. 사실 종교는 신념의 문제와 결부되어 있어서 무서운 결과를 가져올 수 있지 않습니까? 16세기에 종교 분쟁이라는 엄중한 상황이 벌어진 이후 200년이 지난 18세기에도 해결되지 않은 점을 볼 때, 그리고 지금도 여전히 차이를 용인하지 않는 정신자세나 행동이 강력하게 관철된다고 볼 때, 차이를 용인하지 않는데서 비롯되는 갈등은 인간이 전쟁을 벌이고 있는 한 앞으로도 계속될 수밖에 없지 않을까 생각됩니다.

정도의 차이는 있지만, 결국 전쟁의 역사만큼이나 앵똘레랑스(불용인)의 역사는 그대로 이어질 수밖에 없고 그런 이유로 똘레랑스를 강조할 수밖에 없습니다. 만물의 영장이라는 인간이 같은 인간을 집단적으로 죽일 것을 예상하고 준비하고 실행하는, 어떤 동물도 하지 않는 짓을 하게 된 배경 자체가 역시 탐욕이라고 할 때, 똘레랑스에서 앵똘레랑스로 흘러가는 것도 역시 탐욕 문제와 결부될 수밖에 없고, 그런 면에서 공익과 진실이라는 것과 다시 정면으로 충돌할 수밖에 없습니다. 결국 전쟁이 남아 있는 한 앵똘레랑스라는 문제도 똑같이 남아 있을 수밖에 없을 것이고, 또한 전쟁이 나면 평화를 얘기해야 되듯이 앵똘레랑스가 곳곳에서 관철되고 있는 상황에서는 우리가 계속 똘레랑스를 얘기해야 되는 것입니다. 앵똘레랑스는 사회 곳곳에서 끊임없이 벌어지고 있는 것이기 때문에 우리는 일상 속에서 그런 정신자세나 행동에 맞서 싸워야 하지 않겠나 하는 겁니다.

편집인 그 이야기는 곧 인간의 본성이 앵똘레랑스한 것이 아닌가 하는 생각이 들게 합니다. 스스로 올바른 방향으로 가기 위해 어떻게 해야 하는지, 혹은 그런 본성을 극복하기 위해 어떤 교육을 해야 하는지 묻고 싶습니다.

홍세화 사회 구성원들의 성찰이성의 성숙입니다. 우리가 공상과학 소설을 볼 때, 나의 DNA을 집어넣으면 나와 똑같은 인간이 마구 제조되는 발상이 나오지 않습니까? 나와 똑같은 인간이 공장에서 만들어진다는 상상만으로 모두 다 끔찍해 하죠. 이처럼 나와 똑같은 인간들이 만들어진다는 것에 대해서 끔찍해한다면, 사람들이 모두 다른 것에 대해서 안도해야 할 것 같은데 실제로는 또 다르다고 시비를 겁니다. 왜 그런 반응을 보일까요? 결국 성찰이성이 성숙되지 못한 인간이 빠지기 쉬운, 비교 우위를 통해 자기만족하려는 저급한 속성이 일차적 원인이라고 봅니다. 다른 사람을 만났을 때, 그것이 종교가 다르든 뭐가 다르든 '내가 저 사람보다 나은 편에 있어' '나는 너보다 나은 집단에 속해' 라는 것을 통해 만족하려는 저급한 속성이 있다는 거죠. 이것이 바로 성찰이성의 성숙이 되지 않았을 때 인간이 보이는 즉자적인 반응의 모습입니다. 이렇게 즉자적인 반응을 보이는 사람들을 누가 활용하느냐, 바로 사익을 추구하는 정치인들입니다. 끊임없이 그걸 부추기고 사람들은 쉽게 거기에 매몰됩니다. 그래서 무엇보다 성찰이성의 성숙이 필요한 것이고, 더 나아가서 비교라는 단어에 대한 성찰이 필요한 것입니다.

성찰이성이 성숙된 사람은 다른 사람을 만나면 서로 성숙하기 위해서 서로의 어떤 장점을 주고받을까라는 것에 주로 관심이 있는 반면, 즉자적인 반응을 보이는 사람은 자신의 비교 우위를 확인하려는 것에 머뭅니다. 장점을 서로 나누면서 성숙하려는 것이 결여되어 있다는 겁니다. 수평적으로 남과 비교하는 것에만 익숙한 겁니다. 어느 대학을 나왔는가를 비교하고, 어느 명함을 갖고 있는가를 비교하고, 재산이 얼마인가를 비교하고 그러는 거죠. 그런 것 말고는 남에 관해 별 관심도 없습니다. 그러다 보니까 사라진 게—물신주의 가치관과 결합해서 나타난 건데요— 시차에 따른 비교가 사라졌다는 거예요. 나 자신을 놓고 나의 어제와 오늘을 비교하는 것이 사라졌다는 겁니다. 실제로 우리에게 중요한 것은 바로 이 부분인데 그런 것은 없고 어제도 남과 비교해서 "나는 서울대 출신이야" 오늘도 똑같이 "나는 저 사람보다 나아" 이렇게 남과 끊임없이 비교하는 것에 머물러 있지, "어제보다 나는 과연 더 성숙했나?" "내가 맺고 있는 인간관계가 어제보다 오늘 더 성숙했나"라고 묻지 않습니다. 심지어 부부 관계나 부모 관계에서도 관계의 성숙 비교라는 개념은 사라지고 끊임없이 남과 소유물로 비교하는 것만 남아 버렸기 때문에 아직까지는 앵똘레랑스가 자리잡기 너무나 쉬운 사회라고 봅니다.

편집인　그런 사회의 의식구조를 개편하기 위해, 똘레랑스의 가치를 인식하고 그 필요성을 절감하는 사람의 삶의 방식이나 지향은 어떻게 변해야 할까요?

홍세화 똘레랑스에 대한 가치를 인식하는 사람이 과연 어떻게 살 것인가? 우선 적극성입니다. 일상에서의 적극성입니다. 볼테르가 얘기한 그대로 광신자들보다 더 적극적인 사람들 나와 보라고 해보세요. 광신자들은 불용인(앵똘레랑스)의 전형인데, 그런 성향·성질에는 적극성이 내재되어 있습니다. 광분하는 모습들, 그것이 앵똘레랑스와 맞물려 있는 겁니다. 극단주의자들, 광신자들, 사익 추구 집단들, 며칠씩 노름하는 사람들의 눈빛은 모두 닮아 있습니다. 그렇다면 똘레랑스의 가치를 품고 있는 사람들이 침묵하거나 기껏해야 점잖아서는 그들을 이길 도리가 없어요. 똘레랑스는 그 자체에 적극성이 내재되어 있지 않습니다. 의지로 적극성을 결합시켜야 된다는 겁니다.

편집인 정리하면, 의지와 적극성이라고 할 수 있겠네요. 선생님께서 이 책을 처음 번역하고 나서도 꼬박 10년이라는 시간이 흘렀습니다. 이 책의 재출간 의미에 대해 선생님의 생각을 듣고 싶습니다.

홍세화 새롭게 출간되는 의미는 저희보다 오히려 현 정권이나 뉴라이트들이 주장한 '잃어버린 10년' 이 거꾸로 증언해 주지 않나 싶습니다. 공존의 가치가 조금이나마 열리는 것 같다가 '잃어버린 10년' 이라고 주장하는 세력들이 권력을 장악하면서 차이에 대한 불관용이 훨씬 더 노골적으로 드러나고 있습니다. 용산참사는 그 하나의 예입니다. 한국의 민주주의 성숙을 위해서도, 소수자나 약자의 인권 신장을 위해서도 거듭 중요하고 강력하게 똘레랑스의 가치를 인식해야 됩니다. 민주주의 성숙을 위한 무기로서도 말입니다.

아주 쉽게 얘기해 보겠습니다. 예컨대 'ㅎ'으로 시작되는 정당이 뭘 했다고 계속 제일당인지 이해하기가 어렵거든요. 그 뿌리에 무엇이 있어서 권력을 장악할 수 있을까요? 나는 앵똘레랑스의 두 가지 관점이 그들의 가장 강력한 권력 기반이라고 봐요. 하나는 "너 빨갱이지?"이고, 또 하나는 "너 전라도 사람이지?"라는 물음입니다. 다시 말해, "너 빨갱이지?"라는 물음으로 표상되는 국가보안법과 "너 전라도 사람이지?"에 담겨 있는 공격적 지역주의가 그것입니다. 민족주의도 제국주의적인 성향이 있고 저항적인 성향이 있다고 할 때, 영남의 지역주의는 공격적이라고 봐요. 한국 사회에서 "너 전라도 사람이지?"와 "너 경상도 사람이지?"라는 물음엔 분명히 차이가 있습니다. "너 경상도 사람이지?"라는 말은 "너 서울 사람이지?"라는 말과 별 차이가 없어요. 오로지 "너 전라도 사람이지?"라는 물음에는 뭔가가 담겨 있죠. 그것이 바로 앵똘레랑스의 괴물적 현상인데, 합천의 시민공원 이름이 학살자의 이름을 딴 '일해공원'으로 용납되는 이 현실, 그것이 한나라당이 제일당이 될 수 있는 토양이라는 겁니다. 그런 면에서 민주주의 성숙의 무기로서도 똘레랑스를 거듭 강조해야 한다고 봅니다.

한국 사회와 똘레랑스

편집인 똘레랑스가 한국의 현 상황에서 어떤 가치가 있는지 묻겠습니다.

홍세화 우선 똘레랑스가 민주주의 성숙을 위한 투쟁에 있어서 중요한 무기가 된다는 것입니다. 이 책의 저자인 필리프 사시에 씨와 대담하면서도 그런 이야기를 나누었고, 또 이 책에도 폭넓게 그런 내용을 많이 담고 있는데요, 공익과 진실이란 목표를 놓고 볼 때 결국 어떤 집단이 문제가 되냐 하면 바로 사익 추구 집단입니다. 사익 추구 집단이 성찰이성이 성숙되지 못한 사회 구성원들의 위에서, 그 집단의 비교우위라든지 집단의 다수라든지 이런 걸 부추기면서 지배하는 거죠. 그런 지배를 통해서 그들이 궁극적으로 추구하는 사적 이익이라는, 공익과 진실에 위배되는 것을 바로 똘레랑스의 반대인 앵똘레랑스를 통해 관철시키는 문제거든요.

역사적으로 볼 때에도 똘레랑스 사상이 먼저 제기됐다기보다는 그 반대였다고 봐야 합니다. 지배 세력이 성찰이성이 성숙되지 못한 사회 구성원들의 비교우위를 통해 자기만족하려는 저급한 속성을 이용함으로써 필연적으로 낳는 앵똘레랑스 행위들을 반대하기 위해서 똘레랑스 사상이 강조됐다는 것입니다. 사상이 먼저 있었던 것이 아니라 공익과 진실에 위배되는 지배 집단의, 사회 구성원들의 성찰이성의 결여를 활용해서 앵똘레랑스라는 행위를 통하여 그들의 사적 이익을 강화해 온 것에 대한 반성적 성찰로 나온 것이 똘레랑스 사상이기 때문에 지금 한국에도 그대로 적용될 수 있는 문제라고 봅니다.

편집인 2009년, 두 전직 대통령이 서거하는 사건들이 있었습니다. 이 사건들이 초기에는 추모 열기로 한참 뜨거워졌다가 금세 사라지고 맙니다. 이러한 우리 국민들의 '냄비근성' 이라고 할까요, 그것을 앵똘레랑스한 세력이 이용할 수 있겠다 싶은데…… 이러한 상황을 똘레랑스의 관점에서 어떻게 해석하시는지요.

홍세화　한 분은 비극적인 자살이였습니다만, 두 전직 대통령의 추모 열기를 똘레랑스의 관점으로 직접 들여다보기보다는 근대성의 관점이 필요하지 않을까 싶습니다. 물론 똘레랑스라는 가치도 근대성과 연관되는 것이긴 합니다. 이를테면 꽁도로세는 사람을 '생각하는 사람'과 '믿는 사람'의 두 부류로 나누었는데, '생각하는 사람'이 '근대형 인간'이라면 '믿는 사람'을 '중세형 인간'으로 보는 이런 관점의 차이입니다. 그런 기준에서 우리가 똘레랑스 사상을 얘기한다면 '믿는 사람'들이 빠질 수 있는 습성으로부터 성찰하는 것이 똘레랑스라고 얘기할 수 있겠죠. 한국 사회가 과연, 특히 인식과 습성이라는 면에서 사회 전반적으로 얼마나 근대성이 자리 잡혀 있는가 하는 물음입니다. 두 전직 대통령에 대한 추모 열기에 봉건적인 것도 결합되어 있다는 것을 분명히 짚어야 한다는 거죠. 이를테면 박정희 전 대통령에 대해 국민이 표현한 방식에는 봉건성이 담겨 있고 노무현 대통령이나 김대중 대통령에 대한 추모 열기에는 그런 게 담겨 있지 않다고 말하는 것은 합리적인 태도라고 보지 않아요. 이번 추모 열기에도 박정희 대통령 때보다는 좀 덜 했겠지만 국가 수반에 대해서 국부로 바라보는 봉건적 시각이 작용했다는 것을 우리는 무시해선 안 된다는 것이죠. 이건 물론 똘레랑스와는 다른 측면의 얘깁니다.

그러나 다른 생각을 갖고 있거나 다른 집단에 속할 때 얼마나 국가기관이 집요하게 앵똘레랑스 행위를 보일 수 있고, 또 그런 행위를 저질

렀는가라는 점에서 한국의 시민의식 성숙의 부재를 제기할 필요가 있습니다. 가령 김대중 전 대통령 묘소에 곡괭이를 들고 달려가는 사람들을 예로 들어보지요. 정상적인 나라에도 그런 극단적인 사람들이 간혹 있을 수 있어요. 하지만 그 행위에 대해서 주류를 차지하는 사람들이, 그들이 우파라고 하더라도 절대로 용납할 수 없는 행위로 인식되어야 하고 그래서 단죄해야 마땅합니다. 한국 사회의 비극은 집권 우파 세력이 극단주의 세력의 앵똘레랑스 행위를 제어하지 않는다는 데 있습니다. 그런 행위를 은근히 즐기거나 조장하는 편이죠. 어느 사회나 그와 같은 돌출적인 극단주의자들의 행위는 있을 수 있지만, 한국에서는 절대로 용납되어서는 안 되는 ―똘레랑스의 관점에서 봤을 때 절대로 용납할 수 없는 것은 앵똘레랑스 행위거든요― 앵똘레랑스 행위가 주류에 의해 용인되고 있는 겁니다. 전직 대통령의 묘소를 파헤치겠다는 행위, 그런 돌출적인 행위 자체도 참으로 참담한 일인데, 더 무서운 것은 그런 용납될 수 없는 행위들이 주류인 우파에 의해 용납되는 정도를 넘어 부추겨진다는 거죠. 이것이 한국적인 상황이고, 한국의 거의 대부분의 사회적 비극의 출발점이 여기 있다고 보는 겁니다.

편집인 그렇다면 그 이유가 국가가 똘레랑스가 부족해서일까요? 아니면 국민들의 시민의식이 성숙하지 못해서일까요?

홍세화 둘 다죠. 똘레랑스의 참된 의미가 한국 사회에서는 오해되고 있다는 생각이 들 때가 있습니다. 똘레랑스가 마치 이것도 좋고 저것도 좋고, 어영부영 우유부단한 것으로 보는데 그것과는 전혀 다른 것입니다. 똘레랑스는 앵똘레랑스에 대한 '단호한' 반대를 요구하는 것이기 때문에 훨씬 더 단호한 자세를 요구하는 거죠. 우리 사회에서 주체적인 시민의식이 부족한 것이나, 그렇기 때문에 똘레랑스 세력이 강화되지 못한 것은 같은 맥락이라고 봅니다.

우리의 역사 과정에서도 관계 설정 자체가 앵똘레랑스한 관계에 너무 익숙해져 버렸다는 것을 지적하지 않을 수 없습니다. 그건 무슨 얘기냐면, 일본 제국주의 시절에 다름의 관계는 결국 서로가 서로를 극복해야 되는 관계였죠. 경쟁관계가 아니라 서로 부정해야 되는 관계였습니다. 남북 분단도 서로를 부정해야 되는 관계였습니다. 이런 관계에 너무 익숙해져 버린 거예요. 그리고 그런 식의 교육을 받았습니다. 반공, 방첩, 국가보안법…… 이런 식으로 말입니다. 그래서 '공존의 미학'이라는 개념으로서 똘레랑스를 우리는 경험한 적이 별로 없어요. 서로 경쟁하면서 자신과 다른 존재를 인정해 준다는 것 자체가 우리에게 익숙하지 않은 거지요. 우리는 공존의 경험이 너무 부족합니다. 가령 운동 선수들이 서로 경쟁을 하지만 상대방의 존재를 인정한 뒤에야 모든 경기가 가능한 것인데, 우리는 '내가 살려면 널 죽여야 되는' 그런 관계에만 익숙하다는 겁니다. 집단과 집단 사이에는 관계 설정이 두 가지로 나타날 수 있습니다 '극복관계'이거나 '경쟁관게'입니디. 우리는 경쟁관계에 대한 경험이 별로 없습니다. 거의 다 극복관계입니다. 이런 것이 현 정권에서도 그대로 나타나고 있습니다. 그나마 김대중 정부나 노무현 정부 때는 경쟁관계의 설정이 조금은 가능할까 싶었는데 그마저도 싹이 피울까 말까 하는 상황에서 무너져 버렸다는 것이 현실이라고 봅니다.

똘레랑스와 교육

편집인 기득권 세력이나 소수의 언론 또한 문제라고 할 수 있겠지요? 그에 비하면 '정상적인' 생각을 갖고 살며 공부하는 사람들이 사실은 좀 세력이 약하다 싶습니다. 그리고 한국 사회는 사실 보수가 민족주의가 아닌 사회이지 않습니까?

홍세화 그렇죠. 분단이라는 특수한 현실이 왜곡을 낳았는데 그 중 하나가 한국의 자칭 보수집단이 실은 보수를 참칭하면서 사익을 추구하는 집단에 가깝다는 겁니다. 그런 면에서 소위 빅3 신문사들은 신문이라는 공기公器를 ― '공적 그릇' 은 공익을 담아야 되는 그릇인데 ― 그들의 사익을 극대화하기 위한 정치사회 환경을 만드는 데 쓰는 무기로 만든 사익 추구 집단입니다. 그런데 그들이 주류를 차지하고 있는 게 한국 사회입니다. '신문이 사회의 거울' 이라고 할 때, 그만큼 한국 사회가 몰상식하다고 말할 수 있는데, 그렇다면 어떻게 이에 맞서 싸울 것이냐? 저는 무엇보다 똘레랑스라는 가치가 학교 교육에서부터 반복적으로 강조되어야 한다고 봅니다. 가령 프랑스의 학교에서는 시민교육 시간에 똘레랑스를 폭넓게 강조하고 있습니다.

편집인 프랑스에는 공식 커리큘럼에 똘레랑스와 관련된 교육 과정이 있다는 말씀이시죠?

홍세화 네. 프랑스의 중등 과정에는 우리가 윤리나 국민도덕을 배우듯이 시민교육 시간이 있습니다. 거기에 담긴 중요한 가치 중의 하나가 똘레랑스입니다. 시민성, 근대성, 노동3권 이런 것들이 다 담겨 있는데 그것들을 그림으로 표현하면서 가르칩니다. 상대방이 한 얘기를 뒤집어서 똑같이 하는 것을 학생들에게 그림으로 보여주면서 그런 내용들을 가르치기도 합니다. 우리는 그 부분이 너무 없습니다. 생각해 보세요. 학생들이 남과 끊임없이 비교하면서 경쟁하는 것에만 익숙해져 버린 거죠. 몸에 '습꿥'을 하게 되는 겁니다. 우리가 '학습學꿥'이라는 표현을 쓰는데 '학'은 배우고 '습'은 몸에 익힌다는 겁니다. 우리는 어쩌다 배우는데, 일상 속에서는 그 배운 것의 반대를 익힙니다. 가령 인권의 가치를 어쩌다 배우는데 몸에 익히는 일상 속에서는 그 반대를 익혀요. 우리 학생들의 상황이 그래요. '더불어 살아야 된다.' 말로는 그러지만 끝없는 경쟁 속에 몰아넣고 있는 것이 일상이잖아요. 그러니까 민주주의 얘기를 해 봐야 말짱 헛것입니다. 학교의 일상 자체가 민주적이 아닌데 민주주의를 말해야 뭐하나요? 학교가 인권적인 공간이 아닌데 인권 얘기해야 뭐합니까? 인권이 중요하다고 아무리 얘기해도 그들이 일상적으로 '습'하면서 몸에 배는 것은 반인권적인 것이지요. 똘레랑스도 아무리 강조해도 그것이 '습'이 되지 않으면 안 되는 겁니다. 그래서 제가 교육을 강조하는 겁니다.

제가 프랑스에 가서 문화적 충격을 받은 것 중에 하나가 제 딸을 통해서였어요. 프랑스에 간 지 열흘 쯤 됐을까요, 아이가 만 다섯 살이었으니까 프랑스 말 한 마디도 못했고 집에서 혼자 놀았는데, 아이가 조금씩 밖으로 나가는 겁니다. 그러다가 결국 동네에 있는 조그만 공원까지 진출했어요. 그 또래 프랑스 아이들이 모래공원에서 서로 노는 데

휩쓸렸어요. 그 아이들과 같이 노는 거예요. 말도 안 통했죠. 그런데 이 아이가 저녁에 와서 하는 얘기가 뭐냐면 "여기 애들은 왜 날 안 때리지?"예요…… 충격적이었습니다.

편집인 차이를 이유로 타인을 배척하지 않는다는 거군요.

홍세화 한국에서 골목으로 나오면 놀다가도 결국은 치고 박고 싸우곤 했는데, 여기는 말도 안 통하는 아이들인데 아무도 자기를 해코지하지 않았다는 것입니다. 그게 사회 분위기인 겁니다. 사회 환경이고요.

편집인 그런 교육이 아이들에게까지 영향을 끼치는군요.

홍세화 그렇죠. 그것이 공존이란 거예요. 우리는 어른들 사이에서도 극복관계에 너무 익숙해서 지는 놈 있으면 이기는 놈 있고 빼앗기는 놈 있어야 빼앗는 놈이 있고…… 치열한 제로섬 게임에만 익숙해 있어요. 그것은 부부간에도 마찬가지고…… 그걸 보는 아이들이 무얼 배우겠어요. 그러니까 아이들도 그런 식으로 싸우는 거죠. 그런 사회화 과정에 대한 관찰과 분석이 대단히 중요하다는 것이고, 그래서 제가 교육을 강조하게 되는 겁니다.

편집인 싸우지 않으면 왕따를 당하고, 사회에서 힘이 약한 존재로 인식되는 경우를 많이 보긴 했습니다.

  민주주의의 무기, 똘레랑스

홍세화 그러니까 우리가 똘레랑스를 얘기하더라도 일상 자체는 앵똘레랑스한 것에 너무 익숙해져 버렸다는 거예요. 그것을 바꾸기 위해서도 학교 분위기와 환경이 바뀌어야 되는 문제, 경쟁 위주의 교육을 바꿔야 되는 문제…… 이런 것에 관심을 갖게 되는 것입니다.

편집인 저도 학교 생활을 하면서 느낀 바이고…… 또 한참 유행했던 7, 80년대 학창시절을 회고하는 영화들에서 보여지던 학교 안에서의 심각한 수준의 '폭력'과 '차별'은 예나 지금이나 다를 바가 없는 것 같습니다. 이걸 문화라고 생각해야 할까요? 아니면 전반적인 사회 분위기라고 해야 할까요?

홍세화 마찬가지죠. 제도와 생활 속에 다 묻어 있는 거죠. 피에르 부르디외의 말 중에 '지적 인종주의'라는 것이 있습니다. 인종주의는 앵똘레랑스의 전형적인 모습 중 하나인데, 피부 빛깔이 다르다는 이유로 유색인종을 차별하는 것을 당연하게 받아들이는 자세와 행동이 바로 인종주의입니다. 차이를 용인하라는 똘레랑스를 풀어서 얘기하면, 차이를 차별, 억압, 배제의 근거로 하지 말라는 겁니다. 다르다는 이유로 차별하지도 말고, 억압하지도 말고, 배제하지두 말라는 건데, 인종주의는 유색인종을 노골적으로 차별하는 것입니다. 인종주의가 옳지 않다는 문제의식은 있지만 여전히 한국 사회에 남아 있는 것이 사실입니다. 피에르 부르디외가 말한 지적 인종주의가 뭐냐 하면 사람이 태어날 때 어떤 사람은 두뇌 용량이 크게 나올 수 있거나 아이큐가 높은 사람이 있고 낮은 사람이 있을 수 있는데, 그건 자기가 선택하는 것이 아닌데, 그것이 학업 성적의 차이로 나타나고 학업 성적의 차이가 사회적 차별을 낳는 것, 또 그것을 너무나 당연하게 받아들이는 것을 지적 인종주의라고 부른 것입니다. 그럼 한국은 어떤가요? 저는 전 사회 구성원이 지적 인종주의자라고 생각해요. 똘레랑스가 조금이라도 진전된 사회에서는 기본적인 인권 보장의 측면에서도 아이들에 대한 우열반 편성은 상상도 할 수 없는 얘기입니다. 미성년자에게 석차를 주는 것도 있을 수 없는 일이죠. 아이들에게 다르다는 이유로 차별하고 억압하고 배제하고 마음에 상처를 주는 일은 용납할 수 없다는 겁니다. 물론 그들 사이에서 누군 공부 잘하고 누군 못한다, 이런 것을 자기들끼리 알지만 그걸 통해서 한국에서처럼 멸시당하는 것은 있는 수 없는 일입니다. 그 사회에서는 종교의 차이나 사상의 차이에 대한 똘레랑스에서 나름대로 진전이 있었기 때문에 지적 인종주의와 같은 문제의식을 끄집어낼 수 있는 것입니다. 그러나 한국은 아직 사상의 차이 문제라든지 성징의 차이 문제라든지에서도 진전이 어려운 상황이기 때문에 그런 걸 끄집어내기조차 버거운 상황인 겁니다.

편집인　요즘에는 부모가 돈이 있고 사회적 지위가 있어야 서울대에 들어갈 수 있다는 얘기가 떠오릅니다. 뭔가 예전보다 더 후퇴하고 있다는 생각이 들어요.

홍세화　특단의 길이 없죠. 싸워야죠. 오래된 격언이지만 '잡초를 없앨 순 없지만 뽑을 순 있다'는 말이 있지요. 일상 속에서 계속 뽑아내야 됩니다. 우리 아이들이 처한 상황 자체가 온통 앵똘레랑스의 상황이라고 보여지고 그래서 제가 주장하는 것도 이런 이유에서입니다. 충격을 줄 필요가 있어요. 가정에서는 부모부터 스스로 변화해서 아이를 학교에 보내면서 뭔가를 기대할 수 있겠는가 생각해야 되요. 그냥 블랙홀처럼 빨려 들어가는 것이 바로 아이들 학교 교육과정이 아닌가라는 생각이 듭니다. 요즘 핀란드 교육 얘기가 많이 나오는데 핀란드 교육에서는 학생 평가할 때 만점이 10점이에요. 프랑스는 20점이고 우리는 100점이잖아요. 그 차이에 나름대로 의미가 담겨 있다고 봐요…… 줄 세우기 편하기 위해서. 유럽이야 어차피 석차를 주지 않지만 폭을 이렇게 넓혀야 우열을 가리기가 쉽죠.

사회적 약자를 위한 똘레랑스

편집인 한국 사회 저변의 문제점들에 대한 성찰로서 똘레랑스의 역할과 그 한계는 뭐라고 생각하시는지요? 또한 우리가 극복해야 할 문제들 중 하나는, 선생님께서도 강조하셨듯이 이주노동자나 성적소수자 등 사회적 약자에 대한 차별과 소외가 있는데요. 이것을 똘레랑스와 연결해서 말씀해 주십시오.

홍세화 우선 우리는 똘레랑스의 한계에 대해 말할 단계가 아직 아니라고 말하고 싶습니다. 한국 사회는 아직 거기에 이르지 못했다는 거예요. 용산참사를 이야기하더라도, 공권력이 국민을 대하는 관계 설정을 보십시오. 망루에 올라갔다고 바로 진압을 하지 않습니까? 극복관계에 너무 익숙한 거죠. 용인하는 자세가 없는 겁니다. 바로 진압해서 억압하겠다는 자세인 겁니다. 21살에 한국에 와서 17년 8개월을 산 네팔 출신의 미누(38세, 본명 미노드 목탄) 씨를 단순히 미등록 노동자라는 이유로 가차 없이 추방한 거라든지…… 특히 성소수자 말씀을 했습니다만, 성소수자들이 한국에서는 자신의 성 정체성을 스스로 드러내지 못하고 억압당하고 있습니다. 저는 한국 사회에서 똘레랑스가 어느 정도 진전이 있다는 것의 중요한 잣대 중의 하나가 성소수자 문제라고 봅니다. '성소수자들이 과연 한국 사회에서 얼마나 자신의 성적 정체성을 드러낼 수 있을까?' '법적 보호라도 받을 수 있을까?' 하는 문제죠. 지금 전 세계에서 동성애자들이 결혼할 수 있는 나라가 네 나란데요, 이 나라들이 똘레랑스가 많이 진전이 있는 나라라고 봅니다. 네덜란드, 벨기에, 캐나다, 스페인인데 스페인의 경우는 아주 독특합니다. 왜냐하면 그 나라가 워낙 보수적 가톨릭이 강한 나라였고, 프랑코의 독재가 오랫동안 이어진 나라였는데, 어떻게 그 사회에서 동성애자들이 결혼권을 법적으로 획득할 수 있었을까 하는 것입니다. 성소수자 운동을 하는 분들이 관심을 가져야 할 부분이라고 봅니다. 준비를 철저히 해왔던 거죠. 프랑코가 물러난 뒤 민주화 바람의 선상에서 권리를 획득하게 된 겁니다. 미국에도 몇개 주에서 결혼권을 주고 있는 것으로 알고 있는데, 프랑스도 아직은 유럽의 대부분 나라와 마찬가지로 성소수자들이 동거권을 가지고 있는 수준입니다. 결혼은 안 되지만 동거할 수 있는 거지요. 둘의 관계를 법적으로 인정해 준 거죠. 시청에 동시에 등재가 가능한 겁니다. 우리는 그런 게 아무것도 없잖아요.

편집인 결혼해서 같이 사는 것과 거의 동등한 사회적 권리를 누릴 수 있다는 말씀이시죠?

홍세화 거의 그렇죠. 아이를 양육할 권리가 없을 뿐이지 둘의 동반관계를 법적으로 인정해 준다는 겁니다. 똘레랑스가 얼마나 한국 사회에서 나름대로 자리가 잡힐 수 있을까라는 것을 보여주는 시금석 중에 하나가 성소수자 문제라고 보는 이유가 거기에 있어요. 우리 사회는 아직 둘의 관계를 법적으로 인정하지 않기 때문입니다. 그만큼 똘레랑스의 관점에서 보면 정말 낮은 수준에 있는 겁니다. 차이를 보는 관점 자체가 성숙되지 못한 그런 사회에 머물고 있다는 거죠.

편집인 영국의 엘튼 존같이 사회적 파급력이 큰 유명인사의 커밍아웃은 법적 제도의 생성에도 영향력을 끼치는데요…… 우리나라에서는 얼마나 시간이 걸려야 그런 일이 있을 수 있을까요?

홍세화 많은 시간이 필요하지 않은가 하는 생각이 들어요. 한국에서 문화예술 분야에서 활동하는 분들 중에 성소수자인 분들을 ─홍석천 씨처럼 스스로 커밍아웃한 분들도 있습니다마─ 억압하는 측면이 워낙 강하고, 실제로 생업에 있어서도 많은 피해를 보기 때문에 그 분들이 좀더 적극적으로 그런 문제에 대해 발언을 하지 못하는 게 현실이라고 봐요. 지금 말씀하신 것처럼 좀더 다양한 문화에 대한 수용 의사를 성소수자가 아닌 분들이라도 좀더 적극적으로 표현했으면 좋겠는데요. 방송 쪽에서도 김제동 씨가 KBS에서 쫓겨나는 상황에서 한국의 대다수 문화예술인들이 침묵하고 있는 것과 마찬가지 맥락이고, 그런 면에서 사실 많은 시간이 필요하다는 생각이 듭니다. 그리고 덧붙인다면 문근영 씨가 많은 기부를 하고 선행을 하는데, 순전히 외할아버지가 빨치산이었다는 이유만으로 지령이네 하는 식으로 말하고 있을 만큼 저급한 앵똘레랑스가 용납되고 있습니다. 더 중요한 문제는 문근영 씨가 지금 거의 모든 광고나 활동에서 배제되고 있다는 겁니다. 또 다른 얘깁니다만 최민식 씨가 스크린쿼터에 적극적인 발언을 하지 않았습니까? 그 발언을 하기 전까지만 해도 설경구 씨나 송강호 씨에 비해 뒤떨어지는 위치에 있지 않다고 봤죠. 그 이후의 흐름을 보면 객관적인 관찰자의 시각으로 볼 때 사회적 발언에 참여하는 분들에게 왕따가 나름대로 조직적으로 관철되고 있는 것이 아닌가 하는 의문이 듭니다. 가장 자유롭고 그야말로 창조성이나 상상력이나 이런 얘기를 기본적으로 해야 되는 문화예술 분야조차 그런 수준에 머물러 있는 겁니다.

편집인　이 책을 읽는 독자들이나 똘레랑스에 관심 있는 사람들이 우리 사회의 앵똘레랑스한 세력이나 권력에 대해 어떤 무기 혹은 어떤 사상적 기반을 가지고 나아가야 할까요?

홍세화　'국민의 수준을 뛰어넘는 정부 없다'는 말 그대로 어찌 보면 현 정권을 탄생시킨 것이 국민의 가치관 수준이 그 수준이기 때문이겠지요. 좀 심하게 얘기하면 한국 사회 구성원들의 다수는 그야말로 오로지 편함만 추구하는 경제동물에서 크게 벗어나지 않았다고 봅니다. 용산참사 같은 상황을 보면서도, 일부 사람만 의사 표현를 하거나 이웃의 아픔에 참여합니다. 그래서 정의구현사제단에서도 이런 표어가 나왔는데요. 악인惡人이 이런 행위를 하는 것은 어느 나라나 마찬가지인데 선인善人들이 너무 침묵하는 게 아니냐는 겁니다. 그래서 바로 똘레랑스가 요구되는 것이 앵똘레랑스에 대한 단호한 반대로서의 적극성입니다. 그런 적극적인 자세가 프랑스 같은 경우에는 볼테르 등의 계몽사상가로부터 에밀 졸라, 현대에 와서는 사르트르로까지 이어져서 그것이 지식인뿐만 아니라 문화예술인에게까지 나름대로 퍼져 있거든요.

자연과의 똘레랑스

편집인　똘레랑스라는 이론적 기반을 가지고 새로운 똘레랑스 개념을 만들 수 있다면 그 가능성은 무엇입니까?

홍세화　제가 관심을 갖고 있는 것은 생태, 자연과의 똘레랑스라는 측면인데요. 그걸 통하여 자연을 극복 대상으로 보는 시각을 멈추고, 자연을 자연 그대로 용인하라는 겁니다. 지금까지 인간은 탐욕을 채우기 위해서 다른 인간을 지배하고 처치해 오고 했는데, 마침내 자연까지 파괴하게 된 상황이 된 겁니다. 이제 '인간도 결국 자연의 일부에 지나지 않는다'는 것을 자연의 비자발적 반란을 통해 경고하고 있다는 거죠. 인간은 지배와 착취를 당할 때 반란을 일으키기도 하지만 살아남기 위해서 주로 굴종합니다. 자연은 인간의 파괴, 착취 앞에서 굴종하지 않고 그냥 죽지요. 즉, 스스로 파괴됩니다. 이 차이에 대단히 중요한 의미가 담겨 있습니다. 인간의 지배와 착취를 멈추게 할 것은 인간이 아니라 자연이라는 섭리를 이해하도록 하는 것이 바로 기후의 변화나 생태계 파괴입니다. 결국 인간의 탐욕에 기반한 지배와 착취는 인간의 반란에 의해 무너지는 게 아니라 자연의 비자발적 반란에 의해서 존망의 갈림길에 서게 되었다고 보는 것입니다. 그래서 희망의 단초를 인간에게서 찾기보다는 오히려 자연에서 찾아야 합니다. 자연이 우리에게 자연에 대한 똘레랑스를 강요하고, 이를 통해 자연을 매개로 한 인간과 인간 사이의 똘레랑스도 나름대로 자리 잡을 수밖에 없지 않겠느냐 하는 겁니다.

편집인　아주 폭넓은 생각이십니다. 그렇다면 자연과의 똘레랑스를 어떻게 풀어야 할까요?

홍세화　공존의 미학으로서 똘레랑스가 차이를 용인하는 것이라면, 인간을 넘어서 다른 자연 생명체들과의 공존으로 의미를 확장할 수 있다고 봅니다.

편집인　'자연과의 똘레랑스' 라는 주제를 어떻게 정의하시는지, 또 어떤 길을 가야 하는지에 대해 말씀해 주십시오.

홍세화　자연과의 똘레랑스는 제가 붙인 이름인데, 인간과 자연의 다름의 관계에서 똘레랑스를 확장하여 생각해 볼 때, 인간과 자연의 차이가 있다고 한다면 그 자연의 존재에 대해 이야기하는 거고, 나름대로 자연을 착취했던 인간의 역사에 대해 성찰할 필요도 있고, 그것은 이제 정의의 문제로까지 나아가고 있는 게 아닌지 하는 생각을 합니다. 그 점에서 인간과 인간과의 관계 또한 자연을 매개로 서로 존중하고, 다른 인간을 보듬고 존중하는 관계로 똘레랑스에 있어서도 '자연이 인간에게 중요한 매개가 될 수 있지 않겠는가' 라는 생각을 하는 것입니다.

실제로 농촌 문제와 관련하여, 앞으로 농촌에 터 잡은 새로운 공동체들이 확산될 조짐이 있다고 생각합니다. 그리고 그것으로부터 새로운 경제 단위도 나타날 것입니다. 예컨대 소농경제 같은 새로운 경제 주체들입니다. 저는 소농경제의 주체가 되는 20대들이 인간의 존엄성을 지키면서 살아갈 수 있는 여지가 농촌에 있다고 생각합니다. '88만원 세대' 들이 땅에 기반을 두고 귀의할 때 그런 가능성이 보이지 않을까 생각합니다. 그런 주장에 대해 어떤 사람들은 근본주의적 시각이라고 말하기도 하지만, 제가 보는 가장 긍정적인 것 중에 하나는 자연을 존중하면서 인간에 대한 존중이 확인되고 있다는 겁니다. 그런 전망을 우리가 좀더 적극적으로 고민하고 공유·확장해야 된다고 생각합니다. 이런 것을 자연과의 똘레랑스라고 말할 수 있지 않을까 싶습니다

편집인 자연과의 똘레랑스의 기초를 최근 시도되고 있는 자급자족 공동체나 자연학교 등에서 보인다고 생각하시는지요?

홍세화 그렇습니다. 윤구병 선생, 녹색대학 허병섭 목사님, 녹색평론

김종철 선생 등의 움직임에 20대들이 동참하는 흐름이 조성되어야 합니다.

똘레랑스와 종교

편집인　종교와 똘레랑스는 그 근본이 맞물려 있다고 하는데, 종교와 똘레랑스와의 관계에 대해 설명해 주십시오.

홍세화　유럽 사회에서 똘레랑스가 강조된 배경은 16세기에 일어난 종교 분쟁에 의해서입니다. 15세기까지 가톨릭으로 통일되어 있던 사회는 칼뱅과 루터가 등장하고 신교가 확산되는 과정에서 분열되었습니다. 그때 신교·구교 간의 갈등은 서로 용인하지 않는, 똘레랑스가 없는 상황이었습니다. 같은 하나님의 자식임에도 불구하고 신교와 구교가 갈라져서 상대방을 서로 '악'이라고 규정하는 상황이었습니다. 종교는 신념 체계와 연결됩니다. 그래서 다른 경우에는 차이를 우열로 나눈다든지 정상·비정상으로 나누지만, 종교의 경우에는 피아를 선·악으로 나눕니다. 선과 악으로 나누기 때문에 신교의 측에서 보면 구교가 '악'이고, 구교의 측에서 보면 신교가 '악'이 됩니다. 이렇게 필연적으로 적대관계에서 비롯된 양상은 그야말로 참혹하죠. 파리에서는 1572년 '성바르톨로메오의 날'이라고 불리는 날 하루 만에 구교도들이 신교도들을 3천여 명을 학살합니다. 죽이는 방법도 잔인합니다. 꼬챙이에 꿰서 죽인다든지, 높은 곳에서 떨어뜨려 죽인다든지, 불에 태워 죽인다든지, 이런 식입니다. 왜? 악이니까. 악을 없애는 행위는 당연하기 때문에 그 어떤 거부감도 느끼지 않게 되고 그렇게 무서운 행위를 할 수 있었던 것입니다. 결국 똘레랑스가 유럽의 근세 사회에서 강조되었다면 16세기의 그처럼 잔인했고 집단 광기로까지 나아갔던 인간 행위에 대한 반성으로부터 시작된 것입니다. 그런데 신앙은 신념 체계이기 때문에 똘레랑스 사상이 자리 잡기가 쉽지 않았고, 엄청나게 오랜 시간이 필요했던 거죠. 그래서 17세기 인물들, 예컨대 스피노자나 로크 같은 인물들과 18세기의 계몽사상가들에 의해서 똘레랑스가 끊임없이 강조된 배경이 종교의 문제에서 출발해 인간의 양심을 고리로 사상의 문제로까지 나아가게 된 것입니다. 그러므로 똘레랑스와 가장 일차적이면서 보편적인 관계를 맺은 게 종교 문제라고 얘기할 수 있습니다.

특히 중요한 것은 서구 종교가 유일신 체계라는 점입니다. 그리스나 로마시대에는 다신 체계였는데, 기독교가 유대교의 영향 아래서 자립하고 헤게모니를 쥐게 되면서 유일신 체계로 자리 잡게 됩니다. 믿고 안 믿고의 관계가 다신교일 때는 큰 문제가 되지 않지만 유일신 체계 아래서는 문자 그대로 '신이 하나밖에 없다'는 것이기에 문제가 커집니다. 유일신 체계가 자리 잡힌다는 것은 그만큼 인간사에 갈등이나 첨예함, 잔인성을 낳을 수 있다는 것입니다. 가령 불교의 영향 아래 있는 사회와의 관계에서 보면 그 차이가 있다고 생각합니다. 유럽 사회에서 똘레랑스 사상이 강조되었다면 그것은 유일신 체계와도 관련된다고 말할 수 있겠지요.

오늘 한국의 경우를 보면 주로 개신교와 관련되지 않는가 생각됩니다.

통계상 개신교도는 그 비율이 20퍼센트가 채 안 되는데 영향력이나 느낌으로는 3, 40퍼센트 이상 되는 것 같습니다. 통계상으로는 불교도가 제일 많습니다. 불교도가 20퍼센트를 좀 넘고 개신교도가 18.5퍼센트 정도이고 천주교도가 11퍼센트 정도 됩니다. 개신교도가 천주교도의 두 배가 안 되는데 느낌상으로는 4, 5배 정도로 보입니다. 한국의 개신교가 그만큼 공세적이죠. 거기에는 여러 가지 배경이 있습니다. 미국에 뿌리를 둔 기독교 근본주의의 영향을 강하게 받았고, 남북 분단 상황에서 반공주의와 결합되었습니다. 오늘날 주류 개신교, 특히 대형 교회 현상은 물신주의와도 결합되어 더욱 공세적인데, 성찰이성의 성숙이나 사회문화적 소양의 단계가 낮은 사회에서 나타나는 양상이라고 봅니다. 단군상의 목을 친다던지, 이유 없이 사찰에 페인트칠을 하는 돌출적인 행동도 행동이지만 전체적인 흐름 자체가 공세적입니다.

편집인　그렇다면 한국 개신교의 문제점들이 왜 아직까지 사회적 문제로 크게 대두되지 않았을까요?

홍세화　종교에 관한 똘레랑스가 공격받을 소지가 분명히 있음에도 한국 사회에서 두드러지게 나타나지 않는 것에는 두 가지 배경이 있다고 봅니다. 첫째는 국민의 40퍼센트 이상이 종교가 없다는 것, 둘째는 기득권 세력이 종교를 동원하지 않아도 사상의 차이나 지역의 차이를 동원하는 것만으로도 충분히 기득권을 유지할 수 있었기 때문입니다. 이 둘째를 저는 더 중요하게 생각합니다. 한국의 종교인들 중에서는 과거의 유럽 사회에 비해, 오늘날에도 종교적 갈등 양상이 첨예하게 나타나는 분쟁지역들에 비해 한국 사회는 종교 면에 있어서 똘레랑스가 있지 않느냐는 얘기를 합니다. 그 말을 믿기엔 저는 우리의 성찰이성의 성숙 단계가 낮은 수준에 머물러 있다고 봅니다. 그 한 예가 대형 교회 현상입니다. 그래서 저는 국가보안법 문제와 지역 문제를 부각시킴으로써 기득권을 유지·강화해 온 기득권 세력이 그것을 통해 별 효과를 누리지 못하게 될 때 종교를 동원할 수 있다고 봅니다. 그 조짐을 지금 이명박 정권이 보여주고 있지 않은가요. 실제로 포항을 성시화한다는 것도 그들이 갖고 있는 공격성·적극성을 보여주는 것입니다. 또 교육부에서 나온 지도에 교회는 다 나오는데 사찰은 싹 뺀다든지, 사단 참모장이 다른 날도 아닌 사월 초파일(석가탄신일)날 일부러 동원령을 낸다든지 하는 거죠.

편집인　거의 종교적 탄압이라고도 볼 수 있겠네요.

홍세화　이명박 정권에 알아서 기는 자발적 복종과 적극적인 충성으로 불거지는 모습들인데, 그런 것들이 앞으로 더 강화될 우려가 없지 않습니다. 왜 그런 판단을 하냐 하면 박정희 정권 초기 때만 해도 지역 문제가 그렇게 대두되지 않았거든요. 그때에는 국가보안법이나 사상 통제를 통해서 억압 체제가 충분히 관철될 수 있었고 유지될 수 있었어요. 그러다가 1970년대와 1980년대를 지나면서 조금씩 변화의 조짐을 보이면서 그 부족한 부분을 지역 문제와 결합해서 기득권이 이용했던 것이라고 볼 수 있기 때문입니다.

편집인 특히 한국의 개신교는 배타적인 면이 강한 것 같습니다. 이런 폐쇄성이 한국에만 국한되는 것인지 프랑스나 다른 선진국에서도 배타적인 면을 어느 정도 인정하는지 알고 싶습니다.

홍세화 현재 프랑스 사회도 가톨릭 전통이 강한 사회입니다. 통계에 의하면 3분의 2 정도가 천주교를 믿고, 무슬림이 그 다음입니다. 옛 식민지인 북아프리카 출신이 많기 때문에 4 내지 5퍼센트 정도로 나타나고 있고, 세 번째가 2퍼센트 정도의 개신교도고, 네 번째가 불교도입니다. 인도차이나에서 온 사람들로 인해 불교 인구가 많아졌기 때문입니다. 하지만 가톨릭 교도가 가톨릭이 아닌 사람과 결혼하면 안 된다는 것은 지금은 사라진 옛날 애기죠.

편집인 요즘 이슬람 국가에서 간통한 여인을 돌로 쳐 죽인다든가 하는 일들이 행해진다고 뉴스에 나오곤 하는데요. 이것은 종교의 문제인가요? 또 종교의 차이로 인해 똘레랑스의 양상이 달라지는 것인가요?

홍세화 이슬람 문제를 말씀하셨는데요. 그것은 근대화의 문제고 민주주의 성숙의 문제이지 오로지 종교만의 문제로 볼 수는 없습니다. 인간이 죽음을 직면해야 하는 문제에 있어서 영혼을 보듬는 종교의 순기능은 절대 잊어서는 안 됩니다. 약한 존재인 인간의 영혼을 보듬어주는 의미에서 종교의 기능에 대해서는 인정해야 하고, 그것은 무슬림들도 마찬가지라고 생각합니다. 저는 오히려 무슬림들이 평화에 대한 이야기를 더 많이 하는 것으로 알고 있습니다. 우리가 접하고 있는 무슬림 사회의 부정적인 모습들은 민주주의 성숙이나 근대성, 합리성의 부재와 관계된 것이지요. 예전 기독교 사회의 상황과 마찬가지였다는 것이죠. 무슬림도 역시 유일신 체계라는 점은 무시할 수 없다고 봐요. 똑같이 민주주의 성숙이 낮거나 근대성을 이루지 못했을 때 불교의 영향 아래 있는 사회와 유일신 체계 아래 있는 사회의 양상은 다를 수 있다고 생각합니다.

똘레랑스의 기준

편집인   이 책의 가장 중요한 논제 중에 하나는 차이에 대해서 '어디까지 용인할 것인가'라고 생각되는데, 이것을 똘레랑스의 기준으로 해석할 수도 있다고 생각합니다. 선생님께서는 '어디까지 용인할 것인가'를 어떻게 판단하시는지요?

홍세화   똘레랑스가 궁극적으로 강조하는 것은 인간의 지향이 '참된 자유'라고 할 때, "맘껏 자유하라, 하지만 남의 자유를 침해하지 말라"는 데 있습니다. 남의 자유를 침해하지 않도록, 모두 차이를 용인하라는 이야기가 될 수 있겠죠. 모든 사람에게 마음껏 자유하라는 것은 반대로 자신이 자유롭기 위해 남의 자유를 침해하면 안 된다는 것입니다. 똘레랑스는 사람들이 모두 다르다는 것을 전제하는 것이고, 다름을 존중하라는 것은 '역지사지'를 통해서 보면 결국 나를 존중하게 되는 겁니다. 나와 다른 남을 존중한다는 것은 부메랑이 되어 자신을 존중하는 것으로 돌아오는데, 자유를 침해하는 문제도 똑같은 것이죠. '참된 자유'를 지향하는 인간이 맘껏 자유하고 다양성을 발휘하되 남의 자유를 침해하지 않는 선에서 멈출 줄 아는 것, 이것이 바로 '어디까지 용인할 것인가'의 기준이라고 생각합니다.

편집인　남의 자유를 뺏어야만 내가 자유로울 수 있는 부분이 있지 않을까요? 특히 자본주의 사회에서는 그런 부분에서 갈등이 조금은 필연적이라는 생각을 해봅니다.

홍세화　거기서 우리가 주의해야 할 부분이 있는데, 자유라는 측면이 자본주의 사회에서 지나칠 정도로 경제적인 부분에 귀속되어 있다는 거죠. 그래서 축소되어 버렸다는 것을 느낍니다. 예를 들면, 문화·예술적인 감수성의 표현이라든지 음악을 즐긴다는 것은 서로의 영역을 침해할 일이 없죠. 그것까지 강요된다면 그거야말로 앵똘레랑스인 거죠. 문제는 물질 중심의 삶, 그래서 제로섬 게임에 익숙해진 겁니다. 이기고 지고의 게임, 빼앗고 빼앗기는 게임에만 익숙한 거죠. 그래서 똘레랑스의 한계를 얘기할 때에도 너무 좁은 영역으로 빠질 위험이 있죠. 인간이 경제동물로 축소되는 상황에서 똘레랑스의 영역도 좁아질 수밖에 없지요. 예컨대 문화·예술적인 취향이라든지 감수성으로 그 내용의 폭이 넓어질 때, 말하자면 경제동물로 축소되지 않고 전인적 인간으로 확장될 때, 물질 중심의 경제동물의 사회가 아니라 문화 사회로 나아갈 때 똘레랑스는 더욱 확장될 수 있습니다.

편집인 하지만 자신의 자유를 찾기 위해서, 특히 생존권 문제에 있어서는 절박하기 때문에 사람들이 남의 자유를 침해할 마음이 없는데도 불구하고 공권력에 대항할 수밖에 없는 거죠. 그런 경우에는 용인의 문제를 어떤 식으로 이해해야 할까요?

홍세화 바로 그 문제가 제가 똘레랑스에 관해서 오해받았던 일차적인 문제입니다. 이 사회에서 용인할 수 없는 것이 너무도 많은데 무얼 용인하라는 거냐, 하지만 이것을 뒤집어서 생각할 수 있어야 합니다. '차이를 용인하라'라는 주장은 차이를 용인하지 않아온, 그래서 억압하고 배제하고 차별하는 인간의 정신자세와 행동에 대해 단호한 반대를 해야 한다는 것입니다. 똘레랑스를 주장하는 사람이라면 당연히 한국 사회에서 성소수자에 대한 문제, 국가보안법 문제, 지역 문제, 종교의 앵똘레랑스에 대해 단호하게 반대할 것을 요구해야 하는 것입니다. 이를 테면 제가 조선일보에 반대하는 것은 조선일보라는 신문이 저와 생각이 달라서가 아니고, 조선일보라는 집단이 차이를 이유로 차별하고 억압하고 배제하는 것을 합리화함으로써 기득권을 계속 강화시키고 유지하는 데 있기 때문입니다. 또 제가 용산참사를 저지른 이명박 정권에 분노하는 것은 공권력이 용인해야 할 것을 용인하지 않은 것에 대해서 단호하게 반대해야 되기 때문이고, 그런 앵똘레랑스에 맞서서 싸우고 저항하는 것이 너무나 당연하기 때문입니다.

편집인 용인해야 할 대상이 소수자, 약자라는 거죠?

홍세화　필연적으로 그렇습니다. 똘레랑스는 소수자, 약자를 위한 사상적 무기이자 민주주의 성숙의 무기인 겁니다. 필리프 사시에 씨도 얘기했습니다만, 소수자와 약자들의 권익을 위한 사상적 무기입니다.

편집인　똘레랑스가 진전된다면 다른 대상으로 좀더 확장되고 넓어져야 하지 않을까요?

홍세화　섬세한 부분에까지 나아가야 되는 부분에 대해서 하나의 예로 제기할 수 있는 것이 바로 '지적 인종주의'입니다. 우리보다는 사상이나 종교 문제가 나름대로 극복됐다고 할 수 있는 프랑스 사회에서도 이민자 2세 문제라든지 무슬림과의 문화·종교적인 문제가 아직 남아 있습니다. 하지만 일정 정도 진전되어 왔다고 생각합니다. 그런 프랑스 사회에서 피에르 부르디외가 '지적 인종주의'라는 표현을 썼습니다. 인종주의는 앵똘레랑스의 전형 아니겠습니까? 그런데 피에르 부르디외가 '지적 인종주의'라고 했습니다. 저는 이것이 똘레랑스의 영역을 확장하는 하나의 예라고 생각합니다. 이 논의로 인해서 역차별 문제라든지 계층간의 소득 편차 문제라든지가 제기될 수 있는데, 그에 비해 한국의 지금 단계는 지적 인종주의를 얘기할 수 있는 단계가 아닐 만큼 모든 사회 구성원들이 지적 인종주의자들입니다. 우리 사회에선 아직 그런 얘기를 꺼내지 못할 만큼 똘레랑스의 영역이 지극히 좁은 거지요. 앞으로 가야 할 길이 많이 남아 있습니다.

똘레랑스의 미래

편집인 똘레랑스가 가장 이상적인 사회가 이루어졌다면 우리는 어떻게 변해 있을까요? 똘레랑스의 미래상은 무엇입니까?

홍세화 스스로 자유하는 것, 자유의 확장입니다. 낮은 차원에서 남의 자유의 영역을 침범하는 게 아니라, 차원이 높아지고 영역이 넓어질수록 자유로워질 수 있는 공간이 확장되는 것입니다. 다양성이 존중되고, 문화도 피어날 수 있고, 남과 비교하는데 익숙한 대신 자기완성이나 자기성숙의 모색이 꿈틀대는 것입니다. 지금 한국 사회처럼 끊임없이 남과 견주어서 나의 우월성을 확인하려는 차원이 아니라 인간으로서 끊임없이 자기완성의 길을 모색하는 모습을 그려볼 수 있겠지요. 요컨대 앵똘레랑스가 기득권을 강화하고 유지하는 도구로 사용되고 있다는 것은, 소수자나 약자에 대해 억압하고 배제하는 것이 작동되는 이유가 다수자, 다수에 속하는 집단들의 자기만족에 기반하고 있기 때문입니다. 자신의 일차원적인, 즉자적인 우위를 통해 만족하려는 저급한 속성을 정치인들이 활용해서 기득권이 유지되고 있는 것입니다. 그래서 자기성숙의 길이 막혀버리는 거죠. 성숙비교가 중요합니다. 성숙비교라는 것은 내가 시차를 두고 어제보다 더 성숙했냐는 것입니다. 똘레랑스가 활짝 피어난 사회라면 그만큼 자기성숙의 모색, 문화예술적 감수성의 개화 같은 다양한 방식으로 구성원들의 자아 확장의 길이 열린다고 생각합니다.

편집인　그렇다면 똘레랑스는 어떤 것을 배제하고 어떤 것을 추구한다고 할 수 있습니까?

홍세화　다양성의 중심은 공존의 미학이고, 공존하는 구성원들의 자기 성숙이고, 그런 것이 인간성의 확장이라고 이야기할 수 있습니다. 인간성이 확장된 인간들의 공동체 등을 꿈꿀 수는 있겠는데, 그런 사회에도 기득권 문제가 제기될 것입니다. 결국 똘레랑스가 확장되는 것은 기득권의 약화와 연관될 수밖에 없습니다. 필리프 사시에 씨가 '민주주의의 무기'라고 이야기하는 이유가 바로 이것입니다. 약자와 소수자의 무기라고 한다면 결국 기득권의 약화를 불러올 수밖에 없는 것입니다. 민주주의의 성숙이라는 것도 —토크빌도 그런 표현을 썼지만— 우리가 뭔가 이루어놓은 것 같다고 할 때 민주주의의 경계가 더 멀리 있는 것 같고 더 나아가야 하는 거죠. 똘레랑스도 마찬가지라고 봐요. 뭔가 이루어낸 것 같다고 할 때, 끊임없이 또 이룩하고 하면서 똘레랑스의 영역이 확대되는 것입니다.

편집인　마지막으로, 선생님께서 이루고 싶은 미래상이 있습니까?

홍세화　저는 이상 사회를 미리 그리고 싶진 않고, 그리는 것이 바람직하지도 않다고 봅니다. 이상 사회를 미리 그리려면 인간의 욕망과 그것에 대한 통제, 정서의 형성, 시공간적 안정성 등이 먼저 규명되어야 한다고 보기 때문입니다. 그것은 무척 어려운 과제입니다. 저에게 중요한 것은 '지금 여기'입니다.

편집인 그렇다면 현재성이 중요하다는 것이지요?

홍세화 지금 여기에서, 인간성이 실추되고 인간의 존엄성을 가지지 못한 채 생존해야 하는 구성원들의 고통과 불행을 줄여나가자는 것입니다. 그들이 차별받지 않고, 억압당하지 않고, 배제당하지 않으면서 인간의 존엄성을 지켜나갈 수 있도록 보듬는 끊임없는 모색과 실천의 과정에서 우리가 바라는 사회의 모습이 조금씩 가까워질 것이라고 보는 편입니다. 저는 '우리가 가야 할 사회는 이런 사회다'라고 미리 정해놓고 이야기하기보다 '지금 여기'에 초점을 맞추어야 한다고 생각합니다.

민주주의의 무기, 똘레랑스

—

POURQUOI LA TOLÉRANCE

우리는 부지불식 간에 무언가를 끊임없이 용인하면서[1] 살고 있다. 세상만사가 우리가 바라는 대로 되지 않음을 받아들여야 하기 때문이다. 그런 의미에서 우리의 똘레랑스는 무기력과 의욕 상실로 된 것이며, 무관심으로 보이기까지 한다. 똘레랑스는 이미 자명한 사실이다.[1]

앵똘레랑스 또한 당연한 사실로 보인다. 종교의 역사는 이 점을 폭넓게 증언하고 있다. 다른 사람의 신앙을 용인해야 한다고 주장하던 약한 종파가 시간이 흘러 권력을 잡으면, 곧 반대 세력을 억누르는 다수파로 돌변하는 것이다. 예를 들어, 첫 세기의 기독교는 로마 황실이 기독교로 개종하자마자 곧바로 완고한 자세를 취했다. 그러다가 다시 아리우스파 이단 세력이 국가 상층부에서 맹위를 떨칠 때는 새삼 똘레

---

1 '똘레랑스'의 동사형인 'tolérer'를 우리말로 옮긴 것임. '똘레랑스'라는 말에 이미 친근해진 독자는 '똘레랑스'에 '하다'를 붙인 '똘레랑스하다'로 이해하면 더 정확할 것이다.

랑스를 설교했다. 종교개혁론자들 또한 그들의 성공 비율에 따라 엄격성을 조정해 왔다. 칼뱅도 처음에는 〈똘레랑스에의 권고〉[2]를 썼지만 나중에는 제네바의 폭군이 되었다. 이런 사실들은 오래된 이야기이지만 최근의 역사도 똑같은 교훈을 준다.

똘레랑스를 두고, 용인할 수 없다고 판단하면서도 받아들일 수밖에 없을 때 꾸며대는 하나의 그럴 듯한 이유라고 말하기도 한다. 또 권한을 행사하는 척하지만 실은 감내할 수밖에 없을 때 그것을 정당화하기 위한 시도라고 말하기도 한다. 그렇다고 해도 우리들은 똘레랑스를 하나의 덕목으로 간주하며, 다른 도리가 없어서 복종하는 것으로 간주하지 않는다.[3] 우리에게 요구되는 똘레랑스는 무기력도 무관심도 아니다. 똘레랑스는 자발적으로 행동하기를 삼가거나 "우리가 저지하거나 맞서 싸울 수 있음에도 불구하고 그대로 놔두는"[4] 데 있는 것이 아닐까? 똘레랑스는 우리가 반대하는 것에 대한 무관심이 아니라 존중이길 바란다. 그래서 "나와 다른 신앙, 내가 잘못된 것이라고 믿는 견해들, 나에게 충격을 주는 행동들이 아무런 구속 없이 표현되어야 한다."[5]

"다른 사람들의 견해와 행동이 마음에 안 들고, 솔직히 불쾌하거나 도덕적으로 비난받을 만하게 보이는데도 왜 그런 견해와 행동에 개입하는 것을 삼가는가?"[6] 왜 우리는 모든 것들이 더 좋아질 수 있다고 보면서도 그렇게 되도록 노력하지 않는가? 이 책의 의도는 똘레랑스 사상의 발전 과정에서 제기된 이 물음에 대해 지금까지 어떤 대답들이 있었는지를 보여주는 데 있다.

'견디다, 참다'를 뜻하는 라틴어 똘레라레tolerare에서 온 똘레랑스라는 말은 16세기 초에 처음 등장했다. 그 뒤 5세기 동안 이 말의 정의는 끊임없이 확대되었다. 처음에 똘레랑스는 종교에 대한 군주의 구체적인 태도를 가리켰다. 오늘날처럼 남의 생각과 행동에 대한 개인적인 정신 자세를 가리킨 것이 아니었다. 종교개혁 시기, 기독교적 진리의 단일성이 산산조각이 나고 국가 권력이 확립될 무렵, 신앙의 다양성에 직면한 국가 권력이 여기에 어떻게 대응해야 하는가가 문제로 제기되었다. 군주는 그의 신민들에게 진리에 동참하도록 강제할 것인가, 아니면 그대로 놔둘 것인가라는 물음에 직면했던 것이다. 당시의 똘레랑스는 공적인 소관 사항으로서, 종교의 진리에 관련된 문제에 대해서 탄압하지 않는 정치와 그런 정치를 실행하는 군주의 개인적 태도를 가리켰다. 그래서 당시의 똘레랑스 문제는 다음과 같은 질문으로 제시되었다. 즉, 권력을 행사하는 자로서, 그 자신의 구원을 무릅쓰면서 스스로 진리가 아니며 선이 아니라고 생각하는 것까지 참을 수 있는 것인가? 그런데 이 물음은 주위 사람에게 반응해야 하는 모든 사람에게 똑같이 제기된다. 군주는 자유인의 모델이기 때문이다. 그래서 조금씩 '사적私的인' 똘레랑스에 관한 생각이 자리 잡게 되었다.

그리하여 18세기 말에 이르러 똘레랑스는 국가의 처신을 계속 지칭함과 동시에 오늘의 "인간관계의 바람직한 방식"[7]으로서의 개인적 태도로도 지칭하게 되었다.

똘레랑스의 대상 또한 바뀌었다. 똘레랑스 지지자들은 먼저 종교적인 사상과 행동에 대한 똘레랑스를 요구했다. 스피노자와 더불어 똘레랑스 사상은 세속적인 사유로까지 그 지평이 확대되었다. 물론 18세기에도 루소, 볼테르, 튀르고는 여전히 종교적 똘레랑스에 관해 말하고 있지만, 가령 말제르브[2], 모를레 신부[3], 그리고 그레구아르 신부[4]는 사상과 태도 일반에 관하여 똘레랑스를 옹호했다.

행위를 삼가는 것으로서의 똘레랑스는 결국 행위로서의 똘레랑스 이전의 단계, 즉 정신의 행사로서 생각하기를 삼가는 것으로 나아가게 된다. 여기서 앵똘레랑스, 즉 18세기 말까지 화형, 살인, 박해, 세속의 금지 사항들, 그리고 갖가지 고통을 주는 행위들과 동의어인 앵똘레랑스 사상과 대조해 볼 필요가 있다. 물론 앵똘레랑스를 설명한다고 여겨지는 내면적 태도가 무시되었던 것은 아니다. 인본주의자 세바스티앙 카스텔리옹[5]은 미셸 세르베투스[6]가 화형 선고를 받았을 때 칼뱅에게 무슨 명목으로 화형 선고를 내렸고, 또 무슨 명목으로 칼뱅 자신이 다른 사람보다 옳다고 믿는지에 대해 추궁했다. 그는 행위로서의 앵똘레랑스를 하나의 심리적 태도로 돌렸는데, 그렇지만 그때까지 그 태도를 앵똘레랑스라고 부르지는 않았다. 그러다가 18세기에 변화가 나타났다. 볼테르는 앵똘레랑스를 우리와 똑같이 생각하지 않는 자를 선험적으로 유죄라고 평가하도록 유도하는 정신적 자세로 보았다. 앵똘레랑스를 폭력적 행동 이전에 가장 분명하게 내면화된 것으로 본 사람은

---

2 Chrétien Guillaume de Lamoignon de Malesherbes(1721~1794): 철학자들을 보호하고 《백과전서(Encyclopédie)》의 발행을 돕고 언론 자유에 공헌한 프랑스 정치가·법률가, 공포정치 시기에 단두대에서 처형되었다.
3 Morellet(1727~1819): 《백과전서》 편찬에 참여한 프랑스의 저술가, 철학자.
4 Grégoire(1750~1831): 1789년의 삼부회의에서 성직 대표로 참여하였으나 제3계급에 동참했다. 블루아 주교가 되었으며 유태인들에게 공민권을 줄 것과 노예제 폐지를 주장했다.
5 Sébastien Castellio(1515~1563): 프랑스의 인본주의자. 신교도로서 칼뱅과 교우했으나 종교에 관한 견해 차이로 결별.
6 Michel Servet(1509~1553): 에스파냐의 의사, 신학자, 철학자. 자유로운 정신의 소유자로서 정통파에 도전하는 글을 발표하여 제네바에서 칼뱅 주도에 의해 화형에 처해졌다.

틀림없이 루소였다. "나는 자기가 믿는 모든 것을 믿지 않으면 선의의 인간이 될 수 없다고 생각하고, 또 자기와 똑같이 생각하지 않는 자들 모두에게 냉혹하게 저주를 내리는 모든 사람을 앵똘레랑[7]이라고 부르고자 한다."[8] 앵똘레랑은 더 이상 진리의 이름으로 약탈하고, 죽이고, 박해하는 자만을 뜻하지 않게 되었고, '생각하는' 죄인, 즉 생각의 죄인까지 포함하게 되었다. 행동으로 옮기지 않을까 하고 우리를 두렵게 하는 오늘날의 앵똘레랑과 별 차이가 없는 것이다.

똘레랑스 사상은 앵똘레랑스의 변화와 대칭적인 과정을 밟았다.

즉, 하나의 제스처의 중지─이단자들을 죽이지 않는다─에서 판단의 중지로 나아간 것이다. 카스텔리옹이 똘레랑스에서 고문과 살해 행위의 포기를 보았다면, 오늘날 우리는 인간 개체에 대한 부정적 이념에 대한 거부를 생각한다.

'똘레랑스'라는 말은 우리가 흔히 뒤섞여 있다고 판단할 수 있는 매우 다양한 태도들을 포괄하고 있다. 의미상 차이가 있음에도 불구하고 똘레랑스의 옹호자들은 하나의 공통분모를 가지고 있다. 즉, 반대하는 것에 대항하여 생각하고 행동하는 것을 삼가는 이성에 관해 모든 사람이 설명하고 있다는 점이다.

똘레랑스는 16세기 말에, 특히 낭트 칙령[8]을 옹호하는 문서들에서

---

7 앵똘레랑스한 사람.

8 Nantes, Édit de. 1598년 4월 13일 앙리 4세가 브르타뉴의 낭트에서 공포한 칙령. 프랑스 신교도인 위그노에게 광범위한 종교의 자유를 부여한 것으로, 예배의 자유와 완전한 시민권을 허용했다. 1685년 10월 루이 14세는 낭트 칙령을 완전히 철폐함으로써 프랑스 신교도의 모든 정치적·시민적 자유를 박탈했다. 40만 명 이상의 신교도들이 영국, 프로이센, 네덜란드 등으로 이주했다.

긍정적인 의미를 지니기 시작했다.[9] 이 긍정적인 의미는 1685년의 낭트 칙령의 취소와 1688년의 영국혁명 이후 유럽의 모든 반역자들을 받아들인 네덜란드의 정신에서 확인되었다. 세 명의 철학자가 똘레랑스의 기초가 되는 '위대한 원칙들'을 세웠던 것이 바로 그 때였다. 즉, 스피노자는 1670년에 《신학적 및 정치적 권위론》을 출간했고, 바일은 《모두 가톨릭인 프랑스》(1686)를, 그리고 로크는 《똘레랑스에 관한 서한문》(1689)을 썼다.[10] 바일은 인간이 자신에게 임한 하느님의 목소리인 양심을 따르자면 똘레랑[9]이 되어야 한다고 주장했다. 로크는 세속 정부의 목적에 대해, 그리고 그 목적에 비추어 수단의 적절성에 대해 질문했다. 스피노자는 생각하는 자유가 인간의 본질이라고 썼다. 똘레랑이어야 하는 모든 위대한 이유들이―과거나 향후 세기나 마찬가지로― 이미 그 안에 있었다. 하나는 복종의 필요성에 의해, 다시 말해 질서의 논리에 의해, 또 하나는 절대적 유용성―그것이 영원한 구원에 관련된 것이든, 공익에 관련된 것이든―의 절대적 필요성에 의해, 그리고 마지막 하나는 자유의 절대적 필요성에 의해 똘레랑스를 정당화하는 것이다.

스피노자, 로크 그리고 바일이 제시하는 논증들은 16세기부터 지금까지 똘레랑스의 정당화를 둘러싼 이따금 모순적인 다양한 이유들이 뒤섞여 있는 상태를 훌륭하게 요약해 준다. 거의 같은 시대에 살았던 그들의 공헌이 있은 뒤에 곧바로 18세기에는 가치로서의 똘레랑스가 확립되었다. 아주 흔히 그랬듯이 나약하고 미온적이었던 똘레랑스는

---

9 똘레랑스하는 사람.

오늘날 우리가 느끼고 있는 바의 것이 되었다. 즉, 똘레랑스란 인류애, 그리고 인간의 영원불멸한 권리에 대한 존중의 표시이며, 앵똘레랑스로 말하자면 잔인성과 박해와 같은 것이다.[11]

'질서' '당연지사當然之事' '계명' '복종' '귀순' : 똘레랑스에 관한 가장 탁월한 이론가인 피에르 바일은 이 원칙들에 따르라고 끊임없이 호소했다. 스테판 츠바이크의 표현대로 [1] '복종의 광신자'였던 칼뱅은, 인간은 불완전성과 타락의 상태를 특징으로 하기 때문에 그들 스스로에게 그들의 운명을 맡기면 곧장 악으로 치닫는 바, 이를 구할 수 있는 길은 오직 복종뿐이라고 누차 강조했다. 인간의 행위에 관한 이 비전은 18세기까지 정치학의 중심에 자리 잡았다.

똘레랑스의 옹호자들도 인간의 의무가 복종에 있다는 것을 의심치 않았다. 오히려 그 반대였다. 바일은 똘레랑스 자체도 우리 모두가 순응해야 하는 하나의 질서라고 주장했다. 똘레랑스도 계명에 대한 복종이며, 인간이 반박할 수 없는 당연지사에 대한 존중이며 수락이라는 것이다.

1   복종의 원칙

하느님께 복종하라, 즉 자신의 양심에 복종하라

루터는 "설령 세상이 망할지라도" 하느님께 복종해야 한다고 선언했다.[1] 16, 7세기의 종교분쟁 기간 동안 신교도와 구교도는 서로 상대방이 하느님의 말씀보다 사람의 말에 더 복종하고 있다고 비난했다. 신교도들은 교회가 영적 권위를 갖고 있다는 것에 이의를 제기했다. 그들은 성서만이 하느님의 말씀이라고 간주했다. 하느님에 대한 복종의 이름으로, 기독교도는 그 누구도, 그것이 인간에 의한 것이라면 어떤 절차를 밟은 것이든, 하느님의 말씀을 해석하도록 맡겨서는 안 된다는 것이다. 이에 반해 가톨릭교도들은 하느님에 복종하는 것은 곧 교회에 복종하는 것이라고 주장했다.[2] 인간의 개입 없이 교회가 계시록의 전달 임무를 보장하기 때문이라는 것이다. 앙리 4세의 담당 신부였던 코통 신부는 이 점을 아주 분명하게 밝히고 있다. 즉, 각자에게 성서에 직접 접근하도록 놔두는 것은 "인간의 자의적 결정"[3]에 맡기는 것이 된다는 것이다. 나중에 보쉬에[1]는 견해를 '바꾸는 것'이 인간의 속성이라고 말했다.[4]

똘레랑스에 대한 초기의 호소들은 오직 하느님에 대한 복종이라는 깃발 아래 행해졌다. 1535년에 로이폴트 샤른슐라거는 스트라스부르의 사법관 앞에서 〈사도행전〉을 인용하며 재침례파 교도 운동을 옹호했다. "그때 베드로와 요한은, '하느님에게보다 그대에게 더 복종하는 것이 하느님 앞에 정당한지 그대 자신이 판단하라'고 말했다. 그들은 또 '인간에게보다 하느님께 너 복종해야 한다'고 말했다."

그러면 '하느님에게 복종한다'는 것은 과연 무엇을 뜻하는가? 12세기부터 아벨라르[2]의 사상을 둘러싸고 또 그 뒤에는 토마스 아퀴나스의 사상을 둘러싸고, 이 물음은 기독교 내부에서 장기간에 걸쳐 토론을 불러 일으켰다. 교회에게 하느님의 진리가 역사에 기록되는 계시록이라면, 그것은 또한 시간을 초월한 존재이며 각자 인간에게 양심을 통해 전달되는 것이다. 토마스 아퀴나스는, "양심은 잘못된 때조차도 의무를 지운다. 왜냐하면 인간의 의지는 선을 따르되 이성이 '제시하는 견지 아래에서만 따르는 바, 그래서 이성이 악을 선이라고 제시하면 의지는 그것에 집착하면서 악을 행하기'[5] 때문이다"라고 말했다. 양심에 따른 행동은 이성에 일치한 행동인데, 이 이성은 인간 속에 임한

---

1 Jacques Bénigne Bossuet(1627~1704): 프랑스의 주교, 신학자이면서 문필가. 교황권에 맞서 프랑스 교회의 권리를 변호했다.
2 Pierre Abélard(1079~1142): 프랑스의 신학자, 철학자. 제자였던 엘로이즈와 사랑에 빠져 비밀리에 결혼했던 일로 유명하다.

하느님 자신의 발현이다. 그래서 기독교 신학에서 이성과 양심은 불가분의 관계로 나타난다.

16세기의 신플라톤주의자들은 인간이 이성에 복종해야 한다는 이념을 강조했다. 이성은 하느님의 본질로 이루어져 있기 때문에 지상의 모든 권위보다 우위에 있다는 것이다. 바젤 공의회에 참여한 니콜라스 크렙스(1401~1464)는 이미 천국을 하나의 "이성적 지역"[6]이라고 표현한 바 있다. 프로테스탄트 인본주의자 카스텔리옹은 《의심하고 믿으며, 모르고 아는 예술에 관한 에세이》(1563)에서 이성을 계시록과 같은 수준으로 끌어올렸다. 아니, 오히려 이성이 계시록보다 앞선 것이라고 했다. "이성은 모든 성서와 종교의식에 앞선 것이며 세계 창조보다도 앞선 것이다. (…) 성서와 종교 의식보다 훨씬 더 오래 된 하느님의 영원불멸한 강론으로서, 하느님의 아들 예수 그리스도 자신도 이성에 따라 살았으며, (…) 이성은 우리들 마음속에서 영원히 쉬지 않고 말하는 진리의 강론이다."[7]

1686년에 피에르 바일은—그의 저술은 지대한 영향을 미쳤는데,—이성을 "하느님이 모든 인간의 영혼 속에 퍼뜨리는 원초적이며 보편적인 빛"이라고 정의했다. 인간은 "우리들 안에 있는 하느님의 말씀 그 자체인 내면의 지배자의 목소리"[8]에 호소하도록 해야 한다. 특히 성서를 해석하기 위해서는 더욱 그래야 한다. 그렇지 않으면 신성에 대해 통일이 없고 모순적인 개념만을 갖게 된다.[9] 하느님에 대한 복종을 위해서 인간은 인간에게 제시된 진리들을 그 어떤 권위에게도 해석하도록 맡겨서는 안 된다. "각자를 위한 양심은 하느님의 목소리이자 법이다. 이 양심을 가진 인간이 그렇게 알아차리고 받아들인 것이다.”[10] 양심의 법을 거역하는 자는 하느님에 대해 복종해야 하는 '영원불멸의 법'을 거역하는 것이다.[11] 거꾸로 "양심에 보내는 모든 칭송, 양심의 판단과 결정에 대한 복종은 영원한 법을 존중하는 징표가 된다.”[12] 인간에게 양심 이외의 다른 주인을 섬기지 않도록 요구하는 것은 하느님에 대한 복종에 따른 것이며, 이웃의 양심을 억압하지 말라고 요구하는 것도 하느님에 대한 복종에 따른 것이다.

오베르 드 베르세는 《양심의 자유론》(1687)에서 동일한 논리를 채택했다. 즉, "(그렇다면) 인간 자신이 하느님보다 더 강하고 더 많은 권력을 지니게 된다! 왜냐하면 하느님이 인간의 마음속 깊이 명령을 내릴 때, 사법관이 외면적으로 이와 (다른) 반대의 것을 명령하면 하느님보다는 사법관에 복종해야 하기 때문이다.”[13] 18세기 중엽 튀르고도 똑같은 물음을 제기했다. "무슨 권리로 군주는 내가 하느님께 복종하는 것을 가로막겠다는 것인가? 하느님만이 명령할 권리를 가진 것이 아닌가?”[14] 이 물음들은 그 자체로 반역적이다. 왜냐하면 이 물음들은 인간보다 더 위대한 것에 대한 복종의 이름으로 인간의 모든 권위를 거부할 수 있다는 것을 함축하고 있기 때문이다. 그렇지만 그런 똘레랑스는 실천될 수 없는 것이다. 하느님의 이름으로 폭동을 일으킬 태세[3]를 갖추었던 농민들에 대해 루터가 최대의 엄격함을 군주에게 권고했을 때 부딪혔던 게 바로 이 한계였다.

---

3 1524~1525년, 토마스 뮌처(Thomas Münzer)가 주도했던 농민 반란을 말한다.

진리애眞理愛를 버리지 말고 자기애自己愛를 버리라

1521년 4월 보름스[4] 시의회에서 자신의 주장을 철회하도록 독촉받았던 루터[5]가 양심을 끌어들여 변론하려고 했을 때 트리어Trier[6] 주교 판사는 반박의 여지를 주지 않고 이렇게 단호하게 응수했다. "그대의 양심을 버리시오. 마르틴 형제여, 위험이 따르지 않는 유일한 길은 오직 기존의 권위에 복종하는 데 있을 뿐이니까." 칼뱅도 "인간의 이성을 믿지 말아야 하듯이 자신의 판단을 믿지 말라"-[15]고 권고했다.

트리어의 주교 판사는 이미 가톨릭교회가 전개할 입장을 옹호했던 것이다. 즉, 하느님의 이성이 줄기차게 양심에게 말하긴 하지만 양심은 인간의 것이기 때문에 불완전하다는 것이다. 이러한 생각은 특히 보쉬에나 1784년 《기독교의 똘레랑스》[7]를 쓴 페 신부에게서 찾아볼 수 있다. 보쉬에와 페 신부가 둘 다 종교적 똘레랑스 사상에 반대했던 까닭은 인간의 양심이 반드시 이성을 따르지 않는다고 보았기 때문이다. 페 신부는, 인간은 결점을 가지고 태어났기 때문에 판단 능력과 진리에 대한 인식 능력이 가려져 있다고 설명했다. 그래서 "인간 정신이

---

4 독일 남서부 라인란트팔츠 주에 있는 도시.
5 1520년 6월, 교황 레오 10세는 루터의 41개조 반박문을 비난했고, 이어 1521년 1월 파문했다. 루터를 보호하고 있던 작센 선제후 프리드리히 3세는 신성 로마 황제 카를 5세와 협상을 벌여 안전보장을 조건으로 루터를 보름스 의회에 출두시켜 심문받게 했다. 4월, 루터는 의회에 출두하였으나 자신의 양심이 하느님의 말씀과 결부되어 있다고 주장하며 철회를 거부했고, 의회는 루터를 이단으로 규정하고 법익 박탈과 저작 판금조치 등을 담은 칙령을 통과시켰다. 이로써 루터는 전 생애 동안 여행을 할 수 없었고, 평생 군주의 보호에 의존해야 했다.
6 독일 남서부 라인란트팔츠 주에 있는 도시.
7 원제는 미주 2를 참조할 것.

항상 진리와 정의 편에 있지 않다"고 주장했다. "인간의 견해"가 선험적으로 현명한 것은 결코 아니다. 그것은 무엇보다도 "자신의 이해관계" "자신의 편견" "불확실한 지식" "마음의 불안전성과 사악성"[16]에 의해 형성된다는 것이다. 보쉬에에게 이단자란 생각나는 대로(적어도 처음에는) 홀로 생각하면서 자신의 견해, 즉 자기 이익을 좇느라고 변덕스럽고 비이성적인 견해에 대한 믿음에 집착하는 자이다.[17] 이와 반대로, 이성적 인간은 내면의 어둠 속에서 홀로 헤매지 않고 가장 확실하고 가장 현명하며 수적으로도 우세한, 줄기차게 이어지는 일련의 증언자들, 즉 말씀의 수호자들에게 자신을 맡기는 사람이다.

신교도의 여러 목소리들, 그 중에서도 특히 칼뱅교도 목사인 쥐리외(1637~1713)는 바일이 하느님의 목소리를 인간의 양심과 혼동하고 있다고 비난했다. 쥐리외는 피창조물인 인간의 양심이 불완전성으로 얼룩져 있기 때문에 인간은 성서의 계명에 엄밀하게 복종해야 한다고 주장했다.[18] 이에 반해, 바일은 인간의 양심을 따르는 것이 바로 최고 권위의 명령에 복종하는 것이라고 주장했다.

진리를 지키겠다는 이유로 무자비하게 싸우는 사람들은 실상 그들 자신의 견해만을 옹호하는 경향이 있는 게 아닐까? 모든 범죄행위를 일으키고 또 이를 정당화하는 것은 바로 견해에 대한 집착 때문이다. 에라스무스는 언제나 승리하기를 바라는 우리들의 열정을 야심에 결부시키면서,[19] 진리에 대한 사랑을 버리지 말고 자기애自己愛를 버리라고 호소했다. 대체로 인간은 잘못된 견해와 싸우기보다는 자기와 반대되는 견해와 싸운다. 카스텔리옹은 "흔히 우리들과 의견이 같지 않은 사람이면 누구든지 이단으로 간주한다"[20]고 기록했다. 프로테스탄트에 대한 사면을 허용한 앙부아즈 칙령(1563)을 지지했던 어느 팸플릿은 훨씬 더 직설적으로 자기와 다른 견해를 갖는 사람들에게만 죄와 악이 있다고 생각하는 사람들의 '편파성'을 지적했다.[21] 몽테뉴는 진리를 지킨다고 열의를 보이는 사람들의 '열렬한 자기애'와 '오만'을 비난했다. 그는 앵똘레랑이란 "자기의 견해를 생각하는 데 있어서, 그 견해를 위해서는 공공의 평화를 무너뜨리는 것도, 피할 수 없는 수많은 악을 가져오고 관습의 무시무시한 타락을 가져오는 것도 (…) 심지어는 국가의 교체까지도 주저하지 않게"[22]된 사람이라고 말했다.

똘레랑스의 지지자들이 준거하는 원칙은 아주 명백하다. 곧 진리를 옹호하는 것과 인간이 생각하는 것에 대한 집념을 혼동하지 말라는 것이다. 이러한 생각을 우리는 스피노자와 바일에게서, 또는 바일과 가까운 프로테스탄트인 바나주 드 보발에게서 발견한다. 그들은 모두 신학적 열정을 "극장으로 변한 교회에서 찬미를 끌어내려고 선동하고, 반대파를 공개적으로 꾸짖으며, 순진한 회중會衆을 경탄케 할 새롭고 뜻밖이며 적절한 교시를 강요하려는"[23] 고심으로 보았다. 그들은 신학적 열정을 다른 사람에게 우리와 똑같은 생각을 갖도록 강제하려는 의지로, 자신의 잘못을 확인하는 것에 대한 두려움으로,[24] 또는 "속세의 칭찬을 받는 데서 오는 흡족한 쾌감"[25]의 추구로 설명했다. 로크에게 그 이유는 분명한 것이었다.[26] 즉, 견해를 달리 하는 사람들을 자신의 견해에 동의하도록 강제하는 것은 자부심과 자만심에서 온다는 것이다. 루소는 다음과 같이 써서 로크의 뒤를 따랐다. "인간을 구원하려는 열정이 절대로 박해의 원인이 될 수는 없다. 박해의 원인은 바로 자존심과 오만이다."[27]

요컨대 앵똘레랑은 다른 사람들을 오직 그 자신에게 복종시키는 사람이다. "만일 사람들에게 자연적 광명, 십계명의 계율과 복음서의 교훈이 금지하는 행동을 저지르도록 권유한다면, 그것은 곧 잘못된 의식을 주는 것이며, 하느님의 계시록이 아니라 인간 자신의 비전, 인간 자신의 열정, 인간 자신의 편견을 그들에게 주는 것이 된다는 사실을 깨달아야 할 것이다."[28]

카스텔리옹이나 바일은 광신자들이 사람들에게 진리를 강요하는 것을 비난했던 게 아니다. 오히려 그들은 진리에 대한 광신자들의 무관심을 비난했다. 카스텔리옹은 사람들이 터키인들과 유대인에 대해 상당한 똘레랑스를 보이고 있다고 관찰했다. "험구가나 반대를 일삼는 사람, 오만한 사람, 질투하는 사람, 수전노, 음란한 자, 술주정뱅이 그외 인간 페스트들에 관해 말하자면, (우리들은) 아주 정답고 즐거워하면서 그들과 함께 살고 있다."[29] 이 주제는 종교개혁자들 사이에선 상식적인 것이었다. 바일은 올바른 교리를 설교하고 활동을 통한 구원을 설교하는 사람들의 행실을 길게 묘사한 다음 이렇게 물었다. "로마 교회는 '술주정꾼, 도박꾼, 뚜쟁이, 포주, 편협한 자, 위조범, 착한 사람, 명예를 존중하는 사람들이 보여주는 기이한 다양성에 어떻게 만족할 수 있는가?' '아무렴, 만족하고말고.' 로마 교회는 이렇게 대답할 것이다. 왜 그런가 하면, 그 사람들 모두 로마 교회의 권위를 인정한다고 밝히고 있기 때문이다. 요점은 바로 여기에 있다. 어떤 사람이든지 간에 교회에 복종하기만 하면 똘레랑스를 보장받는 것이다."[30]

우리는 라 브르에게서 똑같은 주장을 발견할 수 있다. 그는 18세기 중엽 성 바르톨로메오에 대한 찬사[8]에 대해 단호한 응답서를 작성했다. 그는 앵똘레랑을, 반대자들이 '겉으로 굴복하는' 조건 아래에서는 가장 폭넓게 똘레랑스를 실행하는 능력이라고 정의했다.[31] 그를 본받아서 루소는 앵똘레랑이 실제에 있어서 진리에 관해 파렴치할 만큼 싹싹한 모습을 보인다는 사실을 증언했다.[32] 그리하여 온건파에게 죄가 있다면서 징계하던 박해자가 이제는 자기 마음에 내키는 대로 방임하고 있다고 비난받게 되었다. 역설적으로 엄격함이, 즉 하느님의 계명에 대한 복종이 똘레랑스 편에 있었던 것이다.

그대가 원하는 대로 생각하라, 그러나 복종하라

인간은 하느님에게 복종해야 한다. 에라스무스에서 스피노자를 거쳐 바일에 이르기까지 똘레랑스의 지지자들은 이 점을 부인하지 않았다. 그러면 인간은 하느님의 계명을 무엇으로 알아차리는가?

하느님의 말씀은 분명하고 인간의 말은 모호하다. 계시록을 혼란스럽게 만드는 것은 바로 사람들의 논평이다. 게다가 "문제를 더욱 해결할 수 없게 만들면서 말이다."[33] 루소는 교리의 난해한 조항들이 인간의 견해에서 비롯된 것이라면 그것이 특히 성직자들의 견해에서 비롯된다고 언급했다.[34] 이 주장은 보다 훨씬 미묘한 또 하나의 다른 주장

---

8 1572년, 가톨릭 귀족과 시민들에 의해 파리에서 시작된 프로테스탄트에 대한 학살 사건(성 바르톨로메오 축일의 학살). 3000명 정도 학살된 것으로 추정되는 이 사건 이후 교황 그레고리우스 13세는 기념메달을 주조하도록 했다. 이후 프로테스탄트는 왕권에 복종하라는 칼뱅의 원칙을 버렸으며 특정 상황에서는 반란 세력과 폭군을 살해하는 행위가 정당화될 수 있다는 견해를 지니게 되었다.

에 접근한다. 즉, 사람들의 해석을 제외시킨다고 해도 계시록이 항상 투명한 것은 아니라는 것이다. 그래서 카스텔리옹은 명백한 것과 그렇지 않은 것을 구분하고, 그로부터 "알 수 있고 알아야 하는 것"과 무시할 수 있는 것을 추론했다.[35] 그 1세기 뒤에 스피노자는 다음과 같이 계시록이 분명하게 제시하는 몇 개의 진리들만이 모든 사람에게 강요된다는 점을 보다 상세하게 설명했다. "하느님은 유일하고 전지전능하며 또 그만이 찬송되어야 한다. 하느님은 우리들을 돌보아주며, 특히 자신을 찬송하고 이웃을 자기처럼 사랑하는 사람을 사랑한다 등. 이런 가르침과 또 이와 비슷한 것들은 성서 도처에서 분명하고 확연하게 드러나므로 모두 다 그 의미를 알아차릴 수 있다. 반면에 하느님의 본성에 관해서, 즉 하느님이 사물을 바라보고 대비하는 방식에 관해서 성서는 불멸의 교리처럼 분명하게 가르쳐주지 않고 있다."[36] 성서는 하느님의 정의와 하느님의 사랑을 보여주며, 정의와 사랑 둘 다 참다운 삶의 모델로서 분명하게 지시하고 있다. 하느님께 바쳐야 하는 복종과 예배는 정의와 사랑의 행사에 있는 것이다.[37] 바일도 같은 주장을 폈다. "각자 윤리에 잘 복종함으로써 하느님을 경배하는 데 전력을 다해야 한다. 이 점에 관해서는, 즉 품행에 관해 의무를 다해야 한다는 인식에 관해서는 아주 분명하게 밝혀져 있으므로 성실한 마음으로 찾아나선다면 잘못 알아차릴 사람이 거의 없다."[38] 루소는 이러한 성찰을 자기 나름으로 받아들여 인간의 "의무"를 분명히 밝힌 교리와 "난해하고 무익한" 교리의 두 가지로 구분했다.[39] 복음서를 따른다는 것은 무엇보다도 교리에 집착하는 것이 아니라 계명들을 준수하는 것이다. 그런데 모든 계명들을 요약해 주는 첫째 계명은 이웃에 대해 친절

과 사랑을 베풀라는 계명이다.[40]

　계시록에서 명백한 것과 모호한 것의 구분은 윤리와 교리의 구분과 거의 정확하게 일치한다― '거의'이지 완전한 일치는 아니다. 카스텔리옹, 스피노자, 로크는 똑같이 다음과 같이 주장했다. 즉, 하느님의 정의와 사랑처럼 '명백한' 진리를 거부하는 사람에게는 똘레랑스가 있을 수 없다는 것이다. 루소도 그의 선배들과 똑같이, 이념에 대한 앵똘레랑스의 원칙에 이의를 제기했던 게 아니라 난해한 것에 대한 복종에 대해 이의를 제기했다.[41] 성 토마스 아퀴나스가 주장했듯이, '명백한' 진리를 거역하는 자는 누구든지 유죄라는 것이다.

　스피노자는 "하느님은 하느님의 진리 안에 담겨진 신성을 깨닫기를 인간에게 요구하지는 못할 것이다"라고 말했다. 인간에게는 그런 능력이 없는 바, 왜냐하면 인간은 하느님의 인식 수준에 도달할 만큼 현명하지 못하기 때문이다. 하느님은 인간에게 인간이 할 수 있는 것만을, 즉 행위로 복종할 것만을 요구한다.[42] 그 이외의 것에 대해서는, 가령 "인간이 하느님의 본성에 관하여 아주 심각한 오류 속에 빠져 있을 수 있지만 그것 때문에 비난받는 일은 없다."[43] 바일도 이러한 '질서', 즉 창조주가 인간의 능력에 맞추어 인간의 의무를 정했다는 '하느님의 필수불가결한 법'에 관해 말했다.[44]

　이러한 성찰들은 교리와 계명의 구분을 강화시켰다. '이렇게 생각하라'는 위僞 계명과 달리 '이렇게 행동하라'는 계명은 아주 분명하고 실천 가능한 것이다. 에라스무스와 카스텔리옹의 논지 속에는 이미 비교리적인 종교에 대한 사상, 즉 생각하는 것보다는 행동하는 것에 더 바탕을 둔 종교에 대한 사상의 윤곽이 드러나고 있다. 우리의 의무는 하느님에 대한 외경畏敬, 즉 행동으로 하느님에게 복종하고 동시에 신성(그의 힘, 정의와 사랑)에 관한 최소한의 인정을 뜻하는 외경으로 요약된다.[45] 카트린 첼은 〈똘레랑스를 위한 변론〉에서 이 의무에 대해 명백히 정의하고 있다. "우리는 우리 동포 각자와 똑같은 견해, 똑같은 믿음을 갖도록 강요되지 않는다. 우리는 다만 그들 모두에게 사랑과 헌신과 연민을 보여주어야 할 뿐이다."[46]

똘레랑스의 옹호자들은 복종의 논리에 이의를 제기하지 않았다. 오히려 그 반대였다. 하느님이 분명히 명령할 때, 즉 그의 명령이 분명하고 실행 가능하면 곧바로 복종해야만 한다. 미국에서 양심의 자유를 옹호했던 로저 윌리엄즈[9], 스피노자, 바일과 루소는 그들의 차이를 초월하여 계명에 대한 엄격한 복종을 권유했는데, 바로 이 엄격성이 이념에 대한 똘레랑스를 호소하는 것이라고 주장했다. "그대가 원하는 대로 생각하라, 그러나 복종하라." 항상 복종에 임해야 하는 군인은 이 점에 대해 잘 알고 있다. 즉, 행동에 있어서는 극한에 이르기까지 복종해야 하지만, 진리에 대한 인식과 동의는 요구받지 않는다. 스피노자의 견해도 마찬가지였다. 행동으로서의 복종이 자유로운 사고를 허락하는 것으로 보았다.[47] 엄격한 종교개혁 시기에 네덜란드에서 사상의 자유가 탄생했다면 아마도 다음의 이유 때문일 것이다. 즉, 복종의 원칙이 확고부동하게 정립되었을 때,—또는 정립되었다고 믿을 때—사람들의 이념이란 별로 중요하지 않은 것이다.

---

9 Roger Williams(1603/4~1684): 선교 신학자.

똘레랑스 계명

18세기까지 똘레랑스의 지지자들은 똘레랑스가 하느님의 계명이라고 주장했다. 에라스무스부터 《백과전서》 편찬자들에 이르기까지 모든 사람들이 이 주제에 관계되는 복음서나 초기 교회 교부들의 인용문을 모았다. 그들도 사문관들과 똑같이 권위 있는 논증에 호소하는 것을 주저하지 않았다. 튀르고는 《화해자》에서 "나는 종교에서 오직 권위에 대한 인식만을 배웠다. 나는 내 감각의 보증인으로서 예수 그리스도와 교부들을 내세울 것이다……"[1] 라고 썼다.

똘레랑스의 지지자들 모두는 똘레랑스가 하느님의 계명임을 보여주는 첫 번째 근거로 좋은 씨와 가라지 비유를 내세웠다:

"하늘 나라는 어떤 사람이 밭에 좋은 씨를 뿌린 것에 비길 수 있다. 사람들이 잠을 자고 있는 동안에 원수가 와서 밀밭에 가라지를 뿌리고 갔다. 밀이 자라서 이삭이 팼을 때 가라지도 드러났다. 종들이 주인에게 와서 '주인님, 밭에 뿌리신 것은 좋은 씨가 아니었습니까? 그런데 가라지는 어디서 생겼습니까?' 하고 묻자 주인의 대답이 '원수가 그랬구나!' 하였다. '그러면 저희가 가서 그것을 뽑아버릴까요?' 하고 종들이 다시 묻자 주인은 '가만 두어라. 가라지를 뽑다가 밀까지 뽑으면 어떻게 하겠느냐? 추수 때까지 둘 다 함께 자라도록 내버려두어라. 추수 때에 내가 추수꾼에게 일러서 가라지를 먼저 뽑아서 단으로 묶어 불에 태워버리게 하고 밀은 내 곳간에 거두어들이게 하겠다.' 하고 대답하였다."(〈마태오의 복음서〉 13:24~30)

3세기부터 이단 세력과 싸워야 했을 때, 초기 교회 교부들은 일반사범에게 온정을 베풀도록 하고자 이 비유를 원용했고 또 교리에서 이탈하는 자에게도 적용했다. 장 크리소스톰은 이 비유를 다음과 같이 해석했다. "그리스도는 이 비유를 통해 이렇게 말하고 있는 듯하다. 만일 당신이 이단자를 죽이려고 무기를 잡으면 정의로운 자까지 동시에 죽일 위험이 있다. 게다가 가라지에서 좋은 씨앗으로 바뀔 수 있는 이단자들이 꽤 많다. 너무 일찍 가라지를 뽑아버리면 앞으로의 수확에 피해를 끼친다. 왜냐하면 개종하여 좋은 씨앗이 될 수 있는 것까지 그 뿌리를 뽑아버리기 때문이다." 하지만 장 크리소스톰도 '잘못 생각하는' 자에게 사형을 모면케 해줄 것을 바랐을 뿐이다. 그는 진리의 이름으로 "이단자를 처벌하고 입을 봉쇄하고 말할 자유를 빼앗고 집회와 결사의 자유를 빼앗아야만 한다"[2]고 주장했다.

제한적 해석에 따르면, 가라지는 좋은 씨앗과 구별될 수 없다.[3] 다시 말해, 성실한 신앙인들 속에서 위선적인 기독교인을 구별해 내기란 불가능한 일이다. 토마스 아퀴나스는[4] 이단을 비롯하여 좋은 씨앗이 분명히 아닌 것은 모두 뽑아버릴 것을 권장했다.

반면에 똘레랑스의 지지자들에게 잡초란 단지 진리의 담지자를 대표하는 우량 씨앗의 반대일 뿐이다.[5] "수확기까지 가라지와 밀이 함께 자라도록 놓아두라." 그러므로 복음서의 교훈은 교회에서 멀리 떨어져 있는 이단자들, 비기독교인들 모두에게 적용되어야 한다. 결국 이 교훈의 엄밀한 준수는 단지 가혹 행위만 없앤 똘레랑스를 불러왔다. 그래서 루이 16세는 1787년 11월의 칙령을 통해 비가톨릭 신민들의 출생, 세례, 사망 등록을 허가하면서 그들의 존재를 법적으로 인정해 주었다. 왕은 프로테스탄트 인민들의 신앙에 대해 법적 추궁을 하지는 않았지만 가톨릭 예배 성직자, 공직 요원, 교육자는 가톨릭교도가 아니면 될 수 없도록 했다. 이보다 몇년 전에 황제 요제프 2세[1]는 이미 예배의 자유를 허용하고 모든 사람에게 공직의 문호를 개방했다.[6]

이웃 사랑이 시작이다

'이웃을 사랑하라'는 계명은 똘레랑스를 의미하는가, 아니면 강제를 의미하는가? 아직 똘레랑스라는 말을 사용하지 않았던 에라스무스는 온정과 호의를 모든 계명의 총체이면서 기독교의 첫째 덕목인 자선과 동의어로 보았다.[7] 이 주장은 종교개혁론자 소치니의[8] 제자 중 한 사

---

1 Joseph II(1741~1790): 신성로마제국의 황제. '계몽전제군주'였던 그는 농노제의 폐지를 명하고 관용령(Toleranzpatent. 1781. 10.)을 통해 법 앞에서 종교적 평등을 확립했으며, 언론의 자유를 허용했다.

람인 장 크렐에 의해 이어졌다. "구세주가 말하길 '너희들이 서로 사랑하지 않는다면 너희들은 나의 제자가 결코 될 수 없느니라.' 이 말은 그의 후계자라고 자칭하는 사람들의 다음과 같은 말과 얼마나 다른가. '너희들이 서로 미워하지 말고 서로 상대를 파멸시키지 말아야만 너희들은 우리의 제자가 될 수 있다.'"[9]

똘레랑스는 이웃에 대한 사랑에서 생겨난다. 이 주제는 18세기까지 똘레랑스에 대한 수많은 변론 속에서 찾을 수 있다. 로크는 "똘레랑스가 참된 교회의 주된 특징이라고 (…) 썼다. 만일 우리가 인간에게─그가 기독교도가 아니라고 하더라도─ 자선, 친절, 그리고 호의를 보이지 않는다면 우리는 명백히 기독교인 자체로부터 아주 멀리 떨어져 있는 것이다."[10]

보쉬에 같은 사람은 똘레랑스를 기독교 계명의 하나로 보는 것에 반박했다. 이웃을 사랑한다는 것, 그것은 우선 지옥을 피하고 내세에 행복을 추구하자는 것이 아닌가? 지상의 박해와 형벌은 내세의 축복이나 끝없는 고통에 비추어 볼 때 아무것도 아니다. 천년 왕국에서의 형언할 수 없는 행복에 관해서는 각자의 동의 여부에 맡겨야 한다. 그렇지만 인간들이 자칫 잘못 생각하는 자들의 영향을 받는다면, 그들 또한 영원히 형벌을 받을 틀을 짜게 된다. 그러므로 기독교인은 그처럼 위험스럽게 얽혀 있는 데서 그들을 벗어나도록 해야 한다. 이와 같은 주장을 위해 가장 많이 인용되는 권위적인 발언은 성 아우구스티누스의 것이다. 분파적인 도나투스 주교의 지지자들에 대한 탄압을 정당화하고자 히포레기우스 주교[2]는 사랑에 의한 탄압[3]─진리를 위해 행하는 교회의 탄압─과 불경한 자들의 잔인한 탄압을 구분했다.[11] 417년에

보니파스에게 보낸 편지에서 그는 천국에 관해 다음의 비유를 원용하여 설명했다:

"어떤 사람이 큰 잔치를 준비하고 많은 사람들을 초대하였다. 잔치시간이 되자 초대 받은 사람들에게 자기 종을 보내어 준비가 다 되었으니 어서 오라고 전하였다. 그러나 초대 받은 사람들은 한결같이 못 간다는 핑계를 대었다. 첫째 사람은 '내가 밭을 샀으니 거기 가봐야 하겠소. 미안하오.' 하였고 둘째 사람은 '나는 겨릿소 다섯 쌍을 샀는데 그것들을 부려보러 가는 길이오. 미안하오.' 하였으며 또 한 사람은 '내가 지금 막 장가들었는데 어떻게 갈 수가 있겠소?' 하고 말하였다. 심부름 갔던 종이 돌아와서 주인에게 그대로 전하였다. 집주인은 대단히 노하여 그 종더러 '어서 동네로 가서 한길과 골목을 다니며 가난한 사람, 불구자, 소경, 절름발이들을 이리로 데려오너라.' 하고 명령하였다. 얼마 뒤에 종이 돌아와서 '주인님, 분부하신 대로 다 했습니다. 그러나 아직도 자리가 남았습니다.' 하고 말하니 주인은 다시 종에게 이렇게 일렀다. '그러면 어서 나가서 길거리나 울타리 곁에 서 있는 사람들을 억지로라도 데려다가 내 집을 채우도록 하여라. 잘 들어라. 처음에 초대 받았던 사람들 중에는 내 잔치에 참여할 사람이 하나도 없을 것이다.'"(〈루가의 복음서〉 14:16~23)

성 아우구스티누스는 단호했다. 즉, '사람을 강제로 들어오게 하는

---

2 북아프리카 해안에 있는 고대 항구 중 하나인 히포레기우스에서 성 아우구스티누스는 395~430년까지 주교를 지냈다.

3 도나투스 파 분리주의와의 투쟁에서 분리주의를 종식시키는 수단으로 설득 이외의 다른 방법을 계속 반대했던 그는 끝내 도나투스 파에 대한 법적 제재를 승인했다. "사랑이여, 네가 원하는 것을 하라"는 그의 말은 사실 '사랑'의 이름으로 행한 추방을 정당화하는 말이었다.

것'이 사람들에게 천국의 문으로 가도록 하기 위해서라면 강제의 사용도 정당화된다. 그래서 "만일 (…) 교회가 강제로 길거리나 울타리 주변에서 만나는 사람들, 즉 분파주의자와 이단 세력들 중에서 사람들을 강제로 교회의 품에 들어오게 하면, 그들은 강제당한 것에 불평하기보다는 어디로 이끌려왔는지 생각하게 된다"[12]는 것이다.

히포레기우스 주교의 종교 해석은 16세기부터 18세기까지 종교의 앵똘레랑스를 정당화하는 구실이 되었다. 바일이 비난했던 것이 바로 이 해석이었다. 바일에 따르면, '그들을 강제로 들어오게 하라'는 표현은 비유법에 불과하다. 글 내용으로나 정신으로나 복음서는 강제를 호소한다고 볼 수 없다는 것이다. 튀르고는 "그리스도가 '그들을 강제하라'고 말하려 했던 게 아니라는 증거는, 초대 받은 손님들이 마음대로 거절할 수 있었고 다른 사람들이 그들 대신 초대 받았다는 사실을 통해 알 수 있다"[13]고 썼다.

16세기 이후 사람들은 아우구스티누스적인 주장을 하느님이 보여준 전범을 통해 반박했다. 1579년 가톨릭교에 적대적이면서도 그에 대한 입장을 밝히기 주저했던 헬데를란트[4] 총독 장 드 나소에게 프로테스탄트인 카스파르 올레비아누스는 "하느님 스스로 나쁜 사람들을 똘레랑스한다"라고 응답했다.[14] 또 다른 사람들은 〈마태오의 복음서〉(5:45)를 인용했다. "아버지께서는 악한 사람에게나 선한 사람에게나 똑같이 햇빛을 주시고 옳은 사람에게나 옳지 못한 사람에게나 똑같이 비를 내려주신다." 윌리엄 칠린워드(1602~1644)는 이렇게 물었다. 하

---

4 Gueldre, Gelderland: 네덜란드 동부와 중부에 걸쳐 있는 주.

느님 스스로 하려 들지 않았던 일을 어찌 우리가 행할 것이며,[15] "하느님보다 더 힘이 세고 절대적이라고"[16] 주장하겠다는 것인가?[17] 왜 인간은 "하느님보다 더 경직되었는가?" 펜롱[5]을 이어받은 튀르고는 "하느님이 겪는 모든 고통을 인간들도 참을성 있게"[18] 견뎌내야 한다고 말했다. 다른 말로 하면, 선과 악이 뒤엉켜 있는 것을 인간은 견뎌야 하고, 통치자는 "본성과 하느님에 대한 복종"[19] 을 보여야 한다. 우리는 이 주제가 19세기 말까지 계속되었음을 레오 13세[6]의 글을 통해 알 수 있다. "하느님 자신은 그 자신의 섭리 안에서 한없이 선하고 또 전지전능하지만, 세상에 어느 정도 악이 존재하는 것을 용인하고 있다. (…) 세상을 지배하는 하느님을 따라야 마땅한 것이다."[20]

그렇지만 이와 같은 주장에 모두 동의했던 것은 아니다. 18세기에 페 신부는 프로테스탄트들의 주장에 약점이 있음을 지적했다. 즉, "하느님이 프로테스탄트들을 용인하고 계시다는 것은 나도 알고 있다. 그런데 하느님은 악랄한 범죄자와 불경스러운 자들에 대해서도 용인하고 계신데, 그 이유가 그들의 열성과 선의를 고려해서란 말인가? 사법관은 그들을 교수대로 보내고 있다."[21] 하느님의 똘레랑스를 따라야 한다면 이 세상에서 질서와 정의를 세우려는 시도 중에 그 무엇이 정당화될 수 있겠는가? 인간 공동체는 가장 강한 자의 법칙에 방치되어야 하는가?

그리스도는 폭력을 행사하거나 외면적 개입을 통해 인간을 변화시

---

5 Fénelion(1651~1715): 프랑스의 성직자.
6 Léon ⅩⅢ(1810~1903): 교회가 과학적 진보에 반대하지 않고 당시의 목회적·사회적 요구를 자각해야 한다고 주장함으로써 세속 정부에 더욱 융화적인 입장을 취했다.

키는 대신에 죽을 수밖에 없는 인간의 조건을 '기꺼이 따르면서' 부활을 통해 인간을 자기에게로 이끌었다.[22] 그리스도는 칼이나 반목을 통해서가 아니라 친절과 설득으로 인간을 사랑했다. 기독교의 평화적 성격을 정당화하기 위해 미셸 드 로스피탈은 힘을 견디면서 무력 사용을 삼갈 것 ― '힘을 견뎌내는 것, 힘을 행사하는 것이 아니라' ―을 명령하는 신약성서를 인용했다. 그리스도를 본받아 기독교인은 '말과 설득'을 사용해야 한다. 다른 방식으로 행동하는 자들은 스스로 고백하는 진리를 위반하는 것이다.[23] 로크는, "그리스도와 제자들은 칼을 가지고 세상에 나서지 않았다. 오히려 박해를 견뎠고―즉, 용어의 첫 번째 의미로서 관용했고[7]― 설득과 친절로 복음서를 전했다"고 말했다.[24] 1686년에 아드리엔 반 파에츠는 "(그리스도가) 그의 양들에게 친절하면서 실로 목가적인 훈계로 호소한 것 이외에 그 어떤 '폭력'도 사용했다는 것을 우리는 읽을 수 없다"고 지적했다.[25] 같은 시기에 오베르 드 베르세는 《양심의 자유론》에서 "인내, 자비 그리고 자애의 정신을 가진 하느님의 아들은 (…) 인간에게 해를 끼치거나 고통을 주는 분노와 노기에 찬 행위를 용서하지 않을 것"[26]이라고 썼다. 예수는 제자들이 힘을 사용하겠다는 것을 여러 차례 만류했다. 예수는 제자들이 사마리아 사람들을 천상의 불로 벌하도록 호소했을 때 이를 꾸짖었고, 성 베드로가 올리브 동산에서 칼을 들었을 때 칼을 칼집에 다시 넣으라고 요구했다. 튀르고, 볼테르, 헬베티우스가 성 바울로의 '사랑의 정의'를 인용하는 마지막 사람은 아닐 것이다. "사랑은 오래 참습니다.

---

7 똘레랑스했고.

사랑은 친절합니다. 사랑은 시기하지 않습니다. 사랑은 자랑하지 않습니다. 사랑은 교만하지 않습니다. 사랑은 무례하지 않습니다. 사랑은 사욕을 품지 않습니다. 사랑은 성을 내지 않습니다. 사랑은 앙심을 품지 않습니다. (…) 사랑은 모든 것을 덮어주고 모든 것을 믿고 모든 것을 바라고 모든 것을 견디어냅니다"[27]

똘레랑스는 또한 평화의 계명에 응답한다. 에라스무스에게 평화란 이웃 사랑을 토대로 하는 모든 공동체의 수단이자 동시에 목적이다. "그리스도의 전 생애를 바라보면서 우리는 무엇을 발견하는가? 화합과 상호간의 사랑의 교리가 아니라면 말이다. (…) 평화, 화합의 바깥에 기독교의 사랑은 없다. (…) 그리스도는 (…) 평화 이외에 무엇을 가르쳐주고 설교했는가? 그리스도는 여러 차례에 걸쳐 '그대에게 평화를!' 이라는 평화의 인사로 제자들에게 인사했다. 그것은 그리스도가 기독교인들에게 어울리는 표현으로서 제자들에게 지시했던 단 하나의 방식이었다. 이 교훈을 상기하면서 사도들은 평화라는 말로 편지를 시작했고 각별히 사랑하는 사람들에게 평화를 기원했다. 건강을 기원하는 것도 훌륭한 기원이지만 평화의 소망은 행복들 중에 가장 큰 행복이다. 얼마나 지극한 정성이었는지를 보라. 전 생애 내내 헤아릴 수 없이 평화를 권유했고 또 죽기 전에도 평화를 권유했다. '내가 너희들을 사랑했던 것처럼 서로 사랑하라.' 또 '내가 너희들에게 나의 평화를 주며, 내가 너희들에게 나의 평화를 남기노라.' (…) 벗들과도 평화하고 적들과도 평화하라."[28]

그러므로 평화의 계명은 기독교인들에게 단결에 이끌리게 하고 분열을 피하도록 요구한다. 1세기 뒤에 그로티우스[8]는 에라스무스에 화답하였다. "세상을 떠나는 순간에 그리스도가 제자들에게 아주 진지하게 권유했던 상호 화합의 훈계를 따르려면, (…) 서로 동의하고 있는 요점(즉, 주로 윤리적 관점)을 포착하여 실행에 옮겨야 한다."[29] 이 주장은 16세기 말의 '정치가들'[30]에 의해 다시 채택되었다. 이들에게 반대했던 사람들은 이 주장에서 진리에 대한 사랑이 후퇴한 것으로 보았다.

그렇지만 실제로 '정치가들'이 합의의 필요성 때문에 진리가 방치되는 것을 바란 것은 아니었다. 그들에게 똘레랑스는 첫 번째 계명이었다. 그리고 만일 똘레랑스가 이웃 사랑이라면, 그 이유는 평화가 지상의 선 중에 최고의 선인 까닭이며 특히 정신적인 선이기 때문이다. 괴로움과 열정에서 해방된 영혼은 이성의 목소리를 듣게 하고 정신을 승화시키며 구원의 무기를 벼르게 해주는 고요함을 발견한다. 그래서 똘레랑스 사상은 두 개의 이상, 즉 기독교의 사랑과 이성의 승리가 확고히 결합하도록 한다.[31] 볼테르는 똘레랑스 사상에서 가장 숭고한 발현을 보는데 전자(기독교의 사랑)와 후자(이성의 승리) 양쪽 모두에서다. 어떤 면에서 18세기에 이르러 사람들은 히브리어에서 '알다'와 '사랑하다'라는 말이 왜 똑같은지, 그 이유를 똘레랑스와 함께 이해하게 되었던 것이다.

---

8 Grotius(1583~1645): 네덜란드 출신의 법학자, 외교관. 그의 법률 대작 《전쟁과 평화의 법(De Jure Belli ac Pacis)》(1625)은 근대 국제법에 최초로 큰 영향을 끼쳤다.

성스럽고 자연스러운 법칙

니콜라스 크렙스는 하느님의 계명이 각 개인의 "이성적 영혼"을 통해 내재하는 "천부적인" 것이라고 선언했다. "자연법"은 "인간들 사이에 보편적으로 퍼져 있는 (…) 하느님의 법"이다. 이 법은 "서로의 예배 의식儀式"-32을 용인하도록9 인도하는 이웃 사랑으로 요약된다. 하느님의 법과 자연법은 단지 하나이기 때문에, 천성적으로 서로 다른 인간들은 함께 어울려 살아야 하며 따라서 서로 견뎌야 한다.

에라스무스는 한편으로는 "공통의 자연적 감각"이, 다른 한편으로는 "그리스도"가 평화를 호소한다고 보았다.-33 바일은 하느님이 "말씀"과 "자연적 광명"을 통해서 모든 인간의 양심에 하나의 "질서 이념"을 주는 바, 이 질서 이념은 각자에게 겸손, 죄의 사함, 금욕과 자선으로 이루어진 똘레랑스를 명한다고 보았다.-34 로크는 똘레랑스의 명령이 복음서와 우리의 "자연적"-35 안내자인 이성에 의해 동시에 지시된다고 말했다. 헬베티우스에게도 똘레랑스란 하나의 성스럽고 자연적인 법이며,-36 볼테르는 복음서에 지시된 죄의 사함을 자연법의 첫째라고 말했다.-37 이 두 가지 요구에 의해 동시에 규정된 똘레랑스 법은 인류 전체에 부과되는 것이다.

그러면 똘레랑스 법은 무엇으로 구성되는가? 남의 처지에 서 보는 것, 이웃 사랑을 자기애—기독교 철학에 의해 표현되며 또 '자연에도 부합하는'—처럼 하는 것, 그 이상도 이하도 아니다. 그것은 단 한 가

---

9 똘레랑스하도록.

지 명령으로 요약된다. 즉, 남이 우리에게 행하지 않기를 바라는 것을 남에게 행하지 말라는 것이다. "똘레랑스 법은 워낙 진실하고, 워낙 공정하며, 워낙 자연적이며 또 하느님의 법에 의해 모든 인간들 마음속에 깊이 새겨져 있는 규칙이기 때문에, 이 똘레랑스 법이 옳고 이성적이라는 것을 고백하지 않을 만큼 그렇게 악독하거나 모든 규율을 지키지 않을 인간은 없다."[38] 이 "자연법"[39]은 〈마태오의 복음서〉 7장 12절과 〈루가의 복음서〉 6장 31절에 의해 기록된 복음서 계명에 의해 완성된다. 즉, "사람들이 너희에게 해주기를 바라는 것 모두를 너희들도 그들에게 녹같이 행하라."[40] 흔히 사람들은 자연법을 상호성의 법칙이라고 말하기도 하지만, 그러면 그 가장 중요한 특징을 희석시키게 된다. 자연법이 규정하는 의무는 우리에 대한 타인의 행실에 달려 있는 게 아니라, 우리 자신에게 좋고 나쁘냐에 달려 있기 때문이다.

자연법의 이러한 규정은 복음서의 해석으로도 보편적 계명이며, 또한 보다 빈번하게는 니콜라우스 폰 쿠에스,[41] 샤른슐라거,[42] 카스텔리옹, 바나주 드 보발,[43] 바일, 루소, 헬베티우스[44] 등 여러 사람들의 '자연적인' 해석으로도 보편적 계명이다. 볼테르는 지구상의 대원칙을 "사람들이 너에게 하기를 원치 않는 것을 행하지 말라."[45]는 것이라고 지적했다. 1793년의 권리선언[10] 제6조는 자유의 '도덕적 한계'를 규정하면서 이 원칙을 수용했다.

이처럼 18세기 말까지 똘레랑[11]은 그 반대자와 똑같이 하나의 법에

---

10 1793년 6월 24일 국민공회에서 통과된 이른바 '1793년의 헌법'의 전문(前文)에 해당하는 이 권리선언은 1789년의 것보다 훨씬 진보적인 것이었는데, 제1조에서 '사회의 목표는 공공행복에 있다'고 선언했다. 압제에 대한 저항권과 반란권도 인정했다.

복종할 것을 받아들였다. 우리는 흔히 볼테르의 똘레랑스를 그의 회의론의 산물로 간주하기도 하는데, 그는 똘레랑스를 다른 무엇보다도 하나의 계명으로 제시하고 있다. 그는 중국인의 교리 문답으로부터 유신론자의 신앙고백까지, 신부, 일본인, 정원사 그리고 정직한 사람의 신앙고백을 거쳐, 50인의 강론은 말할 것도 없이 6권의 《교리 문답집》을 쓰지 않았는가?[46] 회의론자치고는 그야말로 특이한 행적이라 하지 않을 수 없다! 다양하게 거절되었던 그(볼테르의)의 믿음의 중심에 똘레랑스의 계명, 계명으로서의 똘레랑스가 있었던 것이다.

---

11 똘레랑스하는 사람.

세계의 질서

바일이 "영원하고 필수적인 질서", 혹은 "질서에 대한 복종"의 이름으로 똘레랑스를 정당화했을 때,[1] 단지 성서에 담겨 있는 계명을 존중하기 위해서만 똘레랑스를 호소했던 것은 아니다. 그는 세계 질서와 그 질서에 복종해야 하는 필요성도 똘레랑스의 근거로 내세웠다. '똘레랑' 이 된다는 것은 현존하면서 변화시킬 수 없는 것에 대해 참는 것을 말하며, 특히 사상과 행동을 통해 창조의 조화 속으로 들어가는 것을 말한다.

과오는 인류의 속성이다

당연지사當然之事[1]가 똘레랑스를 호소한다. 우선 인간의 불완전성이 자연의 법칙이기 때문이다. 인간은 과오를 저지른다. "인간을 받아들인다는 것은 인간의 과오를 받아들인다는 것"[2]이라고 이탈리아의 휴머니스트 아콘초[2]는 증언했다. 거의 동시에 카스텔리옹은 사도들의 말을 본받아 "잘못하는 자에게 모두 처벌을 가한다면 처벌받지 않을 자가 누구일지 나는 알지 못한다"[3]고 외쳤다. 이들 이외에 특히 윌리엄 월윈은 1644년에 인간이라면 그 누구도 스스로 잘못이 없다고 자부할 수 없으며 "어떤 견해든 모든 견해에 잘못이 있을 가능성이 존재한다. (…) 바로 이것이 우리가 아무도 강제할 수 없는 이유이다"라고 지적했다.[4] 바일, 바나주 드 보발과 그 뒤에 존 스튜어트 밀도 잘못이 인간성과 연결된다는 것을 보이기 위해 노력하였다. 인간의 잘못은 일종의 불구에서 비롯되는 결과여서—크렐의 표현에 따르면— 마치 신체적 기형에서 비롯되는 것과 같은 것이므로 누구에게든 과오가 있다고 불평할 수 없는 것이다.[5]

1754년에 이봉 신부는 "과오가 인간의 속성이라는 원칙을 일단 받아들여 서로 관대한[3] 자세로 아량을 보여주어야 한다"[6]고 요약했다. 볼테르는 우리에게 잘못을 저지르게 하는 이 보편적 속성이 우리를 형제로 만든다면서 용서를 주장했고, 이 용서와 (종교적) 모독에 대한 용서를 조심스럽게 결부시켰다. 인간이 무엇을 행하는지 모르듯이 무슨 생각을 하는지도 모르기 때문에 용서해야 한다는 것이다. 똘레랑스 중에서도 가장 절대적이며 실행하기 어려운 것을 요구하는 급진적 주장

---

1 L'ordre des choses: 직역하면 '사물의 질서'. 목적성과 인과성에 따라 사물들이 필연적으로 그렇게 있어야 하는 상태, 혹은 피할 수 없는 상태를 말한다.
2 Giacomo Aconcio(1492~1566): 종교개혁 시기에 종교적 관용을 주장했다. 그의 개혁은 루터주의보다 훨씬 극단적인 형태를 취했다.
3 똘레랑스하는.

이라 할 수 있다. 볼테르의 이 행보는 종교 고유의 영역에서, 즉 명백한 계명에 대한 복종의 영역에서 종교적 앵똘레랑스에 대응하려는 것이었다. 그런데 결함으로부터 발생되는 과오까지 똘레랑스에 포함시키게 되면, '비非똘레랑스non-tolérance'를 정당화했던 고전적 구분, 즉 완성된 피조물로서의 우리의 본성에서 비롯된 과오와 범죄적인 방황에서 비롯된 과오 사이의 고전적 구분을 무의미하게 만든다. 중세의 사고는 천성적으로 잘못을 범하는 우리들의 성벽 안에 진리에 대해 고의적으로―자유롭게― 거역하는 가능성이 있다고 가정했고, 그래서 비자발적인 잘못과 자발적인 맹목에서 비롯된 잘못을 구분했다. 후자에 대해서는 책임을 물어야 하고 그에 따라 처벌해야 마땅했다. 똘레랑스 주창자들 중에서도 극복될 수 있는 잘못까지 똘레랑스의 대상이라고 주장한 사람은 아무도 없었다. "배우는 의무를 마친 뒤에도 인간의 내면에 그대로 존재하는, 도저히 이겨낼 수 없는 무지"는 틀림없이 "용서할 수 있다."[7] 그러나 하나의 진리가 '명백' 해지는 순간부터 그 진리를 거부하는 것은 '똘레랑스' 할 수 없다. 실제로 인간에게 유일한 의무가 있다면 그것은 바로 명백한 것 앞에서 굴복하는 의무이다. 성 토마스 아퀴나스 이래로 명확한 사실에 의도적으로 눈을 감는 자는 "거짓되고 범죄의식"[8]을 가진 자이므로 우리는 그런 의식의 잘못된 자유를 정당하게 구속할 수 있다. 로크는 사물이 "밝은 빛" 안에 존재하는데도 "그것을 보지 않는 가증스런 괴물"이 있다고 확신했다.[9] 루소는 인간에게, 특히 일반 평민에게 너그러운 자세를 취할 것을 호소했다. 왜냐하면 평민은 스스로 '숭고한 개념'을 이해할 수 있는 수준에 도달할 수 없기 때문이다. 반면에 진리에 도달할 수 있는 수단을 지니고 있으면 그 진리는 절대적으로 지켜져야 한다. 루소에 따르면, 하느님의 존재는 조금이라도 숙고할 줄 아는 사람이라면 누구에게나 명백하게 보이는 사실이기 때문에 "무신론의 철학자는 악의적이거나 맹목적 자만심을 가진 논객에 지나지 않는다."[10] 그러므로 도시에서 추방해야 마땅하다. 명백한 것 앞에서 잘못 생각할 수는 없는 일이기 때문이다.

모든 인간은 과오를 저지르는 존재이므로 남의 과오를 받아들일 수밖에 없다. 그런데 자신의 의견을 의심해 보는 것도 똑같이 받아들여야만 한다. 카스텔리옹은 "기독교인들이 조금이라도 스스로를 의심해 보았다면, 그 모든 살인 행위를 저지르지 않았을 것이다"[11]라고 썼다. 여기서 문제되는 것은 진리 자체에 대한 의심보다는 우리의 열정이 우리의 이성에 주는 환상에 관한 것이다. 가령 어떻게 진리에 대한 사랑과 자기애의 집착을 판별해 내는가? 우리가 하나의 소신을 옹호할 때, 그것이 우리가 진실로 진리를 사랑하기 때문일 뿐, 우리 자신의 견해를 통해 자기 자신을 사랑하기 때문이 아니라고 어떻게 보장하는가? "우리가 아무리 올바른 쪽을 택했다고 확신하더라도 수백만의 사람들이 우리와 똑같은 확신으로 반대쪽을 지지함으로써 우리를 경악과 두려움에 떨게 할 수 있다. 왜냐하면 우리의 열정 때문에 오류가 주는 헛된 안정감과 진리가 주는 진실한 신뢰감을 구분하는 것이 거의 불가능하기 때문이다."[12] 따라서 확신은 그것이 명백함에서 유래하든 맹목에서 유래하든 기만적인 것이다.

물론 똘레랑스는 회의주의와 밀접하게 연관되고 있다. 왜냐하면 인간은 '나는 의심한다'라는 확신 이외에는 어떤 확신도 가질 수 없기 때문이다. "그가 지지하는 모든 것이 진리이며 그가 비난하는 모든 것이 거짓이라는 확고부동한 증거를 보유한 인간이 어디 있는가?"[13] 인간이 믿는 진리의 대부분은 가능성에 불과하므로 각자의 무지에 대하여 서로 이해해야 한다고 로크는 결론 내렸다. 《백과전서》의 〈똘레랑스〉 항목에서도 이렇게 추론했다. 즉, "대립관계가 없는 분명한 진리란 결코 없으며, 인간의 이성은 정밀하고 확정된 척도를 지니고 있지 않기 때문에 누구도 자신의 이성을 잣대로 제시할 수 있는 권리가 없고 또 누군가를 자신의 소신에 따르도록 주장할 권리도 없다."

이 점은 하느님의 인식에 관련된 영역, 즉 본래부터 우리의 이해력을 초월하는 영역에는 더욱 적용된다. 수많은 유토피아주의자들이 숭배하는 신이란 "인간 이성에게는 미지이며 (…) 도저히 파악할 수 없고 접근 불가능한 신"[14]이라고 토마스 모어는 설명했다. 신에 대한 이와 같은 신비가 유토푸스에게 종교에 관해 똘레랑스하도록 이끄는 주된 이유이다. 똘레랑스의 옹호자들은 이 세상의 만물을 '수수께끼'로 보았던 성 바울로를 인용하면서 신에 대한 신비를 끊임없이 상기시켰다. 그러니까 이 질문들은 우리가 직접 하느님을 만나는 날로 미루기로 하자.[15]

카스텔리옹은 하느님이 존재한다는 데에는 의문을 제기할 수 없지만 "종교의 진리란 본래 신비적"이며 "모든 게 모호하다"[16]라고 주장했다. 우리가 서로 싸우고 상대방을 비난할 근거가 없는 것이다. 왜냐하면 진리는 파악될 수 없고 우리의 믿음은 하느님의 의지에 따라 불확실하기 때문이다. 바나주 드 보발은 이렇게 설명했다. 이 어둠은 "하느님의 질서 안"에 속하는 것이다. 짐짓 숨어 계신 하느님은 인간의 자만하고 태만한 확신을 원치 않으며, "목자들의 경계심"[17]이 깨어 있도록 하기 위해 인간들이 그 앞에서 몸을 떨고 겸손해하고 그의 광명과 구원에 의존하기를 바란다. 의문은 신을 두려워하게 만드는 하나의 요인이다. 바일은 인간이 진리를 단지 불완전하게만 인식하도록 선고받았다고 말했다. "마치 우리의 정신을 겸손하게 하기 위해 하느님은 인간이 발길 닿을 곳을 쉽게 찾는 것을 원치 않았고, 또 어느 쪽으로 가든 함정을 만나게 한 것 같다."[18] 그러므로 어둠은 오히려 정상이며 나아가 구원이다. 미라보가 역설했듯이, 비록 우리가 허약해서 진리의 순수한 불꽃을 견디지 못하기 때문이라 하더라도 말이다. "과오는 구름이다.─끼어들면서 (…) 우리에게 마음을 준비하게 하는 구름이다."[19]

확실히 칼뱅에게는 계시록 안에 문자 그대로[4] 모든 것이 분명히 나타나 있다. 또 독실한 가톨릭 신부인 페에게도 신앙의 빛은 아주 분명하기 때문에 "자발적 맹목성"[20]만이 인간을 오류 속에 가두는 것이다. 이와 반대로, 똘레랑스의 옹호자들에게 종교란 인문학의 영역 바깥에 있는 분야이며, 따라서 종교는 '하느님의 은총으로서' 각 개인에게 전해진다. 이 점이 에라스무스에겐 분명했다. 그는 "수많은 문제들이 엄청나게 애매모호하기" 때문에 "가능한 한 극소수의 교리들만 정의하고 많은 것들에 대해서는 각자 스스로의 판단에 맡기도록"[21] 제안했다. 로크는 사법관의 종교 문제 개입권을 부정했다. 종교 문제가 세속의 영역 밖에 있기 때문만이 아니라 다른 사람들처럼 사법관도

---

4 계시록(Révélation)이라는 말 그대로.

"(최상의 선)에 도달하기 위해 이용해야 할 길에 관해 확실하고도 완벽한 지식을"[22] 갖고 있지 않기 때문이다. 종교에 관해서 '논쟁의 여지가 없는 진리'란 없다. 루소는 이 점을 반복해서 말했다. 종교적인 앵똘레랑스는 종교에 관한 진리가 너무나 애매모호하기 때문에 받아들일 수 없다.[23]

엄밀한 의미로서의 회의론은 원칙적으로 인식 불가능성을 모든 분야로 확대시킨다. 똘레랑스 옹호자들은 인간의 이해력이 허약하다는 것을 내세웠다. 로크는 인간의 견해 전체를 의심하는 것이 정당하다고 평가하면서도 종교적이며 사적인 의견에 한해서만 똘레랑스를 인정했다. 로크나 루소에게 똘레랑스는 공익의 문제에 관한 견해에는 적용되지 않는다. 어떤 이들은 공익 자체가 진리에는 별 관심이 없고 오직 유용성에만 관심 있다는 듯이 주장했다. 공익 분야에는 아예 진리라는 게 존재하지 않는다는 듯이. 비로소 18세기 말부터 벤자민 콩스탕[5]과 그 뒤에 존 스튜어트 밀이 모든 분야에서 의문이 정당하다는 결론을 끌어냄으로써 정치적 견해를 포함한 모든 견해에 대한 똘레랑스를 정당화했다. 1901년 〈양심의 자유에 관한 '인민 회의'〉 리더였던 부글레는 뒤에 흔해 빠진 말이 된 다음과 같은 말을 썼다. "정치에도 증명된 확신이란 없다."[24]

똘레랑스는 '불확실한 믿음'이나 '주관적 확신'에 대해서는 해당되지만, 확실성이 존재할 때는 더 이상 정당화되지 않는다. 이 생각은 광범위하게 받아들여졌다. 프와티에[6] 주교인 비오 추기경(1815~1880)은

---

5 Benjamin Constant(1767~1830): 프랑스 태생의 스위스 소설가, 정치작가. 현대 심리소설의 선구적인 작품 《아돌프Adolphe》(1816)의 작가.

다른 많은 사람들과 똑같이 잘못된 단언을 받아들일 수 없다고 주장했다. "나는 의문스러운 것들 속에서는 자유를 요구하지만, (…) 그러나 확실한 특징들과 함께 진실이 판별된 이후부터 진실은 진실 자체라는 점을 통해 긍정적이며 필수적이다. 진실은 단지 하나이며 따라서 똘레랑스의 여지가 없다. (…) 우리는 교리 문제에 대해서는 앵똘레랑이며 배타적이다."-25

적어도 초기의 과학 정신은 앵똘레랑스에 유리한 주장을 제공했다. 오귀스트 콩트는 과학이 밝혀내는 법칙들이 사고의 자유를 없앤다고 설명했다. "과연 어느 학문에서 이른바 사고의 자유를 만난다는 것인가? 천문학에서, 물리학에서, 화학이나 아니면 생리학에서? 우리가 하나의 법칙을 발견하자마자 (그 자유는) 소실되고 사라진다."-26 과학의 앵똘레랑스는 종교의 앵똘레랑스와 한 가지 비슷한 점이 있다. 둘 다 확신에 기초하고 있다는 점이다. 만일 과학적인 행보가 똘레랑스를 담지한다면 그것은 그 행보가 진리의 '제조 공장'으로 이해되지 않는 범위 안에서이다. 과학자는 이전의 확신에 대해 체계적인 의문 작업을 실행하기 때문에 새로운 '진리'에 여전히 남아 있는 이전의 성질에 낙인을 찍는다. 끊임없이 새로운 문제들을 제기하면서 과학자는 진리를 발견해 내기보다는 오히려 불확실성의 장場을 개간하고 더 넓힘으로써 "알 수 없는 넓은 지역"-27을 드러낸다.

다행스럽게도 우리들은 거의 아무것도 모른다. 우리들이 가진 확신의 대부분은 다만 견해에 불과하다. 그래도 상관없다. 알베르 메미는

---

6 Poitiers, 프랑스 서남 지방에 있는 도시.

"누군가가 당신 앞에서 2+2=5라고 주장하면 너그럽게 보이기 위해 그의 주장이 옳다고 하겠는가? 그가 지구 주위를 도는 것은 태양이라고 주장할 때 마지못해 그의 주장에 따르겠는가? 당신에게는 지긋지긋해 보이는 것을 누군가가 매우 즐거워한다면? 만일 그가 유대인들이 부모를 팔아버린다고 하고 아랍인들은 모두 체제완전주의자라고 하고 흑인들은 등등…… 이라고 하면 비록 예의상이라 하더라도 이 주장에 진실이 있다고 할 것인가? (…) 과학적 진리, 도덕적 정언명령, 심미적 명증들은 존재한다!"[28]라고 주장했다.

진리는 똘레랑스하지 않으며, 따라서 우리는 앵똘레랑들이다. 틀림없이 앵똘레랑스는 이 점에서 지적인 면과 의기투합한다. 생각 속에서는 양보할 수 없는 법이다. 그런데 하나의 진리가 확증되어 그것이 상대방 사상의 적합성을 부수어버리면 그때부터 신학자나 이성론자는 필요하다면 힘에 의존해서라도 상대방 사상과 싸울 권한을 부여받았다고 스스로 판단한다. 원칙상으로 로크나 루소는 여기서 에라스무스나 카스텔리옹과 같은 견해를 갖고 있었다. 즉, 진리를 옹호하는 것이 문제될 때, 그것이 '확실한' 교조이든 '명백한 진리'이든 효과적인 강제 수단들이 정당화된다는 것이다. 교육에 관한 토론 그리고 (교육 행정 등에서의) 종교 배제에 관한 토론이 한창일 때, 쥘 시몽[7]은 다음과 같이 외쳤다. "(종교의 진리)는 명백하다는 성질이 없으므로 종교의 진리는 토론 이외에는 정당한 무기를 갖고 있지 않다."[29] 같은 해에 초등학교 교사들에게 발송한 편지에서 쥘 페리[8]는 "개인적이며 자유롭

---

7 Jules Simon(1814~1896): 프랑스의 정치가, 철학자.

고 다양한" 믿음과 "모두에게 공통적이며 필수불가결한 지식"을 구분했다.[30] 비종교적인 똘레랑스의 장은 바로 불확실성의 장이다. 즉, 진리가 확증되는 순간부터는 의무적 가르침이 정당화된다는 것이다.

오늘날 우리는 "각자 자신의 진리가 따로 있다"고 대담하게 말한다. 그런데 우리는 하나의 이념이 거짓이기 때문에 결국 '용인할 수 없다는intolérable' 주장에 대해 그냥 넘겨버릴 수 없다. 마르쿠제에게 하나의 태도나 하나의 이념이 "아주 명백하게" 인간에게 해를 끼치면,[31] 그리고 어떤 무리가 "이성적 기준에 의해" 확실히 도발적이면서 증오의 편에 선다면, 똘레랑스는 정지되어야 한다. 1996년에 프랑스 언론이 국민전선당(프랑스의 극우파 정당)을 금지해야 하는지에 대해 자문했을 때, 언론은 인종편견주의에 근거가 없음을 보이기 위해 학자들의 증언을 요청했다. 인종편견주의의 허위성을 확증함으로써 그것에 참지 않는 것을 정당화하려 한 것이다.[32]

그렇다면 우리는 확신을 갖는 순간부터 앵똘레랑이 되어야만 하는가?[33] 똘레랑스는 급진적인 회의주의에, 즉 진리에는 접근이 불가능하다는 성질에, 나아가 얀켈레비치가 말한 "사물 자체에 대한 인식이"[34] 불가능하다는 것 이외에 다른 것에는 근거할 수 없는가? 명백히 의문만으로는 똘레랑스를 하나의 보편적 원칙으로 삼기에 불충분하고 하나의 미덕으로 삼기에는 더욱 불충분하다.

---

8 Jules François Camille Ferry(1832~1893): 무료 공교육제도를 시행한 프랑스의 정치가.

세계의 조화는 대립되는 사물로 구성된다

터키의 콘스탄티노플 함락, 신세계의 발견, 종교적 분열 등으로 15세기부터 기독교의 서양은 인간의 다양성 앞에 아주 거칠게 직면하게 되었고, 진리에 관해 다양한 사상을 받아들여야 하는 이유들을 발견하게 되었다.

인간은 동일한 정신 유형을 갖고 있지 않다

휴머니스트들은 다양성 속에 있는 조화에 대해 성찰했다. 다양성은 세계의 본질 자체이다. 그들은 천지창조가 신적인 단일성의 자발적 포기라고 말했다. 인간과 사상의 무한한 다양성은 무수한 형태의 식물이나 동물이 있는 것과 마찬가지로 신비의 성질을 띠고 있다는 것이다. 토마스 모어의 주인공인 유토푸스는 "하느님 스스로 다양한 믿음과 여러 갈래이며 무수한 예배 의식을 자신의 욕망에 부합하는 것으로서 인간에게 고취시키는 게 아닌지"[35] 물었다. 마르실리오 피치노[9]는 이 다양성이 우주에 "찬탄할 만한 아름다움"을 탄생시킨다고 보았다. 독일의 신비주의론자 야콥 뵘은, "향기, 색상 그리고 취향에서 서로 싸울 생각을 하지 않는" 이 세계의 수없이 많은 다양한 꽃들과 다양한 새들의 노랫소리에 황홀해했다. 이런 것들에 대해 "하느님은 단 한순간도 재판할 꿈을 꾸지 않는다."[36]

인간의 풍습과 사상이 다양한 것도 마찬가지다. 똘레랑스는 세계의

---

9 Marsile Ficino(1433~1499): 이탈리아의 철학자, 휴머니스트, 언어학자.

무수한 색상을 지닌 형상들이 보여주는 아름다움 앞에서의 경탄에서
비롯된다. 이 형상들은 세계의 조화에 참여하고 인간의 영혼에게 창조
주의 위대함을 말해 준다. 이러한 생각은 루터파 법학자 카메라리우스
(1537~1624)의 필치에서도 보여지는데, 그는 솔리망 르 마니피크가
종교의 다양함을 꽃의 다양함과 비교했던 것에 대해 말했다. 다양성은
전혀 해롭지 않으며 오히려 불가사의하게 시각과 후각을 재창조한다
는 것이다.[37] 1578년 프랑스 왕의 칙령에 찬성했던 한 텍스트는, 하느
님 교회의 조화가 단일성에 있다고 분명하게 썼지만, 하나뿐인 진리로
서의 질서를 다양성으로 만개하는 지상 왕국의 질서와 구분해야 한다
고 썼다. "세계의 조화가 대립적인 사물로 이루어진다는 것은 철학자
들의 오래된 명구이다."[38]

크렐이나[39] 스피노자는 앵똘레랑스가 견해의 다양성이라는 자연적
질서에 반대된다고 판단했다. "인간은 전혀 동일한 정신유형을 갖고
있지 않기 때문에"[40] 견해의 차이를 인정해야 한다는 것이다. 로크와
영국의 경험주의자들처럼 각자의 사상이 경험을 통해 형성되고 인간
의 감지력이 무한하게 다양하듯이 사상 또한 다양하다는 것을 시인한
다면, 더욱 견해의 차이를 인정해야 한다. 오베르드 베르세는 인간이
모두 동일한 방식으로 생각하지 않는다는 것을, 인간이 오류를 속성으
로 갖고 있기 때문이기도 하지만, 그보다는 정신의 자연적인 다양성
때문이라고 말했다.[41] 《백과전서》의 〈똘레랑스〉 항목은 이렇게 확증
하고 있다: "정신세계는 외관의 세계보다 훨씬 더 다양하며, 정신은
육체보다 덜 닮는다." 견해의 다양성을 논리 전개의 결함 탓으로 돌리
지 말고 '정신의 차이 자체' 탓으로 돌려야 한다는 것이다.

16세기나 17세기에 종교적 앵똘레랑스의 지지자들은 '서로 다르고 반대되는 두 개의 종교가 있으면' 민간의 평화가 불가능하다고 주장했다. 사이좋게 지내려면 친구가 되어야 하며 친구가 되려면 똑같이 생각해야 한다는 것이다.[42] 그런데 벌써 에라스무스는 인간이 공통의 진리를 통해서만 서로 만나는 것이 아니라 천성으로, 즉 '공통의 인간성'을 통해 만난다는 사상을 전개했다. 다른 말로 하면, 우리의 인간성은 서로 다름에도 불구하고 근본이며 "주님이면서 인간의 모든 행복의 창조자인 그리스도께서"[43] 지상으로 내려와 완성시킨 "공동의 자연적 감정"을 공유하게 해준다는 것이다. 랑그독[10]의 도지사 당빌[11]이나 미셸 드 로스피탈은 서로 다르면서도 함께 살 수 있게 하고 나아가 서로 사랑할 수 있게 해주는 자연적 결합, 즉 '가족적' 결합을 강조했다. 그렇게 결합할 수 있다면, "두 개의 종교가 진실한 동향인들처럼 우호적으로 쉽게 양립할 수 있다"[44]는 것이다.

믿음의 차이가 평화적인 조화에 방해되는 것이 아니다. 어떤 이는 오히려 만일 만장일치가 지배한다면 그런 곳에서 국가는 전혀 존재할 이유가 없다고 지적했다. 지상의 권력이 하느님이 바라는 질서가 지배하도록 노력한다는 것은 다양성을 보장하고 인간의 열정에 반대함으로써 그 자신을 정당화하는 것이다.[45] 1578년 4월의 프랑스 왕의 칙령이나 동년 7월의 기욤 도랑주가 허용한 종교 평화가 인정한 것이 바로 이 확신이다.[46] 신플라톤주의자들의 사조에 의해, 그리고 법률가

---

10 랑그독 루씨용(Languedoc-Roussillon): 프랑스 남부 지방 이름.
11 Damville(1534~1614): 낭트 칙령에 찬동했던 정치가.

그로티우스가 주도하는 자연법학파에 의해 동시에 힘을 얻은 이 성찰을 본받아, 권력자는 지상에서 접근 불가능한 진리인 천상의 평화를 보장하는 게 아니라 다양한 소리가 나는 평화, 즉 각자가 타인에게 해를 끼치지 않고 자신의 상품을 진열할 수 있는 광장을 지배하는 평화와 비교되는 평화를 보장해야 한다. 바일에 따르면, 견해의 다양함은 정직한 사람들이 모인 시장 정도의 무질서만을 일으킬 뿐이다.[47]

이런 시각 아래에서 똘레랑스란 더 이상 질서 파괴자로 생각되지 않고 오히려 질서의 조건 자체가 된다. 유토피아의 왕에게 다양성은 사회의 해체를 의미하지 않으며 오히려 다양성의 수용이 평화의 도구가 된다. 카스텔리옹 역시 반란과 전쟁의 원인은 타협주의가 아니라 앵똘레랑스, 즉 "양심에 대한 강요"라고 확신했다.[48] 스피노자는 사상을 탄압하는 법이 평화 대신에 소요騷擾를 일으키는 것은 그 법이 '사물의 질서'(당연지사)에 반하는 것이기 때문이라고 설명했다. 인간은 그 자신에 집착하듯이 자신의 견해에 집착한다는 것과 사상이란 본래 다양한 것임에 따라,[49] 그 사상을 좌지우지하려고 시도하는 것은 폭력과 무질서만 가져올 뿐이다.[50]

따라서 각자가 한결같이 서로 대립하면서 이웃의 견해를 똘레랑스하지 않도록 제시되는 모든 견해는 공공질서에 반하는 것이 된다. 분명코 세속의 권위는 이러한 다양성의 질서를 반대해서는 안 되며 오히려 다양성의 질서를 보존해야 한다. 유토푸스는 앵똘레랑을 질서 문란자로서 추방했다.[51] 바일은 프로테스탄트 국가들에서는 로마 교회를 결코 용납해서는 안 된다고 주장했다. 왜냐하면 그 무리가 가장 강력하다면 다른 쪽을 허용하지 않을 것이기 때문이다.[52] 같은 이유로 중국의 한 황제는 국가로부터 앵똘레랑스를 설교하는 기독교 선교사의 추방을 정당화했다. 18세기 중반에 다음 주장이 받아들여졌다. 즉, 앵똘레랑스는 '시역弑逆의 어머니'이다. '살인과 박해'를 부추기는 것은 앵똘레랑스이지 똘레랑스가 아니다. 이 점에서 헬베티우스는 모든 종교가 별 차이가 없다고 증언했다.[53]

확실히 피창조물은 무수하고 다양하다. 틀림없이 그들은 동거하기도 하지만 서로 잡아먹기도 하고 무자비한 전쟁을 일으키기도 한다. 당연히 평화적인 자연 질서에 대한 비전을 망각하는 순간부터 앵똘레랑스가 사물의 질서를 이루게 되는 것 같다. 똘레랑스가 정착되려면 이중의 확증이 있어야 한다. 하나는 차이의 질서에 대한 확증이고, 또 하나는 다른 것들의 평화적 공존을 전제하는 유사성의 질서에 대한 확증이다. 몽테뉴가 신세계의 사람들에 대해 고찰했던 것[54]이 바로 이 점이었고, 또 생각의 다양성을 뛰어넘어 박애를 고취하는 모든 인간에게 공통된 성질에 대해 말하면서 그로티우스가 고찰했던 것도 이 점이었다. 케임브리지 대학의 플라톤주의자 위치코트(1609~1653)가 말했듯이, 우리들은 "서로 동반자가 되도록, 서로를 동반하는 데서 기쁨을 얻도록"[55] 운명지어졌다. 바일 이후 백과전서파까지 다음의 똑같은 주장을 만나게 된다. 즉, 우리의 생각은 다양하며 또 우리는 함께 살도록 운명지어져 있으므로, 똘레랑스는 사물의 필요한 질서로서 필수불가결하다는 것이다.

이제 모든 사람은 다양성이 현실적 논거임[56]을 받아들이게 되었다. 차이는 항상 "장미의 아름다움과 향기가 오랑캐꽃과 재스민 꽃의 아름다움과 향기를 없애지 못하는"[57] 세계에 조화를 깃들게 하는 것이다. 자연을 따르면 "무궁무진한 변화 속에서 조직적이고 엄청난 다양함이 한없이 새로워지는 광경을 통해 자연이 식물학, 동물학 그리고 인간 생물학 분야에서 베푸는 풍요로운 형상들의 길로 우리를 안내한다." 따라서 "남이 우리와 다른 것을 기쁨으로 받아 안아야 하고 그 차이가 나타나는 것을 보면서 기뻐해야 한다."[58] 이 조화를 관망하는 속에서 진리에 대한 우리의 복종은 그 경계를 찾아야 한다. 레너드 코헨[12]은 아브라함이 아들을 희생하려고 할 때 그를 억지시킨 것이 바로 이 조화—"내 아버지의 손이 세상의 아름다움으로 전율했다"[59]—라고 보았다. 미셀 세르[13]는 "태양의 진리"[14-60]에 대한 우리들의 광적인 추구를 제한하는 것 또한 조화라고 말했다.

현대 사회에 이르러 다양성의 수용이 특별히 부각되고 있다. 성스러운 모델을 갖지 않게 된 개인의 '가치'는 이제 인간 공동체에 동참하는 데에 있기보다 오히려 차이 자체 안에 있게 되었다. 인간관계는 더욱더 차이를—그것이 평화적이든 투기鬪技적이든— 보존시키는 데 있다. 똘레랑스에 대한 전형적인 정당화는 알베르 자카르[15]가 《차이에 대한 찬양》에서 내렸던 정당화이다. "집합적인 우리 공동의 풍요는 우리의 다양성으로 이루어지며, '다른 우리'는 그것이 다르다는 점에서 우리에게 소중한 것이다."[61]

차이 그 자체에 대한 이와 같은 가치 부여는 '생물의 다양성'에 대

---

12 Leonard Cohen(1934~): 캐나다 출신의 작가.
13 Michel Serres(1930~): 프랑스의 철학자, 저술가.
14 하나의 거대한 진리를 말한다.
15 Albert Jacquard(1925~): 프랑스의 유전학자.

한 우려와 마찬가지로 "기본적인 어떤 유사성"[62]에 바탕을 둔 똘레랑스와도 결별한 것처럼 보인다. 이 가치 부여에 어려움이 따르지 않는 것은 아니다. 어떤 이는 이 가치 부여가 인간끼리의 대화를 보장해 주는 게 아니라 서로의 거리를 좁힐 수 없는 것으로 제시함으로써 오히려 대화를 단절시키는 '함정'이라고 보았다. 그래서 "아프리카에서 벌어지는 소녀들에 대한 음핵 절제, 일부다처제와 베일 착용 같은 문화적 행위들에 대한 판단을 삼가게 한다"[63]는 것이다. 결국 차이라는 단 하나의 이름으로 된 똘레랑스는 모든 폭력적 행위마저도 그것이 정체성의 구성적 차이의 표현이라고 인정하게 되는 위험에 빠져들게 된다.

현대의 수많은 성찰은 똘레랑스에 대해 보다 더 균형 있고 보다 더 고전적인 정당화에 호소하고 있다. 레이몽 폴랭에게 똘레랑스는 "남에 대한 근본적이면서 부인할 수 없는 이타성"을 인정하게 하는 것이지만, 또한 "본질적 유사성"에도 근거하는 것이다.[64] 소니아 유난에게 차이를 존중한다는 것은 "이성적 인간성"[65]이라는 보편적 특징을 인정함으로써 균형을 이루어야 하는 것이다. 부트로스 부트로스 갈리[16]는 "우리들의 공통적인 인간성의 인정에 의한 다양성의 존중"[66]에 관하여 말하고 있다. 이러한 성찰에는 정체성에 대한 갈망과 보편주의적 관점을 동시에 만족시키는 데 적합한 말 이상의 의미가 있다. 즉, 똘레랑스의 절대적 필요성은 유사성과 다양성의 인정에서, 그리고 이 유사성과 다양성의 필수적 동거에서 발생하는 것이다.

---

16 Boutros Boutros-Ghali: 유엔 사무총장을 지낸 이집트 출신의 정치가.

 민주주의의 무기, 똘레랑스

다양성을 초월한 하나

16세기의 인본주의는 사상과 인간의 자연적인 다양성을 강조하면서
도 잡다한 베일 속에 신적 단일성이 보편적으로 존재하고 있다고 생각
했다. 그리고 유토피아주의자들은 이 존재를 확신했다. "하느님은 모
든 인간에게 내밀하게 말씀하신다." 그래서 차이를 초월하는 본질적
진리가 모든 종교에 의해 전달된다.[67] 또 1544년에 기욤 포스텔[17]은
모든 인간에게 다양성을 초월한 하나의 공통된 진리가 존재한다고 강
조하면서,[68] 우리 모두가 갖고 있는 유일한 진리를 돋보이게 하기 위
해 우리들을 분열시키는 부차적인 차이점들은 무시해야 한다고 주장
했다. 여기서 다양성이란 아직은 쓸모없는 장애물에 불과했다.

신플라톤주의 사조는 다수를 하나에 단단히 연결시켰다. 이 사조는
깊은 동굴 속의 그림자나 유리창의 색상에서와 마찬가지로, 사상의 다
양성 속에 유일하고 온전한 광명이 발현되고 있다고 주장했다. 하느님
의 단일성이 모든 사물을 통과한다는 것이다. 다양성의 중심에 하나가
있고 다른 것의 중심에 유사한 것이 있다. 바로 여기에 세상의 신비가
거주하고 있다. 니콜라스 크렙스, 마르실리오 피치노, 장 피크 드 미랑
돌은 인간의 견해란 오성의 프리즘을 통해 보이는 진리의 빛줄기들이
라고 말했다.[69]

똘레랑스에 대한 신플라톤주의자들의 이와 같은 정당화는 견해를
지칭하는 '관점'이라는 현대적 표현 속에 조금 남아 있다. 즉, 관점은
항상 그 자신의 시각 아래에서 진리를 바라보고 진리를 인지한다는 것

---

17 Guillaume Postel(1510~1581): 프랑스의 저술가, 오리엔트 학자.

이다. 문자 그대로 비유하자면, 모든 관점을 정확하게 배열하면 진리에 관한 하나의 완벽한 관점을 지니게 된다고 할 수 있다. 그래서 1939년에 인격주의론자 아바우지트는 똘레랑스에 관해 다음과 같은 정당화를 제시했다. "각각의 진리가 변질된, 어쩌면 굴절된 반영에 불과하다면 각자의 진리가 서로 다르다는 것을 이해하게 된다. 왜냐하면 각 개인은 각기 다른 관점에 있기 때문이다."[70] 그러므로 모든 믿음은 서로를 존중케 하는 "절대적 진리를 표현하는 무엇인가"를 지니고 있다.[71] 전인全人이 진리의 일부분을 보유하는 게 아니라 비록 "다양하고 부절적한 방식"[72]이긴 하지만, 특유의 견지 아래에서 진리를 보유한다고 가정하는 것이다.

현대의 주관주의는 공통의 표현을 부정하면서 모든 사유가 추구하는 진리를 아예 단념해 버린다. "개체는 그 자체로 모든 것으로부터 독립된 하나의 진리다. 모든 단자單子는 각각 하나의 진리를 갖고 있다. 그런데 이 진리들은 연결 맥이 없는 복수 형태를 이룬다."[73] 얀켈레비치에게는 이 '복수 형태를 띠는 절대성의 역설'을 인정하는 것이 똘레랑스의 형이상학적인 토대가 되어야 한다. 세상의 질서가 이처럼 파열된 것이 설령 애석해 보일지라도 개인의 존엄성을 이루는 기반이다. 여기서 똘레랑은 더 이상 다양성을 초월한 하나를 인지하도록 요구받지 않는다. 오히려 "찢어진 세계"[74]의 불가해한 신비에 경의를 표해야 한다.

시저의 것은 시저에게 하느님의 것은 하느님에게

일찍이 그리스도는 빌라도에게 말했다. "내 왕국은 이 세상 것이 아니다. 만일 내 왕국이 이 세상 것이라면 내 부하들이 싸워서 나를 유다인들의 손에 넘어가지 않게 했을 것이다. 내 왕국은 결코 이 세상 것이 아니다."[75] 하느님 스스로 서로 관계가 없는 두 개의 질서가 있음을 확인한 것이다. 즉, 하느님의 왕국과 지상의 왕국이 그것이다. 이 세상에서 하느님이 악을 허용하고 인내하고 있다면 하느님이 창조한 인간 또한 지상 세계를 그 자체의 힘에 맡겨야 한다. 역으로 이 지상 세계는 천상의 세계에 아무런 영향력이 없다.

이러한 비전은 장장 17세기 동안 정치적 토론의 중심에 자리 잡았다. 그리고 이 비전은 한쪽에 대해 다른 쪽의 소관 영역에 간섭하지 않도록 하면서 서로 다른 권한을 가진 두 개의 권력을 인정하도록 유도했다. 똘레랑스는 이 문제 안으로 끼어들어 갔다. 즉, 똘레랑스는 그리스도의 계명인 '시저의 것은 시저에게 돌려주고 하느님의 것은 하느님에게 돌려주라'는 확고부동한 참조에 따른 교권의 지상권에 대한 불간섭, 지상권의 교권에 대한 불간섭이라는 것이다.

똘레랑스의 옹호자들은 멀리 떨어져 있으면서도 밀접하게 여결된 두 개의 세계가 존재한다고 끊임없이 상기시켰다. 특정의 사상과 행위는 내세 천국의 소관 사항이므로 지상권과는 아무런 관련이 없다. 17세기 초에 카스파르 슈벤크펠트[18]는 "모든 사물에서 두 개의 질서, 즉

---

18 Caspar Schwenckfeld(1489~1561): 독일의 신학자.

천상의 질서와 세속의 질서를 명백히 구분하고 두 개의 제국, 즉 세계 제국과 그리스도 제국을 혼동하지 말라"[76]고 권고했다. 다른 사람들과 함께 튀르고는 그리스도가 체포되는 순간의 말을 상기시켰다. "사도들이 그리스도에게 그를 붙잡으러 오는 군인들을 피하도록 제의했지만 그리스도는 그의 왕국은 이 세계에 속하지 않는다고 대답하였다."[77]

일부 종교개혁파들이 지상의 모든 권위에게─그것이 세속적이든 성직이든─ 내세와 관련된 것에 개입하는 권력을 인정하지 않았던 것과, 로크가 미래의 삶과 관련된 사상과 행동을 허용해야 한다고 주장한 것과, 또 루소가 종교의 똘레랑스를 옹호한 것도 모두 이 두 개의 질서의 이름으로서였다. 즉, 군주는 "내세에 대해서는 권한이 전혀 없으며 신민들은 지상의 권위 안에서 착한 시민이 되기만 하면 그들이 미래의 삶에서 어떤 운명을 맞이하든지 군주의 소관이 아니라"[78]는 것이다.

그런데 하늘과 지상 사이의 권력 분담을 인정하면 똘레랑스를 종교 분야에만 국한하여 요구하게 되는 결과를 낳는다. 지상 세계의 행동과 사상은 본래 지상의 강자들의 소관 사항이며 또 그들의 판단에 속한다. 바로 이 점이 모든 것을 자신의 양심에 따라야 하는 절대적 필요성을 심각하게 제한한다. 하느님의 법에 복종하는 인간은 모든 면에서 인간의 권위에 복종시키는 굴레에서 벗어나야 하지 않는가?[79] 그렇지 못하다. 왜냐하면 지상과 천상의 구분은 양심이 지배하는 범위를 적절하게 내세에 관한 문제에 제한하도록 해주기 때문이다. 두 제국의 존중은 인간 권력의 권위를 수호하는 것이다.

 민주주의의 무기, 똘레랑스

사고와 행동

천국과 지상국의 구분은 또 다른 구분을 시사하고 있다. 지상 세계는 육체의 세계이고 천국은 정신의 세계라는 것이다. 정신의 세계는 다른 질서에 속하기 때문에 지상의 무기로는 접근이 불가능하다. 우리의 육체는 지상의 군주들의 강제권에 복종한다. 그러나 우리의 영혼과 사고는 비물질이기 때문에 폭력의 범위 바깥에 있다. 루터는 "이단은 정신적인 것이다. 그것은 칼로 내려칠 수 없으며 불로 태울 수 없으며 물속에 수장시키지 못한다"[80]라고 지적했다. 1537년에 가톨릭교도 조르주 비첼은 "영혼은 칼을 전혀 두려워하지 않는데 그 영혼이 동의하지 않는다고 육체에 칼을 꽂는다면 그게 무슨 소용이 있다는 것인가?"[81]라고 물었다.

소리 소문 없이 천국의 사상에서 정신 영역의 사상으로 옮겨간 것은 이 평범한 상식[82]에서 비롯되었다. 스트라스부르 사람 샤른슐라거(1535)의 〈스트라스부르의 사법관에게 똘레랑스를 호소함〉은 이 점을 잘 보여주고 있다. "인간은 현세에서 육체와 영혼이고, 육신과 정신이며, 두 개의 왕국―'그리스도의 왕국'과 '지상 세계의 왕국'―이 있고 성서에 정식으로 묘사된 것처럼 두 개의 권력이 있다. 하나는 사고(신념)를 지배하고 다른 하나는 행위를 지배한다. 교권은 단지 정신에만 관계하며 정신은 힘이 자신에게 행사한다고 보지 않는다."[83] 세속의 권력은 물체만을 복종시킬 수 있다. 정신은 부드러움으로 다스려지고 육체는 강제로 다스려진다.

《백과전서》의 〈똘레랑스〉 항목에서도 동일하게 구분하고 있다. 즉, "육체에 영향을 미치고 움직이고 이끌기 위해서는 물리적 힘을 사용한다. 그러나 정신에 영향을 미치고 움직이고 이끌기 위해서는 물리적 힘을 사용한다. 그러나 정신에 영향을 미치고 눅이고 결심시키려면 다른 것들, 예를 들어 추론, 증거, 이유가 필요하다. 그대가 성벽을 무너뜨리거나 요새를 파괴하려고 할 때는 삼단논법을 전혀 사용하지 않지만, 반면에 당신이 오류를 없애거나 오판을 교정하려 할 때에는 철과 불을 아무리 사용해 보아야 결코 가능하지 않다." 벤자민 콩스탕은 언론 자유를 옹호하면서 사고와 물질적인 사물을 구분했다. 전자는 권위의 바깥에 있으며 후자에게만 권위가 적용된다.[84] 19세기 말에《양심의 자유와 역사의 성격》의 저자인 카네 신부는 '자유로운' 비물질적 사고와 필연성이 지배하는 물질적 영역을 대립시켰다. 두 개는 서로 다른 질서 법칙에 따른다.[85]

이처럼 줄기차게 천국에서 영혼, 정신, 사고의 영역으로, 그리고 지상 왕국에서 물질 영역으로 옮겨갔다. 그래서 똘레랑스는 내세의 종교 영역뿐만 아니라 사고 일반의 영역에서도 개입 불가능성을 이유로 정당화되었다. '하나'의 질서를 지배하는 자는 나쁘게 '행동하는' 자들을 행동으로(힘으로) 처벌해야 한다. 16세기에 카트린 첼은,《똘레랑스를 위한 변론》에서 "정부가 잘못 행동하는 자에게 벌을 주는 것은 당연히 그럴 수 있다. 그러나 신념에 관하여 폭력을 행사하는 것은 그들의 소관이 아니다. (…) 신념은 양심의 영역에 속하는 것이므로 이 세상의 힘 있는 자들의 소관 사항이 아니"[86]라고 썼다. 이와 같은 분리를 주장하며 17세기 중엽에 조합교회주의자 종파의 옹호자인 굿윈은 구약성서와 또 "악을 행하는 자, (…) ─방탕, 간통, 부정, 배신, 반란─"[87]을 처벌하도록 모든 기독교인에게 지시한 성 바울로서(《로마인들에게 보낸 편지〉 13:4)를 축소 해석하였다. 국가가 신앙에 대해 단속하는 것은 있을 수 없다는 것이다. 마찬가지로 루소는 국가나 법이 "행하도록 명할 수는 있지만 믿도록 명할 수는 없다"[88]는 사실에 똘레랑스의 근거를 두었다. 18세기의 공법학자 내종은 "어느 권력도 도달할 수 없다는 것은 어느 권력에도 복종될 수 없다는 것을 뜻한다. 그러므로 견해를 지배한다는 것은 불가능하다"[89]라고 주장했다.

어떤 면에서, 포도와 마주한 여우처럼 권력자는 그가 접근할 수 없는 것만 포기한다. 이 논리로 보면 국가가 장악한 모든 것은 합법적 제약의 대상이 될 수 있다. 사고가 행동이 되어 겉으로 나타나는 즉시 인간의 권력이 권한을 갖게 된다. 모든 행실은 지도의 대상이 되며 종교적 의사 표시도 행동에 대한 권력의 장악에서 벗어날 수 없다. 스피노자는 "오직 최고의 권세만이 종교 의식을 결정하며 또 어느 시대나 예배의 해석자다"[90]라고 썼다. 루소도 이 입장을 따랐는데, 그는 다음과 같이 달리 표현했다. "종교는 결코 인간의 활동에 관련된 법률의 일부가 될 수 없다."[91]

내면과 외면

하느님은 영혼, 의식, 사고 등 모든 내면적인 세계를 지배하다 지상의 권력은 물질, 행위 등 모든 외면적인 것을 지배한다. 두 영역은 서로를 침해하지 않는다. 그러므로 영혼에는 어떤 강제도 가해질 수 없다. 힘을 아무리 사용해도 내면의 요새에는 도달하지 못할 것이다. 기독교 순교자들은 이 점을 잘 알고 있었다. 그래서 프뤼당스는 "내 사지를 불태우고 찢고 고문하라. 그것들은 다만 찌꺼기 덩어리에 지나지 않는

다. 그대가 연약한 이 집합물을 파괴하기는 쉽다. 그렇지만 내 영혼에
는 그 어떤 악형에도 불구하고 도달하지 못할 것"[92]이라고 기록했다.
1637년에 소치니 학파이며 폴란드인인 크렐은 인간의 힘이 영향을 미
칠 수 있는 "개인, 행동, 소유물"과 "모든 인간의 권력에서 벗어나는"
"우리 내면에서 일어나는 사고"를 구별했다. 그와 똑같이 그의 벗인
사뮈엘 프르지프코우스키(1650년경)에게도 그리스도의 영적 세계, 즉
내면세계와 시저의 세계, 즉 외면세계는 구별되어야 한다.[93] 보방[19]은
1689년에 다음과 같이 달리 표현했다. "왕이 신민들의 생명과 재산을
지배할 수 있음은 분명하지만 결코 그들의 소신을 지배할 수는 없다.
왜냐하면 내면의 감정은 그들의 세력 밖에 있고 하느님만이 마음에 드
는 대로 인도할 수 있기 때문이다."[94] 낭트 칙령이 취소된 직후에 라
브르는 이 점에 대해 많은 사람들의 주장을 인용, 반복했다. "[앵똘레랑
스]가 우리들한테서 종교적 외면 행위를 제거할 수는 있다. 그러나 박
해자들이 바라는 것처럼 앵똘레랑스가 사고나 감정이 우리들 마음속
에서 생겨나도록 하는 것은 불가능하다."[95]

　그러나 내면세계와 외면세계의 구별조차도 그 엄밀한 의미까지 포
함하여 똘레랑스를 무화시킨다. 군주들이 그들의 권한 영역 밖에 있는
모든 것을 허용해야 한다는 말은 곧 권한 영역 내에 있는 것에 대해서
는 강제를 가할 수 있다는 말이 된다. 그래서 16세기 전반기에 종교개
혁자 멜란히톤,[20] 레기우스, 루터 교회의 선교사 슈판겐베르크는 군주

---

19 Sabastien Le Prestre de Vauban(1633~1707): 프랑스의 원수. 자유로운 정신의 소유자로
　정치 일반에 관한 글을 발표했다.

가 내면적인 것에 접근하지는 않지만 외면적 의사 표시는 줄곧 그의 권한 안에 있다고 주장하였다. 따라서 사법관들에게 신민들의 정신에는 직접 관여하지 않지만 '움직이게 하는 기능'에 대해서는 행사한다는 사명 의식을 갖고 있기 때문에 신민들을 강제로 예배에 참석시키고 하느님의 말씀을 듣도록 하는 능력, 즉 의무가 있었다.[96] 쥐리외도 이와 똑같은 입장을 택함으로써 오베르 드 베르세를 공포에 떨게 했다.[97]

공公과 사私

한쪽에는 피창조물과 창조주 사이의 대화가 있고, 다른 쪽에는 인간과 인간 사이의 관계, 즉 공익이 있다. 종교개혁 운동은 인간과 하느님의 관계를 강조했다는 점에서 개인적인 것과 집단적인 것, 사적인 것과 공적인 것의 구분을 낳는 데 기여했다. 이 구분은 천상적인 것과 세속적인 것, 사고와 행위, 내면과 외면 사이의 대립에 그대로 포개진다. 시저에 속하는 것은 시저에게 돌려주고 하느님에게 속하는 것은 하느님에 돌려주라는 것은 다시금 인간이 그의 창조주와 혼자 만나는 영역을 존중하도록 상기시킨다. 내면을 개인적인 것과 동일 선상에 놓으면서 집단에 대립시키는 이 구도에 따라, 독실한 가톨릭 신자였던 폴란드 왕 에티엔느 바토리(1576~1586)는 "나는 백성의 왕일 뿐이지 양심의 왕은 아니다"[98]라고 주장하였다.

　인간이 하느님과 맺은 관계의 성격은 또한 사적 범위의 형성에 중요

---

20 Melanchithon(1497~1560): 독일 출신의 종교개혁가, 인문주의자, 교육자.

한 역할을 한다. 스피노자는 종교개혁 운동의 흐름 속에서 피창조물이 하느님과 독대하는 내면의 영역에서 아무도 침입할 수 없는 "인간 개인의 매우 개인적인 특권"[99]과 연결된 본성을 보았다. 그래서 그는 본래 접근 불가능한 '사적인 것'과 사법관의 권한이 독점적으로 지배하는 '외부적인 것'을 대립시켰다. 사법관은 사적인 것에는 영향을 끼치지 못한다. 왜냐하면 접근이 불가능하기 때문이다. 그렇지만 인간 사이의 문제와 관련된 것은 모두 그의 관할에 속한다.

정치적인 것과 종교적인 것 사이의 구분과 중복된다고 말할 수 있는 이 분할은 또한 로크가 벌인 논증의 주요 테마들 중 하나였다. 즉, 구원에 속하는 모든 것, 즉 천국에 속하는 것들은 집단과는 관계가 없으며 오직 개인하고만 관계가 있다는 것이다. 로크는 세속/종교의 대립관계에서 수월하게 공적/사적의 대립관계로 넘어갔다. 그래서 종교적 견해들을 마땅히 허용해야 하는데, 왜냐하면 이 견해들은 내세의 이해관계에 관련되는 것이지 지상의 이해관계에 관련되는 것이 아니기 때문이며, 또 그 이해관계는 엄밀히 개인적인 것이기 때문이다. 공동체의 생활을 지배하는 자들은 "나와 내세를 연결시키는 사적 세계에 개입하지" 못한다. 구원은 "하느님과 나 사이의 문제"[100]이다.

이 전환은[21] 루소와[101] 헬베티우스에게도 똑같이 관찰되는데, 그들은 때로는 사회생활과 개인생활을 때로는 사회생활과 종교생활을 대립시켰다. "하느님과 직접 연관되는 것은 모두 절대자만을 판관으로 삼아야 한다. 세속의 행복만을 책임지고 있는 사법관은 (…) 사회에 반

---

21 세속/종교 관계에서 공적/사적 관계로의 전환.

하는 범죄만을 벌할 권리가 있을 뿐이다."[102] 똑같이 튀르고에게도
하느님과 개인의 은밀한 대화는 사적인 것과 공적인 것 사이를 구분케
한다. 똘레랑스를 정당화하는 그의 지적 중 하나를 보면 이렇다. "교회
는 영혼 구제에 전념하고 제국은 인민들의 행복에 전념하며, 하늘의
것들이 지상의 것들과 서로 구분되어야 하는 것처럼 양쪽에는 서로 다
른 법이 있다."[103] 언뜻 단순해 보이는 이 주장에서 튀르고는 한편으
로는 하늘과 영혼을 결합시켰고 다른 한편으로는 땅과 이미을 결합시
켰는데, 이 접근법을 통해 똘레랑스의 정당화를 강화했다.

　일반적으로 정치사상사는 이러한 천국/지상 왕국, 비물질/물질 세
계, 영혼/육체, 사고/행동, 내면/외면, 사/공의 다양한 대립들 사이의
혼란을 계속 유지해 왔다. 똘레랑스의 영역을 정해 주고 또 다양하게
해주었던 것이 바로 개념의 부정확성에 따른 이 혼란이었다. 때로는
사고가 종교적 사고로 국한하여 나타나고, 때로는 사적인 것이 내심의
바깥에 있는 것으로 제한되고, 때로는 사고가 순수한 사적 활동으로
나타나는 것 등이다. 만일 서로 대립하는 천상/지상과 사고/행동을 동
일 면에 놓으면 순전히 종교적 '행위'란 없는 것으로 가정하게 되고,
따라서 그런 행위들을 다른 질서에 속하지 않는 것으로 보게 되는데
그러면 곧바로 그것들을 똘레랑스 원칙의 영역 밖에 놓게 된다. (스피
노자에게는 분명히 그렇다.) 같은 방식으로, 사고/행동과 내면/외면을
등치하면 사고의 '표현'이—몇몇 외면적 자유들이 내면적 자유에 속
한다는 것을 인정하는 것 외에는— 항상 행동 질서에 속함을 시사하여
그 표현을 똘레랑스 영역 밖에 놓이도록 인도한다. 내면/외면과 사/공
의 등치는 그것이 사적(외면적) 행위들을 공적 행위들과 동일한 질서

에 속하는 것으로 주장한다는 점에서 그 자체로서 사적 행위를 똘레랑스에서 배제한다.

이러한 부적합한 등치는 또한 똘레랑스의 영역을 확대시켰다. 18세기 말엽에 사람들은 종교적 사고에 대한 똘레랑스로부터 모든 사고에 대한 똘레랑스, 예컨대 정치적 사고에 대한 똘레랑스로 쉽게 옮겨갔다. 모든 내면적인 것에 대한 똘레랑스에서 행위를 포함한 사적인 것에까지 옮겨간 것이다. 그래서 로크는 사변적인 것과 엄밀히 개인에 관계되는 것을 동시에 똘레랑스 영역 안에 규합시켰다.

이같이 서로 뒤얽힌 편차들에서 하나의 상수가 드러난다. 똘레랑스는 모든 경우에서 서로 침투할 수 없는 두 개의 질서를 긍정하는 데에 바탕을 두고 있다는 것이다. 오늘날에도 계속 이브 샤를르 자르카는 똘레랑스가 "전혀 별개의 질서를 존중하는 데에 있다"[104]고 주장하고 있는데, "그 질서가 어떤 질서이든"이라고 덧붙일 수 있을 것이다.

여기서 사물에 관한 이중의 질서에 대한 존중이 갖는 효율성의 모호함에 대해 언급해야만 한다. 모든 것은 마치 우리가 다음의 논증을 강조하는 것처럼 보인다. 즉, 두 개의 질서는 서로 소통될 수 없으므로 소통되어서는 안 된다는 것이다. 그런데 만일 진정으로 그것들이 소통될 수 없어서, 지상이 천상과 관계가 없고 사고가 행동과 관계가 없고 등등이라면, 그 자체로 이미 '방수처리'가 된 셈인데, 그것을 존중하라고 호소하는 것은 부조리하다. 가령 모를레 신부가 냉소적으로 지적했던 것처럼, 만일 양심이 본래 건드릴 수 없는 곳에 존재한다면 그것을 존중하라고 고무하는 것이 무슨 필요인가?

똘레랑스가 문제를 제기하는 경우는 고려 대상이 이런 방식이든 저런 방식이든 동시에 두 개의 질서에 속하는 것으로 보일 때다. 이를테면, 하나의 질서가 불완전하게 등치된 범주의 틈새 중 하나를 통해 상반된 질서에 뒤섞일 때다. 가령 종교적 성격을 지닌 것으로(따라서 천상의—내면의—사적인) 인지된 행위들(지상의—외면의—공적인)을 똘레랑스할 것인가? 정치(외면의—공적인)에 관한 사고(내면적—사적인)는? 사적인(사고—내면적) 것으로 보이는 품행(행동—공적)은?

(말이나 글을 통한) 사상의 표현은 유형과 무형, 내면과 외면, 사와 공이 서로 뒤섞이는 곳 중의 하나다. 츠베탕 토도로프가 기록했듯이, "말은 언뜻 보기엔 쉬운 듯한 사고와 행동 사이의 분리를 훨씬 어렵게 한다."[105] 그 이유는 다른 게 아니다. 말은 동시에 두 개의 세계에 속하기 때문이다. 스피노자는 말이 사고와 긴밀하게 연결되어 있다고 생각했다. 그래서 말을 비밀로 간직할 줄 모르는 사고의 무절제로 보았고 따라서 극복할 수 없는 불완전성에 관련된 것처럼 감내해야 한다고 보았다. 스피노자는 아직 칸트가 나중에 말하게 되는 "전달하지 않는 사고란 애당초 없는 것"[106]이라는 점을 알아채지 못했다.

말과 사고의 이와 같은 동체 관계, 즉 후자는 언어에 의해 조건 지어지며 언어 자체가 교환으로 조건 지어진다는 사실은 19세기에 똘레랑스를 정당화하는 중요한 근거 중의 하나가 되었다. "생각한다는 것은 곧 말하는 것이다"라고 위젠 펠탕[22]은 주장했다. 인간은 말하는 조건에서만 생각한다. 다시 말해, 그의 사고를 공개하고 글로 전달하는 조건에서만 생각하는 것이다.[107] 말과 글이 사고의 범주 안에 들어가면

---

22 Eugène Pelletan(1813~1884): 프랑스의 정치가.

서부터 표현의 자유는 생각하는 존재에게는 그 존재를 지키는 권리, 즉 인권이 된다.

문제가 해결되었는가? 견해를 밖으로 드러내는 것이 사고의 범주에 속하는 것처럼 드러나면 드러날수록, 사고는 그와 동시에 더욱더 행동의 양태를 띤다. 17세기 이후 전파 수단의 발달과 함께 사상의 표현은 하나의 부대 현상, 즉 스피노자가 말한 '무절제'의 모습이 아니라 여론을 변경시킬 수 있는 '행위'의 모습을 갖게 되었다. 인쇄물의 발달과 함께 여론(표현 자체로서 이미 내면과 외면, 사유와 공유의 결합인!)은 권력 게임의 실질적 당사자가 된 것이다.[108] 그래서 사고하는 것은 곧 행동하는 것이 되었다. 19세기에 사람들은 문제의 차원을 대단히 높은 수준에서 이해하게 되었다. 1814년에 벤자민 콩스탕은 다음과 같은 말로 언론의 자유에 관한 문제를 제기했다. 즉, "사고의 표현이 '필연적 결과'를 초래하는 순간부터 이 표현은 행동으로 간주되어 그 자체로서 주무 관청, 즉 정치적 권위에 의해 판단되어야 한다."[109] 오늘날은 거대 미디어의 역할 때문에 더욱 "말하는 것이 곧 행동하는 것"[110]이 되었다. 똘레랑스할 수 없는 정당한 이유들이 어렴풋이 보이기 시작하는 것이다.

똘레랑스는 세계 질서가 더 이상 이중인 것으로 생각되지 않는 순간부터 그 타당성을 잃는다. 하늘을 믿지 않는 자는 지금 이 땅에서 모든 것을 기대하고 모든 것을 요구해서는 안 되는가? 사고가 물질의 단순한 발현으로 이해되거나 혹은 가장 내밀한 사유가 단지 외부적 영향의 결과에 불과할 때에, 두 세계가 서로 모르는 사이라고 주장하는 똘레랑스는 부질없는 것이 된다.

따라서 똘레랑스의 옹호자들은 똘레랑스가 상호간의 무관심―이미 부질없는 근거가 된―을 달성케 하는 도구임을 입증하도록 권고받는 처지에 놓이게 되었다. 이제 똘레랑스는 '사물의 질서'(당연지사)의 이름으로 정당화되지 않고 유용성의 이름으로 정당화된다.

—

제2부

유용성을 위하여

TOLÉRANCE

"결코 도달할 수 없는 목표를 향해 무엇인가를 예상하거나 설정하는 사람은 미쳤거나 바보로 평가될 수밖에 없다."[1] 16세기 말, 《겐트[1]의 평화 회복에 관한 올바른 이해력 강론》의 저자는 이같은 표현으로 종교적 이념에 대한 억압이 누구도 설득시키지 못했음을 입증하려 했다. 그 100년 뒤, 로크는 똘레랑스를 인간이 장악할 수 없는 분야에서의 이성의 행동이라고 보았다.[2] 똘레랑이라는 것은 계명이나 사물의 절대적 질서에 순종하는 것일 뿐만 아니라 우리가 설정한 목표에 적응할 줄 아는 것이기도 하다. 정당화되기 위해 똘레랑스는 인류가 우월한 목표로 설정한 것에 스스로를 일치시켜야 한다. 그래서 똘레랑스의 옹호자들은 때로는 구원이나 공익, 때로는 진리를 내세웠다. 이러한 목표들이 개별적이건 서로 만나건 똘레랑스는 유용성의 논리로 접어들었다.

---

1 벨기에의 도시 이름.

1   영원한 구원을 위하여

18세기의 철학자들은 흔히 '유용성'이라는 말을 '사회적 유용성'이라는 제한된 의미로 사용했다. 그러나 이러한 사용이 우리를 혼란에 빠뜨리지는 않는다. '초월적 유용성'이라는 말도 있기 때문이다. 모든 사람이 내세에 관심을 가졌던 16세기에 똘레랑스의 옹호자들은 가치 있는 유일한 목적, 즉 영원한 행복을 달성하는 수단에 대해 스스로에게 질문을 던졌다. 이 생각은 계몽철학자들에 이르기까지 오랫동안 이어졌다. 똘레랑이 되도록 설득해야 하는 대상은 반대자들이었는데, 그들에게도 우월한 목적은 영원한 삶에 있었다

필수적이지 않은 것에는 똘레랑스하라

카스텔리옹은 "[우리의] 구원을 위해 필수적이지 않은 것은 무시할 수

있다"[1]라고 썼다. 인간이 불완전하다는 이유도 있긴 하지만 완전한 지식이 천복의 조건이 되는 것은 아닐 것이다. 그리스도의 제자들조차도 그리스도의 교훈을 완전히 이해하지 못했고 모든 사람이 깨달을 수 있는 본질[2]만을 이해했다. 본래 모든 사람의 견해가 일치되는 요점이 가장 중요한 요점이다.[3] 인본주의자 아콘초가 "무익하고 (…) 부수적인 질문"과 "잘못을 저지르면 위험한 질문"을 구별하기를 요구했던 것도 바로 이 관점에서였다. 기독교인이 "구원을 받는 데에는 전혀 부족함이 없으면서 구원을 위해 꼭 몰라도 되는 것은 (포함되지 않은) 간단한 신경信經을" 지녀야 한다는 것이다.

그래서 똘레랑스 문제에 관한 초기의 토론은 구원에 얼마나 유익한가에 따라 본질적인 진리인가 아니면 부수적인 진리인가로 구분하는데에 집중되었다. 이 행보는 유럽 전역에 광범위하게 퍼졌고 대부분의 종교개혁파에게도 파급되어 폴란드에서도 소치니 학파에게서도 볼 수 있었다. "기독 신앙에 유익한 것이 많은 것은 사실이지만, 그중 영원한 구원에 필수적이 아닌 것도 있으므로 서로 다른 여러 개의 교회가 성립되는 것을 그 누구도 막을 수 없다. 교인들을 구원에 도달하도록 하는 데 충분한 교리만 갖추면 된다."[4] "우리는 꼭 필요하지 않은 것에 대해서는 예언의 자유에 맡길 것을 요구한다."[5] 프랑스에서는 쥐리의 목사가 구원적 진리와 '일차적 중요성'이 없는 진리를 구분했다. 그래서 "구원적 신앙을 파괴하지 않는" 후자는 똘레랑스할 수 있지만, 구원을 막는 잘못까지 참는다는 것은 언어도단이라고 주장했다.[6]

그렇다면 거부될 수 없는, 즉 똘레랑스의 대상이 될 수 없는 최소한의 진리란 도대체 무엇인가? 에라스무스, 아콘초, 카스텔리옹은 그것이 자선[2]에 대한 신앙으로 요약된다고 보았다. "너는 성령이 성부와 성자에게서 나오는지 모른다는 이유로, 하나의 원칙이나 혹은 두 원칙에서 생기는지 모른다는 이유로 벌 받지 않을 것이다. 그러나 너는 성령의 열매들, 즉 사랑, 기쁨, 평화, 인내, 온정 (…) 순결을 간직하려고 노력하지 않으면 지옥에 떨어지는 형벌을 면치 못할 것이다."[7] 기본적이고 모든 인간이 인정하는 것은 "기독교적 사랑에 대한 의무"[8]다. 그런데 이 의무를 실천하는 것이 중요한 만큼 그것들의 기본적 성격에 대한 믿음도 필수적이다. 스피노자는, 중요한 것은 우리가 하느님을 인지하는 믿음에 있는 게 아니라 우리의 행동을 하느님의 계명과 일치시키는 데 있다고 요약했다. 인간은 인간을 "진정한 생명"[9]으로 인도하는 진리, 즉 정의와 사랑의 화신인 하느님의 존재에 따라야 한다.

그러나 어떤 사람들은 그처럼 필수적인 것과 없어도 되는 것을 구분하는 것은 다만 성서를 그들의 입맛에 맞게 해석하는 것에 지나지 않는다고—가톨릭교도들이 프로테스탄트가 저지르는 전형적인 오류라고 주장했듯이— 반박했다. 그런 구분을 한다는 것은 계시록에 대해 지나친 자만심을 보여주는 것이 아닌가? 그러나 이 입장은 논란을 진정시키기는커녕 용서할 수 있는 잘못과 비난해야 하는 잘못 사이의 구분에 관한 불일치점을 추가시켰을 뿐이다.[10] 본질적인 진리나 부차적인 진리란 없으며 진리에 복종하는 것이 구원에 필수적인 조건이라는 것이다.

어떤 면에서 바일은 이 반대자들의 논리를 취했다. 그는 본질적인

---

2 charité, 기독교적 사랑.

것과 그렇지 않은 것에 관한 합의가 없으므로 해결점 없는 토론을 중단시키면서, 똘레랑스가 우리의 양심에 진리로 "나타나는" 모든 것으로 된 절대적 제국에서 비롯되는 것이라고 주장했다.[11] 진리로 이해된 진리는 모두 당연히 지켜져야 한다. 그리하여 나중에 교황 비오 9세가 그의 회칙 요목(교령)에서 당대의 큰 잘못 중의 하나로 지적했던 것이 확고부동하게 자리 잡게 되었으니, "인간은 어떤 종교를 숭배하든 영원한 구원의 길을 발견할 수 있고 영원한 구원을 얻을 수 있다"[12]는 믿음이다.

천복에 이르기 위해 어떤 활동도 필요치 않다

루터에 따르면, 우리의 행동은 단지 하느님 품안에서 삶의 결과일 뿐이다. 따라서 "우리는 우리를 정당화하기 위해, 또 천복에 이르기 위해 어떤 활동도 필요치 않다."[13] 하느님의 계명 자체가 존중되도록 정해진 게 아니며, 인간은 다만 무기력하고 허약하기 때문에 하느님의 은총에 의지할 수밖에 없다.[14] 구원과 관련하여 루터는 기독교인의 의무라는 것이 규제자들조차 스스로 지키지 않고 돈으로 팔고 있을 만큼 필수적인 게 아니므로, 기독교인은 그 의무에서 분명히 해방되어 있는 것이라고 말했다.

그런데 만일 '활동'이 전혀 도움이 되지 않는다면 기독교인들에게 천국에의 운명이라는 이름으로 어떠한 실천이나 행위도 요구할 수 없게 된다. 천국에 들어가기 위해 할 일이 아무것도 없기 때문에 권력은 더 이상 천국의 이름으로 명령할 것이 전혀 없다. 종교개혁은 인간 권력한테서 구원을 지배하는 권한을 빼앗으면서 절대적 똘레랑스[15]를 설교했는데, 그것은 무엇보다도 먼저 앵똘레랑스를 이롭게 하였다. 행동을 강제하기 위해 인간에게 가하는 탄압이나 고통이 그 인간의 영원한 운명에는 아무런 영향을 미치지 못한다면,[16] 지상의 권력은 자기 뜻대로 마음대로 행동할 수 있다. 모든 외부의 삶―지상 권력의 범위 안에 있는 삶―은 그들의 손에 맡겨진 상태가 된다.

스피노자의 행보도 거의 유사한 것이었다. 우리가 구원에 이르는 것은 "영혼의 진실"[17]을 통해서이다. 신앙의 외부적 의사 표현들은 하느님 품안에서의 삶의 조건이 아니라 단순한 징표에 지나지 않으므로,[18] 구원의 이름으로 그러한 의사 표현을 강요하지 못한다.[19] 그렇지만 이 세계에서의 인간의 행위는 내세에서의 삶에 전혀 영향을 주지 못하기 때문에 지상의 권력은 '공동체 이익의 이름으로' 인간의 행동을 자기들 마음대로 규정할 모든 자유를 지니게 된다.

무관심의 똘레랑스가 낳은 이 얼마나 애매모호한 결과인가! 사람들의 영원한 삶에 관계되지 않는다는 이유로 이 세계의 강자들은 독점적 지배권을 갖게 된 것이다. 앵똘레랑스는 구원과 관련해서는 정당화되지 않았지만 그와 동시에 지상의 공익이란 관점에서 그 영역을 더욱 넓혔다. 스피노자와 거의 동일한 시대에 로크도 구원의 결정론을 접근 불가능한 양심에 올려놓음으로써 공익에 의거한 앵똘레랑스의 영역을 그만큼 확대시켰다. 그의 제자인 루소도 마찬가지였다. 그들 이후 새로운 토론, 즉 공익을 위해 똘레랑스를 정당화하려는 토론이 시작되었다.

똘레랑스, 구원의 도구

"구원에 이르는 길은 하나뿐이므로 모든 사람은 그 길을 따라야만 하고 다른 사람이 그 길에서 벗어나지 않도록 해야 한다. 신중함이 우리에게 명하는 기독교의 사랑이 우리 형제에 대한 의무로 지워진다. 따라서 하느님에 대한 믿음으로 개종시키기 위하여 결코 수고를 아껴서는 안 된다."[20] 이 신앙고백은 사문관의 것이 아니라 튀르고의 것이다. 똘레랑스 주창자가 이처럼 단호한 입장을 취했던 것은 똘레랑스가 이웃을 영원한 행복에 이르게 하는 실질적인 도구라고 보았기 때문이다.

자유로운 판관이 없으면 구원도 없다

똘레랑이 된다는 것은 우선 자유 없이는 구원을 생각할 수 없는 그런 자유를 인정하는 것이다. 성 베르나르는 그의 《은총과 자유로운 판관에 관한 논설》에서 "자유로운 판관을 없애라. 그러면 더 이상 구원할 게 아무것도 없을 것이다."[21] 라고 썼다. 인간이 구원을 보장받는 것은 그가 행사하는 자유의 공간 안에서이다. 따라서 강제는 자유를 무너뜨리는 만큼 그에 비례하여 구원의 가능성을 감소시킨다. 교회는 토마스 아퀴나스 이래 한결같이 믿음을 강제하기 위해서 세속적인 힘의 개입을 요구한 적이 없다고 주장했다.[22] 16세기 종교 전쟁이 한창일 때 화해 지지자들은 그리스도를 이교의 신들이나 마호메트 신과 달리 자발적으로 따라야 한다고 줄기차게 상기시켰다. 신앙이 강제에 의한 것일 때 "그것은 이미 신앙이 아니다."[23] 즉, 자유로운 동참이 아니다. 미셸 드 로스피탈을 비롯하여 많은 사람들이 인간을 구원의 길로 강제하는 것은 다만 그 길을 외면하게 할 뿐이라고 끊임없이 말했다. 또 월윈은 "모든 인간은 자신이 주님을 섬기는 길이 진리임을 전적으로 믿지 않을 수 없다"[24]고 주장했다. 바일은 인간에게 그 자신의 확고부동한 확신에 거역하도록 강제하는 것은 그에게 거짓말이나 기만행위를 하도록 부추기면서 죄악에 빠뜨리는 것이라고 덧붙였다.[25] 로크는 "양심에 반하는 길을 통해"[26] 구원에 도달할 수는 없다고 말했다. 그에게나 토마스 아퀴나스에게나 강제는 종교에 반하는 것이다. 각자는 "정신의 내면적이며 자발적인 선택 속에서"[27] 종교에 동참할 수 있어야 한다. 튀르고는 오류가 천벌을 받는다면, 영원한 행복은 진리에 대한 자유로운 동참을 통해 얻을 수 있다고 강조했다. (디드로가 편찬한)《백과전서》의 〈앵똘레랑스〉 항목은 "종교를 확대 전파시킬 수 있는 유일한 합법적 수단"으로 교육, 설득 그리고 기도를 적고 있다. 이 논증이 통했던 것은 당대인들이 자유로운 동참을 구원의 필수불가결한 조건으로 이해했기 때문이다. 파스칼의 견해를 따라 똘레랑스의 옹호자들은 앵똘레랑스가 어떻게 "저 길을 통해서만 얻을 수 있는 것을 이 길을 통해서 얻는다고"[28] 주장하는지를, 즉 자유로운 동참이 반드시 승리해야 하는 바로 그 지점에서 강제하려 하는지를 보여주었다.

기독교의 역사가 충분히 증명해 주듯이 설득하려는 대상의 구원은 그 자체만으로 강제에 의존하는 것을 막지 못했다. 잘못에 빠져 있는 자는 잘못을 퍼뜨리면서 그 자신의 영원한 운명을 위태롭게 함과 동시에 이웃의 장래도 위태롭게 한다. 설령 교회가 누구든지 강제로 설득하려고 결코 생각하지 않았다고 하더라도, 일탈자가 진리에서 벗어나게 할 수 있는 사람들의 구원을 이유로 교회가 행한 박해를 정당화했다. 즉, 선량한 사람도 "불경한 말, 그릇된 설득, 공개적인 박해가 그리스도 신앙을 막는 것에 대항하여 강제할 수 있다는 것이다. 그리스도 신자들이 이교도와 자주 전쟁을 벌인 것도 이 때문인데, 이교도로 하여금 강제로 그리스도 신앙을 믿도록 하기 위해서가 아니라, (…) 그들이 그리스도 신앙을 방해하지 못하도록 강제하기 위해서이다."[29] 다른 사람들이 당신을 벗어나게 할 수 있는 객관적 진리에의 동참 속에 영원한 운명이 걸려 있게 되면서부터, 공동체적 중요성이 이런 자유 저런 자유를 무시하는 것을 정당화했던 것이다.

평화 없는 곳에 하느님이 존재할 수 없다

그래서 똘레랑스의 옹호자들은 다른 주장을 폈다. 즉, 똘레랑스는 평화의 조정자이므로 수많은 사람들의 구원을 가능케 하는 도구라는 것이다.

수많은 똘레랑스의 반대자들은 구원의 목적과 경쟁 관계에 있는 지상의 목적으로 평화를 제시했다. 군주는 결코 양편 사이에서 주저해서는 안 된다는 것이다. 교회─가톨릭교회든 개혁 교회든─는 군주들에게 신민들의 행복을 책임져야 한다고 상기시켰고, 제일 먼저 신민들이 영원한 천복을 얻을 수 있도록 애써야 한다고 끊임없이 상기시켰다. "전지전능한 하느님의 공적 봉사자로서"[30] 군주는 이단자들과 싸울 의무가 있다. 종종 세속적 평화의 이름으로 반대자들의 소신에 대해 군주가 보이는 허약한 모습은 단지 이 세계의 거짓되고 일시적인 안락을 택하는 죄를 짓는 것에 지나지 않는다. 그래서 1589년에 자크 드

파멜은 "순전히 세속적인 동기에 의한 것이든 정치적 동기에 의한 것이든"[31] 종교 의식에 대한 일체의 자유에 반대했다. 같은 시대에 루벵의 신학자 장 드 랑스도 "정치인들이" "하느님의 것보다는 인간의 것, 천상의 이해관계보다는 지상의 이해관계"를 우선한다고 비난했다.[32] 몇년 뒤 슈카르가 신부는 군주들이 어떤 대가를 치르든 개의치 않고 평화를 이루겠다는 의지를 갖고 있어서 신민들의 구원을 소홀히 하고 있다고 비난했다.[33]

똘레랑스의 지지자들은 "가장 정당한 전쟁보다는 가장 부당한 평화를"[34] 선택해야 하며 무질서는 잘못의 지속보다 더 큰 죄악이라고 반박했다.[35] "진리의 승리를 보장한다는 구실 아래 (신민들이) 서로 찢어지도록 하겠다는 것인가?"[36] (똘레랑스의 옹호자들의) 진리에 대한 고려가 이처럼 분명히 후퇴했던 것은 비교리적 종교의 발전과 관련이 있다. 그렇지만 몇몇 사람들이 평화적 화해에 우호적이었던 것은 우선 평화를 하느님 품에서의 삶의 조건으로 보았기 때문이다. 에라스무스는 이 사상을 강조했다. 틀림없이 그는 모든 평화를 참된 평화로 보지는 않았다. 왜냐하면 어떤 평화는 악을 목적으로 한 음모일 수 있기 때문이다. 평화가 다른 종교의 용인을 정당화할 수 없다.[37] 그렇지만 "하느님이 없는 곳에 평화가 있을 수 없고 하느님은 평화가 없는 곳에 있을 수 없다."[38] 바일도 피비린내 나는 앵똘레랑스는 하느님의 진리를 지닐 수 없다고 주장했다. "이 끔찍스러운 일련의 독신瀆神과 또 영원불변의 법칙인 천부적인 공정성에 관한 보편적 원칙의 완전한 소멸과 함께 (…) 자연스럽게 얽혀 있을 수 있는 질서라는 것이 진리의 이름으로 운운될 수는 없다."[39] 평화와 진리는 동질이라는 것이다.

구체적으로 똘레랑스가 가져오는 평화는 구원, 즉 진리의 도구일 수 있다. 평화는 인간에게 휴식을 뜻할 뿐만 아니라 열정과 두려움을 진정시키는—이것들을 진정시키지 못하면 인간 정신은 승화되지 못한다— 것도 의미한다. 이와 반대로, 공공의 무질서는 이러한 열정과 두려움을 잠들지 않는 상태로 유지시키면서 진리에서 벗어나게 한다. 똘레랑스가 오류와 악을 인정하는 듯이 보이는 것은 사실이다. 그렇지만 똘레랑스는 진리의 도구인 이성의 행사를 방해하는 긴장 상태를 완화시켜 준다.

보다 간략하게 말해서, 평화는 내세에 미치는 결과에 대해 믿는 사람이라면 아주 치명적인 일로 생각해야 하는 품성의 혼란을—범죄, 사악, 거짓 — 피하게 한다. 그런데 에라스무스가 1530년에 캄페기오 추기경에게 보낸 글에서 사교邪教 종파를 허용하는 것은 "죄악이다. (그러나……) 전쟁보다는 아무튼 가벼운 죄악"[40]이라고 썼을 때, 그의 평화에 대한 집념이 구원을 제2선으로 물러서게 했음을 뜻하는 것은 결코 아니다. 모든 박해는 그것이 이성을 억제하기 때문에 진리의 적이고 따라서 각자의 구원을 해친다고 본 것이다.

똘레랑스는 지옥에 떨어지는 형벌을 받을 대죄악을 피하게 할 뿐만 아니라 가톨릭교도들의 열성과 품행의 순결함과 열의를 강화시켜 줄 수 있다.[41] 이 주제는 가령 예수회의 베카누스(1563~1624)에 의해 전재되었는데 그뒤 여러 차례에 걸쳐 다시 언급되었다. 즉, 다른 종교를 믿는 자들이라고 해도 덕목을 쌓고 착한 자들이 되고자 노력하는 한에는 그들의 오류를 인정할 수 있다는 것이다.

교회조차도 구원자적 진리에 있어서나 관습에 있어서 똘레랑스에 종종 긍정적인 측면이 있다는 것을 결코 놓치지 않았다. 토마스 아퀴나스 이래 끊임없이 상기시킨 원칙에 따르면, 특히 레오 13세의 회칙 《인간의 자유에 관하여》(1888)에 따르면, 공권력은 "더 큰 죄악을 피하기 위해서나 더 큰 행복을 얻게 하거나 보존시킬 목적이라면, 진리와 정의에 반하는 어떤 것들을" 똘레랑스할 수 있다.[42] 20세기 중엽에 비오 12세는 분명하게 똘레랑스를 평화, 즉 구원의 수단으로 제시하였다. 도덕적 탈선행위들에 대한 탄압은 그 자체가 절대로 목적은 아니며, "보다 많은 행복을 위하여" 이따금 잘못을 그대로 놔두는 게 더 효율적이다.[43] 구원의 목적이 우선이긴 하지만 평화가―따라서 세속의 평화를 얻는 수단으로서의 똘레랑스가― 보다 많은 사람들이 영원한 행복을 얻는 데 이로울 수 있다는 것이다. 그리하여 종교인과 정치인 사이에 종종 오해에서 비롯된 것이기도 한, 목적을 위한 동맹이 자리 잡게 되었다. 양쪽 모두에게 똘레랑스를 말하게 하는.

공익을 위하여

16세기 중엽 유럽에서 기독교가 분열되고 국가 체제가 확립되었을 때, 세속의 권위에게 구원과는 뚜렷이 구별되는 지상의 목적이 따로 있다는 사상이 발전했다. 그것은 특히 앙리 4세 집권 아래 승리했던 '정치가'들의 입장이었다. 17세기 초에 어느 풍자문을 썼던 사람은 "왜 우리 국왕은 종교가 다른 사람이라 할지라도 그들이 국사에 적합하고 이익이 된다면 그들을 이용할 수 없는가?"[1] 라고 담담하게 물었다. 다른 말로 표현해서, 똘레랑스는 '공공의 유용성', 즉 그것이 평화적 질서 유지든, 나중에는 또 그것이 진보와 행복이든 유용성에 비추어 정당화되었다.

구원의 시각 아래에서와 마찬가지로 똘레랑스는 여기서 두 가지 사실 확인에서 비롯되었다. 하나는 어떤 영역은 공동의 유용성에 영향을 미치지 않기 때문에 똘레랑스의 대상이 될 수 있다는 것이고, 다른 하나는 똘레랑스가 집단적 목적을 달성하는 효과적인 수단이라는 것이다.

공익에 관련되지 않는 것은 똘레랑스하라

집단의 중요성을 갖지 않는 모든 것에 대해 똘레랑스해야만 한다. 이 성찰로부터 유익한 것과 진실한 것 사이의 구분, 즉 유익한 것과 '진리'—오직 '유용성'에만 집착하는 권력에겐 홍미 없는— 사이의 구분을 낳게 했다.

집단적이 아닌 것에 대해 똘레랑스하라

종교적 문제들은 단지 개인에게 관련될 뿐 공동의 이해관계에는 관련되지 않는다. 이 생각은 특히 종교개혁 운동 속에서 발전했다. 당시 신학자들은 은총과 구령救靈 예정설을 강조함으로써 인간에게 구원에 대한 지배력을 제거했다. 구원은 지상에서의 삶의 행위들과 관련되지 않기 때문에 각자는 진리에 관한 자신의 양심에 일치시키는 것으로 충분하다는 것이다. 영원한 천복의 문제는 더 이상 집단의 문제가 아니었다.[2]

　존 로크와 그 뒤를 이은 계몽주의 철학자들에 따르면, 똘레랑스는 구원과 공익 사이의 구분에 기초한다. 국가는 "영혼의 구원"에는 신경 쓸 필요가 없고 단지 세속의 행복, 즉 "삶, 자유, 신체보전, 고통으로부터의 보호, 외적 재산의 소유"를 보존하는 데 전념해야 한다.[3] 참된 종교에 관해 말하자면, 그것은 하느님과 피창조물 사이의 '사적' 관계를 의미한다. 그래서 예배 행위에 따라 교단이 결정되는데, 이것은 사회생활과는 아무 관련이 없다. 그러므로 예배 행위들은 자유스러워야 한다.[4] 오베르 드 베르세는 "종교에 대해 공언하는 자유는 세속 사회와는 아무 관련이 없다. 세속 사회와는 전혀 무관하며 부수적인 것에 지나지 않는다"[5]고 주장했다. 튀르고는 종교에 관해 똘레랑스가 당연히 요구되는 까닭은 각 개인의 이해관계가 구원과는 동떨어져 있으며,[6] 따라서 구원에 관해서는 그 무엇으로도 이웃을 도울 수 없기 때문이라고 설명했다.

그렇다면 정부는 어디까지 종교에 관한 똘레랑스를 확대해야 하는가? 로크에게 있어서, 믿는 행위들은 순전히 '사변적 행위'이기 때문에 정부의 소관 사항이 아니다. 또한 권력은 지상의 존재에 관한 견해들 중에서 가정생활이나 각자가 자신의 인생을 설계하는 방식처럼 사회에 중대한 결과를 가져오지 않는 것에 대해서는 똘레랑스를 보여주어야 한다. 정치가는 "정부를 설립한 목적"[7]인 공익에만 단지 책임을 진다. 그래서 정부는 똘레랑스해야 하는데 오직 공익 문제가 아닌 것에만 똘레랑스해야 한다. 로크는 이러한 시각에서 종교의 제 문제들을 검토했다.

하느님에 대한 믿음에 관한 로크의 태도는 18세기까지[8] 꾸준히 지속된 하나의 견해, 즉 종교가 없으면 공공질서도 없다는 견해와 일치했다. "정치적 권위는 유물론자와 무신론자를 엄벌에 처해야 한다"고 토마스 모어는 말했다. 유물론자와 무신론자에겐 관습과 제도를 준수하게끔 하는 두려움이 없다.[9] 유토피언들이 유물론자와 무신론자를 도시에서 쫓아낸 것은 바로 그 이유 때문이다. 16세기 중엽 무신론은

"국가의 모든 무질서와 해체의 근원인 (…) 악을 행하는 자유"와 똑같이 취급되었고, "국가 속에 침투할 수 있는 가장 크고 가장 위험스러운 괴물"로 인정되었다.[10] 미셸 드 로스피탈은 사람들이 "규율에 의해 규제"[11]되어야 하므로 종교가 필요하다고 썼다. 똑같이 로크도 모든 복종과 민간 계약의 기초인 선의를 없애기 때문에 무종교를 받아들일 수 없다고 주장했다. 모든 것들이 오직 사후 징벌에 대한 전망이 있어야만 보장된다는 것이다.[12] 하느님과 내세에 대한 믿음이 군주를 비롯하여[13] 모든 사람들에게 악을 저지르지 않도록 한다는 것이다. 오베르 드 베르세도 "무신론을 공공연히 주장하는 자들"을 처벌해야 한다고 주장했다. 이 로크의 제자는 무신론자를 끔찍한 운명에 처하도록 요구했다. "모든 사법관은 무신론자를 처벌하기 위해서라면 그들의 권위를 최대한 이용할 권리가 있다. 또한 숨어 있는 무신론자를 수색해야 할 의무가 있다. 인간 종자 중에 페스트이며, 또 사회 전체와 세속적 권위 전체에게 불구대천의 원수와도 같은 이 종파분자들을 잘라내 박멸해야 한다"[14]고 썼으니 말이다. 100년 후 모를레 신부는 보다 온건한 어조로 무신론자들은 "하느님도 없고 확립된 정부에 대한 의무도 없다고 공표함으로써"[15] 사회에 죄를 짓는다고 말했다.

따라서 종교적 믿음이나 행위라고 하더라도 공동체에 관련되기만 하면, 권위는 통제를 가하거나 탄압할 수 있는 정당성을 부여받게 되었다. 군주는 하느님으로부터 부여받은 임무라는 이유 자체로 종교의 교리가 권위와 복종의 원칙에 어긋나면 그 교리에 제재를 가하도록 요구받았다. 그래서 로크나 쥐리외[16]는 교황에 복종하는 것에 항의하였는데, 왜냐하면 교황에 대한 복종이 세속권에 대한 복종에 반대된다고 보았기 때문이다. "사회를 파괴시키는"[17] 교리 중 하나라는 것이다. 일반적으로 군주는 "어떤 견해가 정부를 혼란에 빠뜨릴 경향이 있을 때" 가령 군주의 권위, 평화, 국민의 안전 보장에 관련될 때 "그 견해의 발표를 금지시킬 수 있다."[18] 바일은 "통치자들은 그들이 지배하는 국가와 사회를 보존시키기 위해 소요, 절도, 살인, 위증을 부추기는 교리들을 탄압으로 대처해야 한다"[19]고 설명했다. 그를 본받아 튀르고도 권력은 특별한 조건에 있는 종교를 탄압해야 한다고 주장했다. "사회 이익에 반하는 모든 교리, 모든 행동은 금지되어야 한다. 교리나 행동이 종교적 행위이든 아니든 마찬가지다. 공익과의 관계, 바로 이것이 군주가 허용하거나 금지하는 잣대로서, (…) 그는 세속의 유용성만 고려할 뿐 결코 영혼 구제를 고려하지 않는다."[20] 루소도 같은 주장을 폈다. "신민들은 자신의 견해가 공동 사회에 중요하면 군주에게 그 견해를 보고해야 (…) 한다. (…) 종교적 교조는 그 교조를 고백하는 자들이 타인에게 지켜야 할 도덕과 의무에만 관련이 있으므로 국가나 국가의 구성원들과는 아무런 이해관계가 없다. 각자는 마음 내키는 대로 여분의 견해를 가질 수 있다."[21] 루소가 여기서 군주의 간섭 영역을 제한함으로써 자유의 장場을 연 것처럼 보이지만, 실은 공익과 관련될 때는 똘레랑스를 중지시켜야 한다고 주장했던 것이다. 마르쿠제도 동일한 사상을 옹호했다. 즉, 평화, 자유와 행복에 대해 "예속 상태를 영속시키는 도구로써 똘레랑스를 사용하지 않고서는, 어떤 것들은 말해지지 않으며 어떤 사상들은 표현되지 않으며 어떤 정책들은 제안되지 않으며 또 어떤 행동들은 허용되지 않는다"[22]고 썼다.

그렇다면 똘레랑스의 반대자들이 근본적으로는 부정될 수 없는 일이다. 16세기부터 똘레랑스의 반대자들이 우위를 차지하려고 탐색했던 곳이 바로 지상의 공익이란 터에서였다. 루터가 재침례교파 교도들을 처벌하도록 세속의 권력에게 요구했을 때도 그들에게 사회 질서를 바꾸려는 의지가 있다는 점을 내세웠다.[23] 1527년, 츠빙글리[1]가 침례교도 만츠에게 유죄 판결을 내렸을 때에도 이단성 자체뿐만 아니라 그것이 세속의 평화에 미치는 불길한 결과도 내세웠다. "그런 교리들은 부정한 행위, 혼란, 정부에 반대하는 반란으로 이끈다. 보편적 평화, 형제애, 일사불란한 애국심을 어지럽히며 모든 종류의 악을 선동한다."[24]

종교개혁에 반대했던 쪽에서도 똑같은 사상을 볼 수 있다. 피에르 카니시우스[2]에게 있어서 기독교 군주는 참된 신앙을 보호하기 위해 개입해야 하는데, 왜냐하면 그것이 "평화, 복종, 통일, 규율, 자비의 보호자이며 세속과 천상의 질서가 주는 모든 이익의 보호자이기 때문이다. 반면에 거짓되고 반기독교적 신앙은 분열, 무질서, 반란, 모든 종류의 무례함과 과격 행위를 발생시키는 근원이다."[25] 완강하게 버티는 이단자들에 대한 처형을 정당화하기 위해 예수회파 교도 마르틴 베카누스는 그들이 교회의 통일을 파괴시킴으로써 국가의 평화도 파괴시킨다고 주장했다.[26] 군주가 이 세상의 공공질서를 유지하는 사명만을 갖고 있다고 하지만, 그래도 그에겐 참된 종교를 보존할 의무가 있다.[27]

---

1 Ulrich Zwingli(1484~1531): 스위스 프로테스탄트 종교개혁 당시의 가장 중요한 개혁가.
2 Pierre Canisius(1521~1597): 네덜란드 출신의 예수회파 신학자.

종교가 국가에 중요한 영향을 미친다는 것을 보댕[3]도,[28] 보쉬에도[29]
페도[30] 의심하지 않았다. 구원의 논증을 한쪽으로 제쳐놓고 그들은
가톨릭교가 권력에 대해 복종을 설교하고— '확대' 만을 주장하는 개혁
종교와 반대로— '악에 대한 인내'를 설교한다고 주장했다. 가톨릭교
가 사회 질서를 튼튼하게 하기 때문에 정부는 이를 정부의 초석으로
보호해야 마땅하다는 것이다. 1832년에 교황 그레고리우스 16세는 이
와 같은 가톨릭의 전통적 입장을 다음과 같이 요약했다. "기독교의
성스러운 계명들이' 공공안녕을 보장하는 '군주들에 대하여 지속적인
복종'을 사람들에게 설교하고 있는 반면에, 모든 것으로부터 자유롭
다고 (루터와 함께) 기뻐하는 사람들은 군주의 질서를 파괴하고 노예
상태를 불러오고 있다."[31] 그러므로 (교황에게도) 통치자들한테 참된
종교의 편을 들어야 하는 의무와 또 반대 견해들을 탄압할 의무가 있
는 것은 세속적인 임무에 의거해서였다.

똘레랑들은 공동체 생활과 관련하여 종교의 유용성을 거부하지 않
았다. 그러나 그들은 모든 종교가 동일한 사회적 의무를 강요한다는
사실에 주의를 환기시켰다. 보쉬에나 로크에 반대하여 바일은 가톨릭
교와 칼뱅교가 똑같은 특권을 제공하고 있다고 주장했다.[32] 《페르시
아인의 편지》[4]에서 위스베크는 비종교적 앵똘레랑스 옹호자들의 말을

---

3 Jean Bodin(1530~1596): 프랑스의 정치사상가. 국왕과 의회가 상호균형을 이루며, 신법과 자
   연법에 근거한 입법권이 보장되는 이상주의적 군주제 이론을 전개했다.
4 1721년 출판된 몽테스키외의 책. 두 명의 페르시아 여행자의 눈을 통해 프랑스 문명을 날카롭게
   풍자했다. 루이 14세의 통치를 조롱하는가 하면, 모든 사회계급을 놀림감으로 삼았으며, 로마 가
   톨릭 교리도 풍자하는 등 새로운 시대를 예고하는 활력 넘치고 대담하고 성상 파괴적인 비판정
   신을 담고 있다.

문자 그대로 인용하고 이를 조롱하면서 계몽주의의 입장을 다음과 같이 요약했다: "국민들에게 종교가 필요한 것은 분명한데 왜 꼭 가톨릭교이어야만 하는가? 모든 종교가 권위에 대한 복종의 원칙과 사회생활에 필요한 미덕을 가르치고 있지 않은가."[33]

그렇다면 그런 종교들 모두가 허용될 수 있다. 어쨌든 하나의 종교가 있어야 한다. 튀르고는 이 종교를 '공교육'으로 해석했다. "국민들에게 교육이 필요하다. 그들에게 청렴을 가르쳐줄 수 있으면 실천에 옮기기 쉽도록 분명하게 작성한 의무 개요를 그들의 눈앞에 제시해야 한다."[34]

이 교육이 바로 루소가 바랐던 '세속 종교'였다. 이 세속 종교의 "교리는 단순하고 수가 적어야 하고 설명이나 논평 없이도 정확히 표현되어야 한다. 강력하고 지혜롭고 자비롭고 선견지명이 있으며 보살펴주는 신성의 존재, 내세의 삶, 정의로운 자들에겐 행복, 악한 자들에겐 벌, 사회 계약과 법에 대한 신성불가침, 바로 이런 것들이 긍정적 교리이다. 부정적 교리에 관해 말하라면, 나는 그것을 단 하나로 말하겠으니 바로 앵똘레랑스이다. 그것은 우리가 배척했던 예배 속에 포함된다."[35] 이 새로운 세속 종교의 교리 문답을 믿지 않는 자들에겐 최후의 징벌이 요구된다. 여기서 믿음은 공익에 관건이 되기 때문에 의무적이며 따라서 똘레랑스는 적용되지 않는다.

종교적 견해들이 공공질서와 관계된다는 확신에 대해 1789년의 〈인간과 시민의 권리 선언〉 제10조는 이렇게 증언하고 있다: "그 누구도 견해로 인하여—종교적 견해까지도— 불안해할 수 없다. 그 의사 표현이 법에 의해 설정된 공공질서를 문란케 하지 않기만 하면 된다." 대혁명 시절, 정치가들의 눈에 종교는―그들이 마지못해 무관심한 듯 보였을 뿐― 사상의 가장 결정적인 영역으로 남아 있었다.

자유의 이름으로? 그랬을지도 모른다. 그러나 이미 18세기에는 사람들을 공동체 법규의 테두리 속에 가둘 수 있다고 여겨졌던 내세에 대한 두려움 대신에 교육에 대한 믿음이 자리 잡았다. 즉, 교육을 통해 사고와 행동의 습관적 틀에 작용하여 복종을 보장할 수 있는 바, 교육적인 의지가 강력한 보급 수단을 지니게 되면서 내면의 감시자인 내세에의 전망은 정치가에게 별로 필요하지 않게 된 것이다. 그리하여 교육과 그 수단에 대한 믿음은 비종교주의의 기초를 세우게 되었다. 그렇다면 공권력은 (루소의 표현을 따르면) '은밀히 여론에 개입'하고, 선전과 세속적 의례를 통해 공권력 임의대로 사상을 전형화하고, 공익의 도그마에 대한 자발적이면서 절대적인 복종을 보장할 수 있는 수단을 지니게 된 것인가? 이와 같은 새로운 도덕적 환경과 더불어 종교에 관한 똘레랑스는 당연한 것이 되었다. 이제 종교는 더 이상 정치가에게 아무런 쓸모가 없으므로.

진리에 관계되는 것을 똘레랑스하라

하느님의 왕국이 진리와 관계된다면 지상 왕국은 인과관계에 바쳐진다. 한편에는 진리와 구원이 있고, 다른 편에는 유용성과 공익이 있다. 16세기부터 18세기까지 정치가는 오직 유용성에만 관심을 가진다는 것이 상식처럼 되었다. 교리의 진리는 정치가들에게 다만 그것의 사회적 효과만 중요했다.

루터는 군주가 마땅히 맞서 싸워야 할 것은 반란이지 이단이 아니라고 지적했다. 마찬가지로 카스텔리옹도 세속의 권력은 오류에 개입할 것이 아니라 전복 행위, 폭동에 개입해야 한다고 주장했다. 그를 뒤이어 로크는 "교리의 진리에 관하여 법이 결정할 것은 아무것도 없으며, 단지 국가와 국가를 구성하는 개인들의 이익과 보전을 고려해야 한다"[36]고 말했다. 바일도 "어떤 견해가 국가 안에서 똘레랑스되어야 하는지 아닌지를 알고자 할 때 유의할 것은, 그 견해가 잘못인지 아닌지에 있는 게 아니라 그 견해가 안녕과 공공 안전에 반대되는가 아닌가에 있다"[37]고 썼다.

따라서 견해의 진리성과 유용성을 구분해야 한다. 튀르고에 따르면, 한쪽에는 진실에 관한 판관이 있고 다른 쪽에는 유익성에 관한 판관이 있다. 진실에 관한 판관, 즉 종교적 권위는 진리가 하나뿐이라는 이유로 반대 의견을 앵똘레랑스하는 기초로 삼는다. 그렇지만 그의 왕국은 지상 세계에 속하지 않으므로 힘에 의존할 수단을 갖고 있지 않다. 반면에 유익성의 판관, 즉 세속의 권위는 진리인가 아닌가의 질문에는 무관심하며 잘못조차도 그것이 공익에 영향을 미치지 않는다면 인정할 수 있으며, 더 나아가 그 잘못이 공익과 같은 방향으로 나아갈 때는 그것을 보호할 수도 있다.[38] "성직의 앵똘레랑스와 세속의 똘레랑스의 이 행복한 결합"[39]은 특히 18세기에 권력의 영향권에서 멀어진 성직자들에 의해 옹호되었다.[40]

종교적 진리와 사회적 유용성은 서로 일치하지 않는 경향을 갖는다고 계몽철학의 세기[5]는 확신했다. 영국의 경험론자 맨드빌(1670~

---

5 18세기.

1733)은 국민의 무지와 잘못이 오히려 사회 질서와 행복과 병행할 수 있다고 논증했고, 볼테르는 가장 잘못된 종교가 종종 사회 질서와 행복에 가장 이로울 수 있다고 설명하였으며,[41] 루소는 명백히 거짓인 종교가 인민들의 단결과 행복을 보장하는 반면에 가장 참된 종교가 사회관계를 가장 심하게 분열시키는 종교이기도 하다는 사상을 전개했다.[42]

그래서 로크에 뒤이은 18세기는 군주가 유익성에 관하여만 판단할 뿐 진리에 관하여는 판단하지 않는다는 것을 확인했다. 투명해 보이는 이 구분이 사상에 대한, 나아가 모든 사상에 대한 똘레랑스의 토대가 된 듯하다. 실제로 존 스튜어트 밀이 지적했듯이, 유용성을 고려한다는 것은 정치적 행위를 유도하는 모든 '기술적' 진리에 대해서는 말할 것도 없이, 그 유용성이 하나의 진리를—예컨대 인민의 행복을 위해서는 평화가 전쟁보다 더욱 가치 있으며 행복은 풍요 속에 존재한다는 등등— 지닌다고 전제하는 것이다. 군주는 모든 사람과 마찬가지로 세속의 교리를 구성하는 '진리 문고'를 참조한다. 그런데 왕이든지 일반 국민이든지 선험적으로 이 '유익함의 진리'를 지니고 있고, 또 그것을 지배한다고 간주된다. 그래서 종교의 교리에 관해 튀르고가 진리의 단일성이라는 이유로 정당화된다고 말한 바 있는, 교조적 비타협성으로 사람들을 이끌게 된다.[43]

진실과 유익 사이의 구분은 실제에 있어서 또 하나의 구분을 감추고 있다. 즉, 진실—무익(즉, 내세에 관한 진리들)과 주권자가 판단하는 진실—유익(즉, '사회적' 진리들) 사이의 구분이 그것이다. 우리는 어떤 견해를 구원에 어긋난다는 이유로 거부할 수 있듯이 공익성에 어긋난

다는 이유로 거부할 수 있는데, 둘 사이의 차이점은 공익성에 관해서
는 강제에 의존하는 것이 합법적일 수 있다는 점이다. 다른 말로 표현
하면, 교조적 정신이 종교 영역에서 쉽사리 세속 영역으로 넘어갈 수
있다는 것이다. 볼테르의 《교리 문답집》[44]은 진리에 관한 서적들인
데, 구 교리 문답집을 대체한 이 책들은 분명히 인간 행복에 이르는 길
과 수단을 강요하는 교리를 설정하고 있다. 루소도 유익성의 문제를
위하여 진리의 문제를 접어둔 척하지만 실상 그는 사회적 유용성의 이
름으로 종교적 진리를 포함하는 교조주의의 이론가가 되었다. 결국 그
는 잘못된 견해를 가진 사람들을 사회로부터 추방할 수 있는, 그런 잘
못된 견해가 있다는 것을 숨기지 않았다.[45] 사람들이 상당수의 세속
교리에 동참하는 것은 의무적이다. 그리고 "어떤 사람이 공개적으로
교리를 인정하고 나서 그것을 믿지 않는 듯이 처신한다면 죽음의 처벌
을 받아야 한다." 주권자(여기서는 국민)에겐 '교조화' 할 권리가 있다.
주권자는 사회적 유용성이라는 진리의 파수꾼이다. 그것은 종교적 진
리에 단순하게 대체된 것이다. 이것이 바로 "세속 종교이며 그 조항의
결정은 주권자에 속한다."[46] 루소와 그의 후계자들은 여기서 어떠한
이탈도 똘레랑스하려 들지 않았다. "보편적 종교를 만들라. 다시 말해
인간적이고 사회적인 종교이며 사회 안에 살고 있는 모든 사람이 의무
적으로 인정해야 하는 (…) 종교를 만들라. 만일 누군가가 그 종교에
반하는 교리를 내세우면 그는 사회로부터 추방되어야 한다."[47]

계몽주의 철학자들은 신비적 교조주의자와 똑같이 진리와 유익성은
단지 하나일 뿐이라고 확신했다. 그러므로 진리의 문제는 유용성의 문
제와 아주 밀접하게 연결되어 있었다. 실제로 토론은 '무엇에 유용한

가'라는 물음에 관해 이루어졌다. 철학자들이 지상의 행복을 꿈꾸고 있을 때 종교인들은 구원을 생각했다. 루소는 함께 논쟁을 벌인 드 보몽 주교와 똑같이 유익성과 진리는 합류한다고 믿었다.[48] 주교가 유익한 것을 유추하기 위해 진리에 위탁했다면, 루소는 진리를 인지하기 위해 유익한 것에 위탁했다. "당신은 인간에게 유익한 것에 관하여 (…) 말하는데, (…) 사람들은 그 점에 대해 판단할 수 있습니다. 그러니 유용성을 규칙으로 삼고 그것을 가장 많이 가져올 수 있는 교리를 세웁시다. 그러면 우리는 사람들에게 가능한 만큼 진리에 가까워짐을 기대할 수 있을 것입니다. 피창조물에게 가장 유익한 것이 창조주의 뜻에 제일 맞는 일이라는 것을 생각해야 하기 때문입니다."[49] 헬베티우스에게 참된 종교란 이 세상에서 인간에게 가장 큰 행복을 주는 종교이다.

왜냐하면 참된 하느님은 반드시 정의로우며 선하고, 또 "참된 것은 언제나 대중에게 유익하기 때문이다"[50]라고 설명했다. 모를레,[51] 그레구아르[52]나 로베스피에르[6]도 똑같은 등가치를 주장했다. "입법자의 눈에 세상에 유익하고 실행하기 좋은 것은 모두 다 진리이다."[53]

그리하여 새로이 교조적인 앵똘레랑스가 정당화되었다. 왜냐하면 그것은 이승의 삶에서의 행복과 관련되기 때문에 지상의 모든 세력의 협력을 정당하게 기대할 수 있기 때문이다. 물론 이 세력들은 자기와 관련이 있을 때만 개입하겠지만 말이다.

---

6 Robespierre(1758~1794): 급진적 자코뱅당 지도자로 프랑스혁명의 주요 인물.

똘레랑스, 공익의 도구

18세기 말까지 공통된 관심은 주로 평화를 보장하고 인간들의 죄악과 광기에 반대하여 질서를 유지시키는 데 있었다. 이러한 맥락 속에서 똘레랑스의 지지자들은 사상에 대한, 더 정확히 말해서 사상의 표현에 대한 탄압이 사회 질서를 위태롭게 한다는 것을 입증하려고 노력했다.

카스텔리옹은 박해받는 사람들이 "당연히 말해야 하고 행해야 한다고 생각하는 것과 다르게 말하거나 행하기보다는 차라리 죽기를 바라는"[54] 용기 있고 선의를 가진 사람들이라고 지적했다. 스피노자는 앵 똘레랑스가 모든 사람에게 지속적으로 거짓말을 하도록 부추기고 또 거짓말에 익숙하게 한다고 기록했다. 즉, 소신을 용감하게 피력하는 자들만 박해하기 때문에 결국 미덕에는 벌을 주고 죄악에는 상을 주는 게 되어 국가 이익에 반대된다는 것이다.[55] 1686년에 반 파에츠도 똑같은 논증을 전개했다. "폭력은 위선자들과 코미디언들 그리고 또 신과 군주에게 불충한 자들의 수를 증가시킨다."[56] 박해는 성실성을 가지고 "야심과 재산상의 이해관계를 무시하는"[57] 사람들만 공격한다. 바로 뒤이어 오베르 드 베르세도 "종교에 관한 폭력은 명예에 대한 모든 감각, 선의, 관대함을 질식시키며 위장하기, 허위, 위선을 불러일으킨다"[58]고 똑같이 말했다. 바일, 펜롱이나 튀르고도 똑같이 생각했다.[59] 존 스튜어트 밀은 법정에서 증언하려면 하느님에 대한 믿음을 공표해야 하는 의무에 대해 논평하면서, 거짓말하기를 서슴지 않는 모든 무신론자들의 증언을 채택하는 반면 위험을 무릅쓰고 진리를 말하는 사람들의 증언을 거부하는 방식에 대해 빈정거렸다.[60]

참된 질서는 선의와 덕목을 인정하는 데 기초한다. 앵똘레랑스가 신성시하며 지키려는 질서는 오류와 은폐의 원칙에 기초를 두는데, 또한 탄압받는 사람들에 대해 시민들이 심정적으로 합류하는 데서 오는 가치화를 반대자들에게—그들이 옳건 그르건— 부여하기도 한다. 그밖에 앵똘레랑스한 권력은 여러 종류의 희생자들을 결집시키는데, 이 희생자들은 권위의 탄압에 대항하는 공익이 아니더라도 공익에 대해 나름의 생각을 밝힌 사람들이다.[61] 이와 반대로 똘레랑스는 올바른 질서 유지를 보장하는 선의의 경쟁력을 조장한다. 바일은(그리고 몽테스키외의 위스베크도[62]) 사고가 자유로우면 각자는 그의 진리를 진리로서 제시하기를 바라고 또 마음속으로 이웃보다 더 엄격하게 준수하겠다고 다짐하면서 신앙심, 선행, 학문, 조국애를 겨루게 된다고 말했다.[63] 1714년에 콜린즈는 그의 《사상의 자유에 관한 강론》에서 똑같은 논증을 발표했다. 똘레랑스는 간악한 자들이 유행하는 '사교邪教'에 대한 복종을 주저 없이 빙자하는 것을 못하게 한다. 그들은 그들의 사교가 모든 덕목을 면제해 준다고 믿는다. 또 똘레랑스는 자유롭게 사고하면서 오직 개인적인 자질을 통해서만 자신의 진가를 발휘하는 사람을 돋보이게 한다. 그밖에 인간은 성찰에 전념하게 되면,—하느님은 어떤 일에 전념하는지 알고 있다!— 나태함 특유의, 그리고 공공질서에 매우 해로운 "사악한 습관과 흥분으로부터" 스스로 멀어진다.[64]

스피노자와 바일은 똘레랑스가 보다 깊이 있게 각자의 사고와 행동을 이성에 따르도록 한다고 생각했다. 모든 두려움과 모든 증오로부터 해방된 인간은 폭력, "분노, 계략"[65]으로부터 자신을 보호해 주는 내면의 질서를 마음속에 세울 수 있다. 견해의 자유는 아무것이나 할 수 있는 면허장이 아니다. (교황의 회칙 《미라리 보스》[66]가 주장하게 되듯이) 견해의 자유는 사회의 질서를 파괴하는 게 아니라 사회 질서를 이성에 맡김으로써 그 질서를 강화시키자는 것이다.

이 사상은 여론이 주권을 행사하는 인민의 소리라고 할 때 특히 중요성을 갖는다. 만일 합법적 권력이 모든 사람들의 의지의 결과라고 한다면, 사상의 표현과 자유로운 대결은 제도의 기본 요소가 된다. 민주주의를 목전에 두고 삼부회의7를 준비했을 때, 국가 검열은 도저히 해결할 수 없는 모순 앞에 직면했다. "어떻게 프랑스인들에게 청원서를 문서로 제출하고 대표자들을 중개자로 하여 의견을 제시하도록 요구하면서, 동시에 그들이 자신의 생각을 표현하는 것을 금지할 수 있다는 것인가?"[67] 만일 국가의 이익이 무엇인지 밝히기 위해서 토론이 필요하다는 것을 인정한다면, 검열은 그 모든 타당성을 상실한다. 말제르브 자신도 "언론의 자유가 없다면 국민공회는 믿을 수 없는 대표에 불과하다"[68]고 기록하였다. 미라보는 일반회의의 대표 앞에서 "모든 것에 관해 결정하려면 모든 것을 알아야 한다면서 (…) 만일 모든 사람의 의견을 듣지 않는다면, 당신들은 어떻게 전부 알 수 있다는 것인가"[69]라고 물었다.

똘레랑스는 인민들의 의지가 무엇인지 알게 해준다. 또 똘레랑스는 논증의 대결 덕분으로 이성에 따라 공익을 정리할 수 있는 수단이기도 하다. 모를레 신부에게 저작과 출판의 자유는 행정을 완벽하게 하는

---

7 프랑스 대혁명 직전에 루이 16세가 소집한 일반회의.

필수적 조건이다. 참된 여론을[70] 형성시키는 것이 바로 이 자유이며, 이성에 일치하고 모든 사람의 이성에 기초한 것이다.[71] 정당한 권력은 이성의 행사를 두려워할 이유가 전혀 없다. 오히려 이성의 행사는 권력을 강화시키고 안정케 한다.[72] 공화주의자 부드빌은 1912년에 공익을 드러내는 조건으로 똘레랑스를 보았다. "견해에 대한 완전한 자유가 없다면 집단적 경험은 성립될 수 없으며 집단적 이성도 행사될 수 없다." "공화국과 견해에 대한 똘레랑스는 (…) 분리될 수 없는 두 개의 개념"이며, 후자는 "사회의 공화국 조직을 위해 필수적 조건"이다.[73]

루소와 그의 제자들 그리고 19세기 표현의 자유 옹호자들은 16세기 기독교도의 통일 지지자들과 적어도 하나의 확신을 공유했다. 즉, 인간은 똑같이 생각할 때만 진정으로 단결한다는 것이다. 그래서 참된 사회 질서는 모든 사람을 하나의 진리에 재집결시키는 데에 있다. 비종교적 이상도 마찬가지다. 사람들을 집결시키는 진리에 도달케 하는 하나의 수단이라는 점에서, 똘레랑스는 비종교적 이상에 속하는 하나의 기본 요소가 된다. "만일 진리가 보편적이고 우리 모두가 동일한 진리를 발견할 수 있다면, 여러 사상 사이의 자유로운 상호침투는 우리로 하여금 생각과 마음을 통해 조금씩 서로에게 접근할 수 있게 한다. (…) 확신은 적절하면서 친밀한 방식으로 밝혀진 진리에 우리의 사고를 일치시키며, 확신을 공유하는 사람들을 마음속 깊이, 그리고 활기찬 방식으로 단결시킨다."[74]

사상의 자유는 공통된 동기를 구성하는 데 도움이 될 수 있는가? 자유주의 사조는 중대한 뉘앙스를 불러왔다. 이 사조에 따르면, 언론의 자유와 입장 사이의 대결, 그리고 상호간의 이의 제기가 "논쟁을 통하여" 의견을 조정하고 또 토론의 장에서 의견을 형성한다.[75] 하지만 이 사상의 '자유 시장'은 정확히 말해서 이성에 따라 지시된 유일사상ㅡ이 유일사상은 이념 공동체를 확고부동하게 할 터인데ㅡ을 만들지는 않는다.[8] 사상의 자유 시장은 스스로 깨달은 개인들의 의견을 형성하게 하고, 그에 따른 토론에 관한 취미와 습관이 다양성의 평화적 질서를 보장한다. 정치적 안정에 관해 말하자면, 모든 사람이 오직 자신의 사상만을 옹호하므로 공정한 정부는 개인의 견해가 형성되도록 놔두기만 하면 항상 정치적 안정의 옹호자들을 만나게 된다.[76] 그러므로 자유주의자들에게 똘레랑스가 공공질서를 구성하는 것은 "서로를 풍요롭게 하는"[77] 사상의 번성에 익숙케 한다는 데 있다.

똘레랑스, 진보의 도구

계몽주의 사상가들은 인간을 이성과 지식을 통해 진보하는 존재로 보았다. 그러므로 권력이 맡은 임무는 욕망과 죄악의 혼란에 대한 투쟁에만 있는 게 아니라, '모든 유형의' 인간 정신이 비약적으로 발전하도록 노력해야 한다. 18세기 중반에 똘레랑스는 지식을 일으키는 수단이 되었고,[78] 따라서 진보와 인민의 행복을 위한 도구가 되었다.

---

8 저자와의 대화를 통해 확인한 바에 따르면, 가령 경제학은 상품 가격이 자유로운 시장에서 경쟁을 통해 유일가격이 형성된다고 말한다. 그러나 사상은 아무리 상호 침투하여도 유일사상이 형성되지 않는다는 뜻.

스피노자는 이 점에서 선구자였다. 그는 '과학과 예술의 진보'가 보복당할 걱정 없이 탐구할 수 있는 가능성에 달려 있다고 보았다. 따라서 자유는 필수적 요건이다. 1세기 뒤에 내종은 크렐을 완전히 의역하여 앵똘레랑스란 "정신에 공포를 퍼뜨리고 (…) 학문을 공격하고 (…) 산업 의욕을 꺾고 (…) 재능에 대해 끊임없이 채찍을 드는 것"[79]이라고 썼다. 헬베티우스는 모든 사상이 표현될 수 있어야 한다고 강조했다. "'생각하는 인간'에게 이 자유가 없다면 국가는 '훌륭한 장관들을 배출'하지 못할 것이다."[80] 말제르브도 공익을 내세우며, 모든 영역에서 지식의 시야가 열리고 있는 시대에 "모든 시민의 지혜"[81]가 필요하다고 주장했다.

19세기에 존 스튜어트 밀도 이 사상을 채택하여 두려움이 있으면 창조적 정신들로 하여금 위험스럽게 드러날 수 있는 물음들을 외면케 한다고 주장했다.[82] 사상의 자유를 구속하면 오직 대담하고 창의력 있는 사람들의 전진만을 가로막을 뿐이다. "진보를 가져오는 영구적이며 마르지 않는 유일한 샘이 곧 자유이니, 이 자유 덕분으로 개인의 숫자만큼 수많은 독립적인 진보의 발생지들이 있을 수 있기 때문이다." "끊임없이 새롭게 하는 독창성은" 진리를 밝히고 새로운 경험을 생산하면서 사회가 퇴보하지 않도록 한다. 모든 사람들에게 자신의 의사를 표현하도록 허가하면, 간혹 상식의 흐름에 어긋나고 기존의 모든 진리에 반대하는 일도 일어나지만 지상의 소금, 즉 아주 진귀한 "독창적 인간들"을 보존케 한다.[83] "좋은 것들은 모두 독창성의 산물이므로" 사회가 여론 속에서 자기만족에 빠지지 않도록, 그리고 관습에 일치하지 않는 모든 것을 거부하지 않도록 전력을 기울여야 한다. 그러한 점에서 밀은 여론의 패권이 권력의 폭정과 마찬가지로 해롭다고 이해했다.[84] 여론은 모든 것을 평탄하게 하고 기준에서 벗어나는 모든 것을 거부하는 경향이 있기 때문에 사상에 대한 똘레랑스가—모든 사상에 대한 똘레랑스가— 교육의 자유와 똑같이 절대적이며 모든 인간이 "동일한 틀에 의해 주조"[85]되지 않도록 보장하는 규칙이 되어야 한다. 부차적인 방식이지만, 1912년에 언론 자유를 옹호한 부드빌도 똑같이 논증하였다. 즉, "모든 진보의 원칙"은 개인의 사고에 있으며, 따라서 사회는 엄청나게 "다양한 소질"을 가진 각 개인이 "모든 지혜와 함께 서로 협조"[86]하도록 해야 한다는 것이다.

공통된 목적이 존재한다고 믿을 필요는 아예 없다. 프리드리히 폰 하이에크—현대 자유주의의 대단한 인물 중의 한 사람인—가 생각하듯이, 사람들이 공유하는 유일한 이상은 각자가 자신의 목적에 도달할 수 있도록 주어진 자유뿐이며, 따라서 사상에 대한 똘레랑스가 필수적이다. 개인적 탐색 과정에서 다른 사람의 지식을 이용할 수 있어야 하기 때문이다. 공통된 것이라고 말하는 지식은 실제 어디에도 모아져 있지 않다. 분산되어 있는 공통의 유산에 형체를 주는 것은 모든 사상의 자유로운 유통이다. 또 각 개인이 자신의 목적을 향해 나아가도록 허용해 주는 것도 이 유통이다. "개인들이 그들이 자유를 어떻게 활용할지 우리가 모르는 바로 그 이유 때문에, 그들에게 자유를 누리도록 하는 게 아주 중요하다. (…) 자유를 이렇게 이해하게 되면, 이 자유를 모든 사람들에게 허용함으로써만 자유를 활용할 미지의 사람에게도 자유를 보장할 수 있는 것이다."[87]

이 똘레랑스는 더 이상 계몽주의 시대의 사람들이 요구했던 표현의 자유에만 국한되지 않는다. 달랑베르가 이미 "위대한 일을 하도록 해주는"[88] 유일한 것으로 사상과 행동의 자유를 언급했던 게 사실이긴 하다. 실험 과학의 발전과 더불어 행동의 자유는 공동의 지식을 구성하는 데 있어서 기본 요소가 되었다. 하이에크는, 이를테면 클로드 베르나르가 중요시했던 실험적 변증법에서 교훈을 얻었다. 그래서 그는 새로운 사상이 이성적 사고와 행동 사이의 상호작용에서 탄생한다고 지적했다. "행동의 자유는 아주 평범한 분야에서일지라도 사고의 자유만큼 귀중한 것이다."[89] 그러므로 각 개인이 자신의 사상을 실제에 적용시키는 가능성은, 그 실험이 남의 이익이라는 아주 고전적인 경계선을 넘어 피해를 입히지 않는다면 그 가능성을 각 개인에게 맡겨야 한다.

이처럼 스피노자에서부터 계몽주의 철학자와 존 스튜어트 밀을 거쳐 하이에크에 이르기까지 자유에 관한 도구적 개념이 개진되었다. 이 개념은 적어도 정치적 사용을 위해 논증하던 시기에는 그 자체의 가치로서가 아니라 집단적이거나 개인적인 진보의 수단으로 주어졌다. 콩도르세나 존 스튜어트 밀의 견해에 따르면 인간에게 대화, 즉 표현의 자유를 이용할 능력이 없다면 "(그들에겐) 맹목적 복종 이외에 다른 아무것도 없다."[90] 똘레랑스의 적절성은 인민의 이성의 수준에 달려 있고, 따라서 자유를 잘 이용할 줄 모르는 '미개인'들에게는 단지 단호함만이 적용될 수 있다.

그렇지만 하이에크에게 똘레랑스의 유일한 목적은 각 개인에게 그 자신의 목적을 선택할 권리를 제공하는 것이다. 경제학자 하이에크는 여기서 불확정의 원칙, 즉 각자가 행위의 원인이나 목표를 정당화할 필요는 없고 다만 남의 자유에 미친 결과에 대하여만 정당화하는, 그러한 행동의 가능성을 옹호하는 것이다. 그런데 하이에크에 따르면, 똘레랑은 모든 사람의 자유가 내 자유를 보장한다고 생각하는 사람이다. 다른 경기자들의 자유는 각자가 개인적 목표를 달성할 기회를 다시 제공한다.[91] 주사위는 또다시 던져질 수 있어야 하는데, 왜냐하면 그 주사위가 나에게 유리하게 구를 것이기 때문이다. 이것이 모든 사람의 이익을 위한, 각자의 목표 속에 고립된. 모두 사람의 이익을 위한다는 이름으로서의 똘레랑스의 마지막 변신이다.

진리의 승리를 위하여

"영혼에게 다른 것은 없어도 되지만 하느님 말씀만은 필수적이다.
(…) 하느님 말씀이 없으면 그 무엇도 영혼이 살아 숨 쉬도록 도와줄
수 없다."[1] 하느님 말씀만이 승리하도록 하기 위하여, 성서 이외의 것
을 말하는 자를 침묵시키기 위하여, 그리고 인민들이 진리를 경청하도
록 강제하기 위하여 세속의 권력은 모든 것을 실천해야만 한다. 그러
므로 세속의 권력이 폭력 행사를 그만둘 수 있는 경우란 다만 폭력이
진실한 신앙의 승리에 장애물로 나타날 때뿐이다. 적어도 이점에서 루
터의 입장은 기독교도 전체의 입장을 반영한 것이었다.

지상의 선에만 전념하는 자들도 진리가 행복으로 이끈다는 것을 의
심하지 않았다. 그런데 한편—루소가 이 사실을 우리에게 가르쳐주었
는데— 사람들에게 진리임을 인정케 하는 것은 바로 행복을 통해서이
다. 예컨대 헬베티우스에게 진리의 적은 "공익의 적 자체"[2]이며, 바로
그렇기 때문에 군주는 국민에게 진리를 제공해야 한다.

따라서 공포 정치는 '속된' 진리에 의해서도, 또 신비적 진리에 의해서도 실행되었다. 똘레랑스도 마찬가지였다. 진리를 위한 "엄격함에 대한 자발적인 순응",[3] 즉 '겸양sygkatabasis'은 틀림없이 진리가 단번에 드러나지 않으므로 곧바로 접근 가능한 것으로 인지되지 않고 개별적이고 집단적인 인간의 역사 속에서 인간 정신의 진보의 귀결로써 인지됨을 전제한 것이다.

계몽주의 시대에 승리한 이 사상은 특히 구약성서와 신약성서 사이의 대립에 관한 성찰을 통해 일찍이 주장되었다. 구약성서가 종종 잔인한 법을 인정하고 있는 한편, 신약성서는 사랑의 법을 말하고 있다. 그렇지만 양쪽 모두 유일한 진리의 발현이라는 점에서는 같다. 분명한 이 모순은 신성의 베일을 벗기는 데 있어서 하나의 진전 과정을 암시하고 있다. 즉, 카스텔리옹은 그의 〈대화론〉에서 "학생의 자연적 발전에 따라 여러 단계의 교육이 있는 것과 동일하게 인류에게도 여러 단계의 신성 교육이 있다"[4]라고 썼다. 구약성서는 율법의 시대에 해당한다. 그 시기에 하느님은 "아버지가 어린 자식에게 대하듯이 간단하고 기본적인 것만 요구"한다. 성자의 시대는 "복음서를 통해 청소년을 가르치고 성령의 시대는 (…) 성인의 완벽해진 영감을 통해 그들을 지도한다." 율법, 복음서와 성령에 나타나는 것이 바로 인류의 영적 발전 단계에 적응시킨 하느님의 성령 자체인 것이다. 바일에 따르면, ─여기서는 스피노자와 가까운데─ 구약성서는 그 구체적인 계명에 의거하여 인류의 유아기에 말한 것이다.[5] 복음서는 이성적인 어른을 위해 정해진 것이다. 그리스도의 갱생은 장구한 세월을 아랑곳하지 않은 무한한 인내심의 최상의 발현이었다.

인간의 이성 안에 작용해야 하는 교육자가 시간과 은밀하게 맺은 결합,[6] 이것이 에라스무스, 카스텔리옹이나 크렐에게 똘레랑스였다. 또한 1960년대 초반에 제2차 바티칸 공의회를 주도한 사람들에게도 마찬가지였다. 즉, 진리에의 접근은 "의사소통과 대화를 요구하고 (…) 시간을, 상당히 오랜 시간을 필요로 한다."[7] 똘레랑은 바로 인내심을 통해서 진리가 승리하도록 하는 참을성 있는 개종자이다.

공익에 관심을 두는 사람들은 똘레랑스가 진리의 수단이 된다는 것도 발견했다. 모를레에게 인민의 행복은 그들이 참된 원칙에 얼마나 접근했는가에 정확히 비례하여 증가하는 것이며, 이 원칙은 언젠가는 기어이 발견될 수 있으므로 끈질기게 추구해야 한다.[8] 그레구아르 신부 또한 시간을 두고 끝내 개종시키겠다는 사람이었다.[9] 유대인들에 대한 그의 태도는 그런 면을 잘 보여준다. 즉, 유대인들의 몽매주의를 한동안 똘레랑스하자는 것은 그들의 이해력을 진실 쪽으로 향하게 하자는 희망을 품고서이다.[10] 그들의 '어리석은 소신'에 양보하자는 것이 아니라, 그들의 어리석은 소신을 생명의 필연성, 사람들, 그리고 사상과 만나게 함으로써, 즉 그들의 정의라는 것을 불로 비추어서 판단할 수 있도록 대면시킴으로써 그 어리석은 소신을 없애자는 것이다. 그러면 유대인들은 그들의 편견으로부터 벗어나 "우리"의 사상에 따르게 되고 "우리들이 사고하고 행동하는 방식, 우리의 법, 우리의 관례, 그리고 우리의 풍속을 채택하게 된다"[11]는 것이다.

그레구아르와 루소에게 있어서 차이란 차이 그대로 인정하자는 게 아니다. 궁극적으로는 진리가 승리함에 따라 차이를 없애자는 것인데, 이것은 '사회적으로 유익'하려면 더욱 절대적이다. 오늘날도 계속 상대론의 영향을 받은 외형상의 똘레랑스에도 불구하고 수많은 목소리들은 언론의 자유가 절대로 필요한 까닭은 모든 주장들이 가치가 있다거나 모든 것이 불확정적이라거나 또는 진리가 무수히 많기 때문이아니라 찾아내야 할 하나의 진리가 존재하기 때문임을 상기시킨다.

마르쿠제에게 "똘레랑스의 목표는 진리이다."[12] 배링턴 무어는 "과학적이기를 바라는 모든 참된 똘레랑스 개념은 하나의 이념의 진실성을 시험하는 데 사용되는 수단들의 개선과 발전을 추구한다"[13]라고 썼다. 그러므로 똘레랑스는 진리로 이끄는 단계로써만 받아들여질 수 있다.[14] 즉, 진리는 똘레랑스의 "유일한 참조점이자 계류 지점"[15]이다.

강제는 진리를 방해한다

인간의 힘으로는 영혼에 아무것도 할 수 없다

양심에서 자유를 빼앗을 수 있는가? 본래 자유로운 것에 명령을 내릴 수 있다는 것인가?—크렐은 이렇게 물었다.[16] 똘레랑이란 우선 정신에 영향을 미치는 행위를 삼가는 것을 말한다. 왜냐하면 정신에 대한 강제란 불가능한 일이기 때문이다. 스피노자는 사람들이 방탕, 갈망, 탐욕, 음주벽을 견디는 것은 그것들을 없앨 수 없기 때문이라고 지적했다. 인간의 마음속에서 행해지는 판단 또한 "거부될 수 있는 게 아니다."[17] 마찬가지로 로크는 "어떤 인간도 자신의 견해를 포기하거나 반대 의견에 따르도록 강제될 수 없다면" "인간의 정신을 바꾼다"[18]

고 주장하는 것은 헛된 일이라고 했다. 펜롱과 튀르고는 "그 어떤 인간의 힘도 마음의 자유라는 침투 불가능한 참호를 부술 수 없다"[19]고 확언했다. 양심이 자유로워야 한다고 주장하는 것은 어리석은 일이다. 왜냐하면 그것은 이미 자유로운 것이기 때문이다. 모를레 신부는 헌법제정의회가, 그리고 그뒤 콩방시옹[1]이 양심의 자유를 엄숙하게 선포했을 때 "콩방시옹의 권력도 결코 양심의 영역까지는 이르지 못할 것"이라고 비웃었다. 이어서 과장되고 조롱하는 어조로 "콩방시옹은 어떤 인간의 힘도 할 수 없는 일을, 사형 집행인의 힘조차도 할 수 없는 일을 하지 못할 것"[20]이라고 빈정거렸다. 1901년에 이 사상은 다시 개진되었다. "그대는 적들의 귓속에 납물을 부어넣을 수는 있으나 그들의 정신에 사상을 실제로 집어넣지는 못할 것이다."[21]

사고가 자유롭게 접근할 수 있을 때에만 진리를 서로 나눌 수 있다. 그 점에서 강제는 자격을 잃게 되는데 정신의 자유를 공경하는 것보다 강제가 비효율적이기 때문이다. 강제는 그 힘이 유용하게 행사될 수 있을 때 정당화된다. 그래서 종교개혁파는 양심이 강제에 의해 접근할 수 없다는 사실을 내내 강조하면서도, 군주에겐 인민들이 하느님의 말씀을 듣도록 물리적으로 강요할 것을 권장했다. 강제는 육체에 대하여 효율적이기 때문에 진리를 목적으로 육체를 구속하겠다는 것이다. 똑같은 이유로, 1790년 1월 28일 헌법제정의회가 모를레의 조소 아래 양심의 자유를 선포했는데, 그 6개월 뒤에는 국민공회가 된 이 제정의회가 성직자에 대한 세속 헌법을 통과시킴으로써 종교의 모든 외부적 의

---

1 1792년에 소집된 프랑스의 국민공회.

 민주주의의 무기, 똘레랑스

사 표현에 대한 통제를 확인했다.

유대인들을 '광명'으로 이끌겠다는 계획에서 그레구아르 신부는 똑같은 행보를 밟았다. 그는 이미 공인된 방식에 따라 "인간의 물리적 힘으로는 영혼에 대해 아무것도 할 수 없다"고 지적하면서 직접 정신에 적용시키는 강제와 연관시켰다. 그렇지만 그가 모든 강제 수단을 포기한 것은 아니었고 강제가 효율적인 곳, 즉 행위와 습관에 대하여는 이 수단을 사용하도록 했다. 즉, 유대인들에게 이런저런 것을 생각하도록 강요하자는 게 아니라 이런저런 것을 행하도록 강요하자는 것이다. 그레구아르는 '귀찮게 하다' '강요하다' '복종하다' '반대하다' 라는 표현을 쓰는데 주저하지 않았다.[22] 사람들이 그와 같은 태도의 정당성에 대해 반박하면 그는 즉시 진리가 요구하는 것이라고 상기시켰다. 이성의 진보를 위해 국가는 비효율적인 강제를 포기해야 하지만 결코 열매를 맺는 강제를 포기해서는 안 된다는 것이다. "나는 [유대인들]에게 몇몇 연설을 듣도록 강제해야 한다고 믿는다. 그것은 인류의 제 권리에 반대되는 것이 아니다. 그렇지 않다고 생각한다면, 그대는 나에게 국가가 신민들이 광명을 얻도록 그들에게 강요할 수 없는 이유를 밝혀 보시라."[23]

똘레랑스의 공리주의자들에게 정신에 대한 강제는 강제로 인식되고, 따라서 비효율적이기 때문에 금지해야 하는 것이다. 그렇지만 권력은 오직 신체만을 구속할 뿐이므로, 정신에는 자유의 감정을 남겨주면서 정신을 지도할 수 있는 교육을 통해 양심에 도달하도록 하는 것을 포기해서는 안 된다. 인간은 "그 대부분이 상황의 결과물"[24]이기 때문에 교육은 의견을 일치시키는 데에 적절한 상황을 창조하는 예술의 성질을 띠고 있다. 루소에 의하면, "영혼들에게 국가적인 힘을 불어 넣어주고 국민의 견해와 취향을 지도함으로써 공손, 정열, 필요에 의해 애국적이 되도록 하는 것"[25]이 교육이며, 또 국민에게 "사회가 바라는 것 이외에는 결코 바라지 않도록"[26] 가르치는 것도 교육이다.

똑같이 그레구아르 신부도 "교육을 바로 잡음"으로써 "마음을 바로 잡기"를 분명히 요구했다. 똘레랑스가 주는 자유는 여기서는 그 자체로 가치가 없다. 그레구아르 신부가 보존하기를 바란 것은 정신을 동참시키는 데 있어서 필수불가결한 조건인 양심의 자유에 대한 감각이었다. 그 이외의 것에 대하여는 합법적이기만 하다면 강제권이 체계화되고, 또 검토되어야 한다고 보았다. 강제권은 미풍양속을 위해 적용되어야 한다. 그래서 유대인들에게는 특정의 직업에 종사하지 못하게 하고 영혼을 육성시키는 다른 직업에 종사하도록 강제해야 한다. 또 주민들 속으로 분산되도록 주택 할당제를 준수케 하고, 그들의 집을 스스로 건설하도록 하고, 그들의 피복을 스스로 만들게 하고, 교육 받도록 해야 한다. 유대교도 집회소의 박사들로부터 아이들을 끌어내 강제로 학교에 다니게 해야 한다. 그리하여 "방금 태어난 세대의 마음을 사로잡읍시다. (오! 정의의 성자여!)" 이를 조건으로 유대인들이 그들의 양심에 반하여 사고하도록 강제하지 않을 것이다. 정신이 직접적이면서 명백하게 구속받지 않는 순간부터 정신이 따를 것이다. 요컨대 관련자들이 "앵똘레랑스라고 아우성치지 않도록 하는 데에"[27] 있다.

이 얼마나 강력한 똘레랑스이고 인내성 있는 앵똘레랑스인가! 루소를 본받아 그레구아르는 어떤 인간에게 우리가 바라는 대로 사고하도록 만드는 것이 가능하다고 주장했다. 위대한 말씀들이 있기 이전에 헬베티우스는 알고 있었다. "인간은 결국 널리 공개하도록 강요하는 견해를 끝내 믿게 된다. 논증이 못하는 것을 힘이 집행한다."[28] 사람들은 이 충고를 잊지 않았다. 좋은 일이든 나쁜 일이든, 즉 쥘 페리의 학교든 재교육 수용소나 집단 순화 교육장이든 똑같이 이 말을 따른 것이다. 폴랭은 오늘날 우리가 "선전이 양심을 마음대로 움직일 수 있는 데에 아주 효율적이고 또한 그런 능력을 가지고 있다는 것을 알고 있다"[29]고 지적했다. 따라서 우리들 양심의 자유에 폭력을 행사하는 서투른 강제는 이미 낡아빠진 것으로 보인다. 우리가 똘레랑스를 주장하는 이유 중의 하나는 진리를 설득하기 위해 보다 더 효율적인 수단을 지니고 있다고 생각하기 때문이 아닌가?

강제는 정신을 혼란에 빠뜨린다

폭력은 무익할 뿐만 아니라 진리의 대의를 훼손시킨다. 에라스무스, 모어, 카스텔리옹이나 16세기의 '정치가들'이 사람들의 오류를 똘레랑스하려 했던 것은 이 확증에 비추어서였다.

우리는 다음 논증, 즉 무질서와 혼란, 그리고 두려움과 보존 본능이 인간의 이해력을 흐리게 하고 또 진리를 걱정하는 연약한 마음을 어둡게 한다는 것에 대해 이미 구원의 시각 아래에서 언급한 바 있다. 에라스무스에서 계몽기까지 평화를 추구하는 것은 진리의 탐구를 포기하는 게 아니라 오히려 영혼을 진정시킴으로써 진리가 떠오르도록 하는 것이라는 확신이 표명되었다. 토마스 모어의 유토푸스가 왕국을 평정하고 싶어한 까닭은 평화가 없는 곳에선 오류가 강화되기 때문이다. "논란이 폭력적이고 공격적이 되면, (…) 덜 착한 자들이 가장 고집 센

자들인 것과 마찬가지로, 우량 씨앗이 가시 돋친 가지와 가시덤불 속에 있는 것처럼 가장 훌륭하고 성스러운 종교가 어리석음을 다투는 미신에 의해 질식될 처지에 놓일 가능성이 아주 크다."[30] 튀랭 주의 종교개혁자 주스투스 메니우스가 1538년에 질서 유지의 필요성을 강조했던 것은 폭력이 사람들을 진리로 이끌지 않고 하느님에 대한 모독과 이웃에 대한 증오로 인도한다고 보았기 때문이다. 그는 악마란 "거짓말쟁이인 동시에 살인자"[31]라고 썼다. 강제나 차별이 있는 한 진리는 인간의 정신에 별 영향을 미치지 못한다. 왜냐하면 이해관계가 진리와 경쟁을 하게 되기 때문이다. 사실상 인간이 자발적으로 진리 쪽을 향하는지는 분명치 않다. 진리가 행복에 연결되어 있을 때, 오류로부터 진리를 구분해 내는 것은 쉽지 않다. 바나주 드 보발은 가톨릭교도들이 그들의 종교인 가톨릭교, 즉 가장 힘센 자, 가장 부유한 자, 가장 행복한 자의 가톨릭교, 그 무엇보다도 평온함과 행복을 보장하는 가톨릭교에 보내는 애착의 성질에 대해 의문을 표명하였다.[32] 그 다음 세기에 튀르고는 인간이 진리에 대하여 판단을 내릴 수 있다고 확신했지만, "그들의 영혼 속에 부에 대한 희망, 재산, 명예, 생명을 잃지 않을까 하는 두려움 등 가장 강력한 이해관계들을 진리의 제국에 대립시키기만 하면" 인간은 진리를 판단할 능력을 상실한다고 주장했다.[33] 이 관점에서 보면, 앵똘레랑스는―그것이 실로 진리가 승리하도록 추구한다고 하더라도― 목표 달성에 실패하는데, 왜냐하면 박해당하는 자를 더 명석하게 하지 못하기 때문이다. 이봉 신부는 "열정으로 빚어진 망원경 속에서 진리를 보여준다는 식으로 진리를 인식시키겠다는 것과 같은 웃기는 방식"이라고 한 술 더 떠서 표현했고, "양쪽의 동기들을 비교하기 위하여, 그리고 그것을 그 자체로 살펴보기 위하여 나는 내 열정의 침묵과 내 이성의 평화로운 빛이 필요하다"[34]고 말했다. 또한 강제와 유혹을 동일한 면 위에 놓아야 한다.[35] 인간에게 특정 편에 가담하기만 하면 행복한 결과를 얻을 수 있다고 유혹하는 것은 그들의 정신을 눈멀게 한다.

그렇지만 똘레랑스 역시 그 옹호자들에 의해 하나의 참된 유혹의 수단으로 제시되었다. 똘레랑스가 평화를 제공함에 따라, 똘레랑스는 진리를 실행하는 사람들의 진리에 이바지한다. 왜냐하면 그들은 진리가 친절하도록 노력하기 때문이다.[36] 진리의 주창자들은 그들이 갖고 있는 진리를 다른 사람에게 인식시키려면 사랑받아야만 하고,[37] 나쁜 태도를 가져서는 불가능하다고 콩도르세는 주장하였다. 그레구아르도 진리를 유대인들의 안락과 만족에 일치시킴으로써 그들에게 진리가 친절하게 접근하기를 바랐다. 그의 개종 의지는 수단의 효율성에만 신경을 썼을 뿐, 수단의 질에는 거의 신경을 쓰지 않았다. 나중에 블루아 주교가 될 사람은 진정한 삶이 호의, 존경, 이해관계에만 한정된다고 생각지 않았지만, 거기에서 무엇보다도 '미끼'를 보았다. '성향'을 이용하고 즐거움이나 고통 완화를 생각하게 함으로써 유혹하자는 것이다. 유대인들이 "어리석은 견해, 이질적인 습관들을 보존하려면 끊임없이 교육, 확증, 권위, 기쁨, 모범, 조소, 욕구와 대항하여 투쟁해야만"[38] 하는 상황에 놓이도록 해야 한다. 흡사 고문 받는 자가 이해관계와 합류하는 진리에 복종함으로써 '이성적인 자세'를 취할 때와 똑같이 이 프로그램에서 승리하는 것은 '이성'인 바, 왜냐하면 그의 복종이 그의 고통을 종식시키기 때문이다. 우리는 이봉 신부가 박해하는 자들에게 반박했던 말을 그레구아르라는 사람에게 속삭일 수 있을 것이다. "그러므로 우리는 이성이 홀로 행동하기를 (…) 바라지 않는다. 우리는 세속의 이해관계가 이성에 합류하기를 바란다."[39] 실제 그레구아르의 입장은 세속의 앵똘레랑스를 대단히 옹호했던 카베락이라는 사람의 입장과 결코 다르지 않은데, 카베락은 양심을 유혹하지 못한다는 논지에 반대했다. "희망을 통해서나 두려움을 통해서나 (…) 배회하는 자들을 끌어들이는 것은 가능하다."[40]

(그레구아르에 관해) 내가 너무 지나치게 말했는지 모르겠다. 그레구아르는 모든 즐거움에서 벗어난 주민에 대해 언급했다. 그가 제의하는 것은 주민에게 모든 사람의 행복을 공유하게 하는 것이며, 그래서 그들을 진리로 개종시키자는 것이다. 진리가 주는 즐거움이라는 견지 아래에서 진리가 사랑받도록 친절하게 하자는 것은, 이 루소의 제자가 유익함이 틀림없이 진리로 인도한다고 믿었기 때문이다. 더욱 좋은 것은 유익함과 진리가 마음을 유혹하려는 속임수가 없다고 할 만큼 혼합되어 있는 것이다. 그레구아르는 진리가 참된 모습으로서의 진리, 즉 사랑스러운 열매들의 적나라한 모습으로 제시되기를 바랐다. 진리는 유혹하려고 할 때에도 그것의 자연스러운 매력만을 사용한다는 것이다.

반대로 오류는 일정 부분 고뇌와 연결되어 있다. 이 확신이 고민 상태에 있던 루터[41]를 위로했다. 즉, 어떤 사람이 박해받는 순간부터(삼단논법 상에 결함이 있지만 그래도 상관 없다.) 그는 진리 안에 있는 것으로 간주된다. 에라스무스는 1524년에 이렇게 확언했다. "브뤼셀에서 두 명의 죄인을 화형에 처했는데, 그러자 도시 전체가 루터에게 우호

적인 자세를 보이기 시작했다."-⁴²

앵똘레랑스는 하느님의 참된 전도자들에게만 약속된 순교자의 왕관을 잘못 생각하는 자에게 수여한다. 왜냐하면 대부분의 사람들은 파스칼을 따라서 참수되는 증인들을 믿는 경향이 있기 때문이다. 더욱이 잘못을 저지른 자들에게 박해를 가하면 박해자는 잘못을 저지른 자를 그렇지 않은 자로 오인하게 하는 위험을 저질러서 보다 확실하게 진리를 증오하고 오류를 존중하게 한다고 바나주 드 보발은 강조했다.-⁴³ 볼테르가 생각했듯이, 효율적이려면 앵똘레랑스는 더욱 끔찍해져서 이단자들을 모두 죽일 수 있지 않은가?-⁴⁴ 그러나 이것 역시 헛수고이다. 왜냐하면 가장 확실하게 반대자들의 사상을 새 땅에 뿌리내리게 하는 것이 바로 그들의 죽음이기 때문이다. 콩도르세는 신교도들의 모임을 탄압함으로써 그들에게 순교자의 후광을 준다고 지적했다. "그들의 모임을 차라리 허락하라. 그것은 다만 웃음거리에 지나지 않게 될 것이다."-⁴⁵

글에 대한 검열에 관해 말하자면, 18세기에 예컨대 《피가로의 결혼》과 더불어 출판물이 대성공을 보게 되었는데, 오히려 검열이 출판물의 대성공을 이끈 원인일 수 있었다.-⁴⁶ 교훈은 항상 유효하다. 1996년 5월에 로제 가로디²가 게수법Gayssot Law에 저용되어 역시 사실에 대한 부정주의négationnisme의 죄로 기소되었을 때, 그런 방식은 진리의 대의에 오히려 역행하는 방향으로 나아간다는 발언들이 쏟아져 나왔다. 그

---

2 Roger Garaudy(1913~): 프랑스의 철학자. 유대인 학살에 대해 부분적인 부인 발언으로 기소됨.

방식은 "부정주의자들을 순교자처럼, 또는 적어도 박해받는 사람처럼 보이도록 한다"[47]는 것이다.

오류를 처벌하면 그 오류가 진리인 듯 인정될 위험이 있을 뿐만 아니라 진리 또한 진리의 이름으로 박해할 때 오류로 인정될 위험이 있다.[48] 참다운 하느님이 평화의 신이듯이 평화와 진리는 단지 하나이다. 앵똘레랑은 곤란한 신념을 지닌 인간이며 그의 마음이 편치 못한 것은 그가 진리를 저버렸음을 말하는 것이다. "성실한 목자는 문으로 들어온다"고 바나주 드 보발이 말했다. 진리도 마찬가지다. 진리가 문을 부순다면 오류로 인정받게 된다.[49] 강제를 사용하는 자는 그 행위 자체를 통해서 그가 옹호하는 대의가 인정되려면 힘이 필요하다는 것을 고백하는 것이다. 그는 "폭력으로 진실의 매력을 파괴한다."[50] 여기서 오래된 상투어를 다시 만나게 된다. 즉, 앵똘레랑스는 기독교를 이슬람교 수준으로 가치를 떨어뜨리는 바, 이봉 신부에 의하면 이슬람교는 "무력의 힘을 빌리는 힘 이외에는 아무 힘도 없는 사기 행위이다."[51]

똘레랑스와 진리가 함께 가듯이 앵똘레랑스와 거짓도 함께 간다. 루소는 이 점에 대해 드 보몽 대주교에게 편지를 썼다. 폭력이 성공하기 위해 유일하게 가진 수단이란 무서움에 떨게 하고 진실과 허위를 구분하는 인간의 이성을 마음속에서 무력하게 만드는 것이다. 바로 그 때문에 폭력은 오류의 도구이다. "예배 의식이 덜 이성적일수록 사람들은 더욱더 힘에 의하여 그 의식을 세우려고 노력한다."[52] 이 무기를 사용함으로써 우리는 진리에게 오류의 야한 옷을 입힌다. 강제 수단을 사용한다는 것은 우리가 지지하는 것을 확신하지 못하고 있다는 신호이다."[53]

진리는 그 자체의 무기로 싸워야 한다

진리가 가진 영원불멸의 힘

이 주제는 명백히 하느님의 능력에 관한 주제, 즉 하느님 뜻대로 하느님의 진리를 알리기 위해 인간의 개입을 필요로 하지 않는다는 주제를 연장한 것이다. 종교에 관한 똘레랑스의 옹호자들은 가말리엘이 산헤드린의 사도들에게 전도에 관하여 다음과 같이 조언했던 논지를 다시 가져왔다. "그래서 지금 내가 여러분에게 말씀 드리는 것은 이 사람들에게서 손을 떼고 그대로 내버려두자는 것입니다. 만일 이 사람들의 계획이나 행동이 사람의 생각에서 나온 것이라면 망할 것입니다. 그러나 하느님께로부터 온 것이라면 여러분은 그들을 없앨 수 없을 것입니다. 자칫하면 여러분이 하느님을 대적하는 자가 될지도 모릅니다."[54]

"미친 오만이로군!" 필리프 드 마르닉스의 "피비린내 나고 가시 돋친 권고"에 대한 응답에서 한 익명의 저자는 1598년경에 이렇게 썼다. "마치 하느님이 그의 영광을 유지하기 위해 인간들의 완력을 필요로 하는 것처럼 (…) 말하다니. (미친 오만이로군!) 불멸이면서 영원한 것은 인간의 보호를 필요로 하지 않는다. 그것은 흡사 한 마리 가련한 지렁이에게 전체 우주 창조자의 명예를 보호하도록 당부하는 것처럼 주인의 위치보다 높게 시종을 격상시키고 창조주 위에 피창조물을 격상시키는 것과 같다."[55]

하느님의 섭리는 본래 승리를 구가하게 마련인데 그런 짓은 정신 나간 위험한 짓이다. 진리는 학자들과 성실한 사람들까지도 필요로 하지 않는다고 바일은 주장하면서 용기병龍騎兵과 사형 집행인을 필요로 한다고 생각하는 것은 신앙에 대해 빈약한 사상을 가지고 있음을 보여주는 것일 뿐이라고 말했다.[56] 볼테르는 참된 종교의례를 방어한다면서 강제로 개입하는 것은 모두 하느님의 영광에 대한 모독이 된다는 논지를 다시 주장하였다. "성스러운 종교일수록 그만큼 인간의 지배를 덜 받는다. 만일 하느님이 종교를 만들었다면 하느님은 그대가 없어도 그것을 지탱시킬 것이다."[57]

하느님이 전지전능하다는 사상은 진리가 전지전능하다는 사상으로 손쉽게 넘어가게 된다. 이 전환은 토마스 모어의 유토푸스에서 이미 감지되고 있다. 비록 아직은 종교에 국한하고 있지만 말이다. 즉, 그에 따르면 진리는 "오류의 어둠 속에서 찬란하고 의기양양하게 스스로"[58] 빠져나오기 위하여 어떤 도움도 필요로 하지 않는다. 똑같이 신교도에 대한 탄압이 한창이던 1539년경에 카르펜트라스의 주교는 무기의 힘보다는 진리의 힘에 더 기대한다고 말했다.[59] 오베르 드 베르세도 17세기 말에 "요컨대 우리는 진리에 대항하여 아무것도 할 수 없으며 조금이라도 진리가 자유스럽게 행동하도록 놔두기만 하면 진리는 언제나 승리할 것이며 정신을 지배한다"[60]고 외쳤다.

태초로부터 하느님의 진리에 적용되었던 빛의 비유는 수식어 없는 진리로 그대로 옮겨졌다. 크렐은 17세기 초에 "진리가 좋은 정신에 슬기롭게 제시되기만 하면, 또 정신에 어떤 인상이든 거짓과 오류가 아닌 인상을 주기만 하면 그 좋은 정신 안에 스스로 끼어드는 것, 바로 이

것이 진리의 성격"이라고 지적했다. "진리는 태양처럼 그 자체로 빛나며 일부러 눈감지 않는 자들의 영혼을 황홀케 하는 광채를 퍼뜨린다. (…) 진리는 자체의 빛, 즉 경이로운 광채를 스스로 지니고 있다."[61] 어둠이 단지 빛이 없는 것에 불과한 것처럼 오류는 진리가 없는 것에 불과하다. 마치 낮이 밤을 사라지게 하듯이 오류를 더 이상 존재하지 못하게 하려면, 다만 진리가 나타나기만 하면 된다. 그래서 하느님이 인간에게 양심과 이성을 통해 요구하든 인간 이성이 스스로 진리를 깨우치든, 결국에 가서는 진리가 승리하는 것이다. "진리는 천천히 그러나 착오 없이 인간을 깨우친다"[62]고 볼테르는 말했다. 미라보는 "진리의 영원불멸한 힘을 누가 의심할 수 있다는 것인가? 경찰의 단속이나 (또는) 금지를 이겨내기 위하여 진리가 필요로 하는 것이 도대체 무엇인가?"[63]라고 물었다.

존 스튜어트 밀은 신학적 접근 방식을 전적으로 물려받은 이 확신에서 위험을 감지했다. 또한 그는 '달콤한 거짓말', 진리가 항시 승리한다고 믿는 '공허한 감상주의'를 경계했다. 탄압 또한 진리를 질식시킬 위험이 있다. 그래서 종교개혁 운동도 "루터 이전에 적어도 20차례나 일어났지만 모두 침묵으로 끝났다." 진리는 "지하 감옥과 장작더미[3] 위에서 오류를 거부할 수 있는, 자체의 권력"[64]을 갖지 않으므로 정확하게 적용된 강제권은 진리를 수세기 동안 침묵시킬 수 있다. 왜냐하면 인간의 마음은 진리라고 할지언정 오류보다 더 진리에 집착하는 것은 아니기 때문이다.

---

3 화형.

대부분의 똘레랑스 지지자들이 밀이 지적한 낙관론에 빠졌던 것은
아니다. 그렇지만 바나주나 튀르고 같은 사람들은 진리에는 마음에 강
제하는 것을 필요 없게 해주는 자연적인 매력이 있으며, '절대적 유
혹'을 통하여 '정신을 제어'한다고 인정했다. 인간 정신에 의해 자발
적으로 인정된 진리는 세속의 힘이 판단의 저울 위에 칼을 던지지 않
는 조건에서 반드시 거짓에 승리한다. 그래서 똘레랑스는 "평온한 정
신의 시험"으로 오류를 버리게 하고 "모든 정신 위에 진리의 제국"[65]
을 맡기는 데에 있다. 말제르브는 그의 《출판 자유에 관한 비망록》에
서 어떤 사상에는 사회적 해악성이 있다는 것을 부인할 수 없다고 인
정했다. 그렇다, "어떤 서적들은 악을 행한다." 그러나 그 악은 자유에
의해서만 치유될 수 있다. 왜냐하면 "결국에는 진실이 우세하기 때문
이다."[66] 인간의 정신은 자연적으로 빛을 향해 나아간다. 이 사상은
19세기 내내 그리고 예컨대 펠탕이나 어느 강연자의 다음과 같은 필치
아래 표현되었다. "만일 (…) 당신의 확신이 진리에 기반을 둔 것이라
면 정신이 그것을 받아들이기 위해서는 그 특징 하나만으로 충분하다
는 것을 믿으시오. 지혜가 진리를 인정하고 그것에 전념케 하기 위해
서는 손가락으로 그것을 만지게 하고 그것의 명백함을 보여주기만 하
면 될 것이오."[67]

진리가 미미한 계약, 조그마한 이해관계, 적은 위협에도 항상 약하고
예민한 반응을 보이는 것은 사실이다. 그래서 오류와 진리가 인간의 이
성 앞에서 서로 마주 보면서 적나라한 모습으로 나타나기 위한 조건을
조성해 주어야 한다. 평화적인 대결은 진리의 승리를 보장한다.

글은 그러한 점에서 좋은 본보기가 된다. 인쇄물 문명의 여명기에

루터는 이미 장작더미에 의한 개종을 부드러운 모델[68]인 책의 행동에
대립시켰는데, 나중에 로크와 루소는 글이 그 어떤 강제 수단의 힘도
빌리지 않으면서 주장을 펼 수 있는 하나의 수단임을 관찰하는 가운데
이상적인 설득 수단이 되기를 원했다.[69] 주권자만이 가질 수 있는 공
적 발언들이 강제하는 것과는 달리, 책은 어느 순간에도 독자가 자유
로이 멀리하거나 또는 문제를 제기하도록 내버려 둔다. 택해도 그만이
고 버려도 그만인 책, 항시 손에 닿는 거리에 있으면서도 대꾸하지 않
은 채 논평하고 비평하도록 내버려 두는 책은 똘레랑스한 가르침이며
비폭력적인 확신의 작업이다. 대중에게 엄청난 영향력을 미치게 하는
책은 싸우지도 않고 다만 이성에 맡겨진 정신 안에 퍼지는 진리의 승
리를 보장한다.[70] 책에 대한 탄압이나 규제는 그 자체로 진리에 대한
범죄 행위가 된다. 왜냐하면 그런 탄압이나 규제는 진실이 반드시 승
자가 되도록 하는 평화적 대결에 반대하는 것이기 때문이다.

우리들의 부싯돌은 마찰함으로써 빛이 난다

실제 진리는 그 자체의 무기로 싸울 수 있어야 한다. 오류를 통해 진리
로 하여금 시련을 겪게 하고, 검은색 바탕의 흰색처럼 진리를 돋보이
게 해야만 한다. 신비론자 세바스티앙 프랑크(1499~1542)는 "진리는
오류와 부딪히면 부딪힐수록 그만큼 더 뚜렷해지고 더 순수하고 단단
해지게"[71] 된다고 썼다. 루터에 의하면 "정신들끼리 서로 충돌하고
말로써 싸우도록 놔두어야만"[72] 한다. 그 이유로 1524년경에 그는—
그로서는 드문 똘레랑스에 관한 발언인데— 삭스의 군주들에게 토마
스 뮌처[4]와 재침례교파 교도들이 설교하는 것을 그대로 놔두라고 충고

했다. 진리는 그 자체의 무기만으로 승리하는 것이므로 물질적 힘이 필요 없다는 것이다.

비유의 첫 표현으로서, 전투는 아직 진리를 한꺼번에 밝히는 것으로서의 산파역을 맡지 않았다. 다만 수사학적 무기를 시험하고 강화하며 경계심을 유지하는 것이 중요하다. 이런 취지에서 토마스 모어는 견해의 다양성이 '종교에 유리'한 것이 아닌지에 대해 자문했다. 니콜라스 크렙스도 1565년에 견해의 다양성이 일으키는 지적 경쟁심을 지적했다.[73] 1세기 후에 뒤디트[74]나 바나주 드 보발은 같은 논증을 다시 전개했다. 즉, 견해의 대립을 통해 이성을 눈뜨게 하지 않으면, 인간을 오류와 무지로 몰아가는 자연적 성향이 지체 없이 진리를 이기게 된다는 것이다.[75] 경계심은 시련을 통해 유지되는 것이므로 다양성의 보존이 요구된다. 전투가 일어날 때부터 그 전투의 결과에 대한 신뢰도 필요하지만, 일단 인정된 진리를 지키려는 인간의 능력에 관해 의심해 보는 것도 필요하다. 진리를 힘의 보호 아래 둠으로써 그것 자체의 수단을 실천할 기회를 빼앗으면 그 진리를 돌이킬 수 없을 정도로 약화시킨다. 그러므로 상대방의 사상 표현을 최소악으로서가 아니라 진리 보존의 보증으로서 참아야 한다.

대결이 필요하다는 비유는 방법론적 의심을 불러일으키는 것과 함께 또 하나의 중요성을 갖는다. 인본주의자 아콘초는 의견이 많다는 것이 자신의 의견에 의구심을 들게 했고 진리 탐구를 불러왔다는 사상

---

4 Thomas Müntzer(1490~1525): 프로테스탄트 종교개혁 시기의 독일 급진파 종교개혁 지도자.

을 통해 이미 똘레랑스를 정당화했다. "만일 각자 모두가 스스로 원하는 종교를 따르도록 허용된다면 (…) 엄청나게 다른 의견들과 결정들이 생겨날 텐데 그 중에서 자신과 반대되고 혐오할 게 없는 사람은 아무도 없을 것이다. 그리고 우리가 반박하지 않을 사람이 아무도 없으므로 믿고 따라야 하는 것에 대해 수많은 사람이 의심을 품게 된다. 의심을 품고 의구심을 갖는 사람은 진리를 찾으려는 욕망과 갈망으로 자극된다. 그리하여 많은 사람이 진리를 찾고자 몰두하게 되고 마침내 그들이 진리를 발견한다면 멋진 일일 것이다. 진리가 발견되고 의견이 화기애애한 협의를 통해서 대립하게 되면 진리는 우위를 점하게 되고 거짓은 패하여 사라질 것이다."[76]

똘레랑스가 모든 지식의 조건으로 실제 제시되기 시작한 것은 17세기에 와서였다. 확신에 대한 내면적인 시험, 즉 이성이 시키는 것 이외에는 다른 어떤 강제도 없이 자기 자신과 벌이는 자유로운 숙고는, 이를테면 17세기 말의 지적인 모임들 사이에서 이루어졌던 글쓰기에 똘레랑스하던 사회의 품에서 사상에 대한 자유로운 토론 속으로 옮겨졌다. 그것은 바일에 의해 주도된 '문인 공화국'을 통해 구체화되었다. 머지않아 18세기 말에 정착되어 19세기 내내 지배하게 되는 다음의 대 논증이 등장하게 된다. 즉, 똘레랑스는 지식의 조건 중의 하나이며, 따라서 진보의 도구라는 것이다.

진리 탐구 과정에서 앤서니 콜린즈는 1714년에 "우리들의 사고는 우리들의 손"이라고 주장했다. 손을 묶어놓은 채로 진리를 원한다고 주장할 수 없다는 것이다.[77] 진리는 견해들이 공개적으로 토론될 때만 탄생할 수 있다.[78] 왜냐하면 "한 인간의 머리에 모든 사상을 담을 수 없으며", 최선의 견해란 "모든 견해의 조합으로부터 추출되는 견해"[79]이기 때문이다.

사상이 서로 대립하는 것은 분명한 일이다. 그렇지만 동시에 지식은 서로 마찰하면서 서로 비교되고 보충된다. 이제 개인 혼자서 한 시대의 모든 학문을 소유할 수 없다는 것이 인정되었다. 진리를 탐구하는 과정에서 '빛'의 교환 개념이 중요성을 갖게 되었고 지적인 전투[80]라는 비유 옆에 자유 거래라는 비유가 아주 넓은 의미의 '교제'로서 자리 잡게 되었다.

"우리들의 부싯돌은 마찰함으로써 빛이 난다."[81] 볼테르는 이 평범한 알렉산드리아식 표현으로 진리 탐구는 대결을 통해서 이루어지며 또 결합, 대화, 교환을 통해서도 이루어진다고 암시했다. 그레구아르도 '거래'라는 용어를 기꺼이 사용했다. 그는 거래에서 사상을 대결시키고 결합시키는 기회만큼 사상을 이성의 방향으로 수정시키는 '무수한 관계'를 보았다.[82] 그래서 "보통 여느 때의 거래(타인과의 교제)는 잘못된 사상을 교정하고 건전한 개념을 주며 편견을 파괴하거나 무디게 한다"[83]는 것이다. 모를레에 따르면, 토론은 사물을 다른 견지에서 보게 하면서 우리가 가질 수 있는 견해를 수정, 보완시키는 사상을 탄생시킨다. "검토하고 토의하고 공격하고 방어하면서 우리는 사상과 견해의 충격에서 빛이 탄생하는 것을 본다."[84] 그 점에서 잘못된 사상에게도 자유가 필요하다. 오류의 변태를 감내하고 그 변태를 단계로서 받아들여야 한다. "일반적으로 인간은 오류, 체계적인 오류를 거쳐야만 진리에 도달할 수 있다."[85] 모든 의견이 자유로운 순간부터, 즉 참된 의견이 잘못된 의견과 똑같은 자유를 누릴 때부터는 유일하고 같은 목표인 진리와 행복에 대한 자연적 성향이 인간의 내심에서 "작용하도록 놔두는" 것이 중요하다.[86] 이성적이고 가장 총명한 의견이 반드시 승리할 것이다. 왜냐하면 "정당한 대의를 옹호하려는 학식 있는 사람을 항상 찾을 수 있기"[87] 때문이다.

진리를 찾으려는 아주 인간적인 이 방법 앞에 교회는 끝내 거의 굴복하지 않았다. 처음 교회의 입장은 언론 자유에 대한 그레고리우스 16세의 입장, 즉 언론 자유가 오류에 방치된 자유이기 때문에 "가장 해롭고 저주받을 만한 자유"[88]라는 입장을 통해 요약될 수 있다. 마찬가지로 레오 13세에게도 진리는 본래 인간의 이해력 너머에 있는 것이어서 무제한적으로 말하고 쓰게 하는 허가장은 "진리를 억압"하도록 이끈다고 했다. 그러나 교황 회칙 《인간의 자유에 관하여》(1888)에서 그는 시대의 조류에 맞춰 하느님이 인간에게 논쟁하도록 맡겨놓은 '자유로운 소재'인 인간사에 관한 특정 표현의 자유는 분명히 진리의 도구라는 것을 인정했다.[89]

19세기 후반에 똘레랑스의 정당화는 과학의 진행 과정에 의해 고무되었다. "가장 위대한 학자들은 항상 반박할 수 있고 갱신 가능한 가설과 가정에 만족하고, 또 그 가설과 가정을 배척하지도 않는다. 그것들이 많으면 많을수록 과학이 더욱더 풍부해짐을 알아차리게 된다." 정치에서도 사정은 다르지 않았다. "입법 활동의 좋고 나쁨은 토론하는 사람들의 숫자와 의견 충돌에 달려 있다."[90] 경험적 방법은 분명히 다음의 상식적인 문구에서 발견할 수 있는 이 사상에 중요한 역할을 했다. 즉, 우리는 하나의 잘못된 길, 하나의 오류를 하나의 '경험'이라고 기꺼이 말하며, 그러한 방법을 통해 어떤 길이 올바른 길이 아니라고 경험이 지적하는 것 하나만으로도 그 경험을 진리에 접근하는 과정 안에 통합시킨다.

행동을 통해 인간은 자신의 확신을 시험한다. 또 인간에게 행동의 가능성을 인정한다는 것은 그에게 진리를 전제할 가능성을 허용하는 것을 의미한다. 이러한 자유는 인간이 자신의 확신에 문제를 제기하고 교정할 수 있는 데 따라서 그 의미가 있다. 이성적 행동은 반대할 자유가 없다면 생각할 수 없다. 그래서 똘레랑스는 사고와 행동으로 실험하는 자유, 동시에 대결을 통하여 행동을 고칠 수 있는 가능성으로 제시되는 것이다.

존 스튜어트 밀은 이러한 성찰을 하나의 문장으로 요약했다. "인간 정신의 불완전한 상태 안에서 진리의 이해관계는 다양한 의견을 요구한다." 각 개인은 다만 진리의 작은 부분만 가지기 때문에, 진리를 재구성하고 사상을 서로 다른 사상에 의거하여 교정하려면 각자의 노력을 결합해야 한다. 이러한 관점에서 볼 때 하나의 의견이 표현되는 것을 방해한다는 것은, 인류한테서 그 의견이 사실이라면 하나의 진리를, 그 의견이 잘못된 것이라면 확실성이 강화되는 것을 막는 꼴이 된다. 밀은 여기에서 계몽주의 사상가의 의견을 연장하면서 해석 범위를 훨씬 넓혔던 바, 그는 이의와 반대의 가능성에 대해 그러한 가능성 아래에서만 진리가 진리로 제시될 수 있는 조건 자체로 보았다.[91] 칼 포퍼는 진리란 반박할 수 있는 것으로 제시된다고 주장할 만큼 더 나아갔다. 모든 사상의 대결을 받아들이는 똘레랑스는 따라서 정확하게 진리를 구성하는 것이다.

여기서 '자유 시장'이라는 비유로 다시 돌아가 보자. 만일 그레구아르나 모를레의 필치 아래 자유 시장이 개인들 간의 관계라는 의미로 이해된다면, 그 시장은 동시대인들에게는 상품의 유통도 시사하고 있다. 바일은 다양성이 평화적 상태에 있는 것을 묘사하기 위해 시장을 언급했다. 18세기에 자유주의적 사상의 발전과 더불어 비교의 범위가 확대되었다. 그래서 내종에 따르면 "사고의 거래는, 어떤 구실 아래에서도 식료품과 상품의 거래보다 더 심하게 방해되거나 더 많은 제약을 받아서는 안 된다."[92] 이 비교를 통해 그 적실성을 어디서 끌어내는지 알 수 있다. 즉, 계몽기의 낙관주의에게 자유 시장이 가장 좋은 가격을 보장하는 것과 마찬가지로, 논증의 자유로운 대결은 이성을 곧바로 진리로 이끄는 것이다. 이 진리는 단지 모든 의견의 자유로운 표현, 사고의 공급과 수요의 결과로써만 인정받을 위험이 있다. 그렇게 되면 똘레랑스하다고 인식되는 한 사회, 즉 이러한 '사상의 자유 시장'이 행해지는 사회에서는 일반적인 견해가 이론의 여지없는 공인된 진리로 통하게 된다. 급기야는 변덕스러우면서도 존 스튜어트 밀이 중시했던, 독창적 의견을 오류로 거부하는 데까지 이르게 된다. 그리하여 일상적인 의견과 관습에 대한 정통주의가 신성화되는데, 그것은 종교분리 운동가 데오다 로쉐가 조심스럽게 반론을 제기했듯이 "항상 진리의 표현은 아니다."[93]

이 논리가 사상을 위협하는 새로운 앵똘레랑스의 논리다. 즉, 모든 의견이 표현될 수 있다는 확신과 자유 거래가 기계적으로 진리를 공급하리라는 근본적으로 낙관주의적인 사상에 기초함으로써, 항상 여론이 옳고 모든 소수 의견을 미치광이 짓이라고 결론 내린다는 것이다.

현대의 매체에 관한 성찰은 우리에게 하나의 명백한 사실에 직면케 한다. 즉, 완벽하게 자유로운 시장이 존재할 수 없는 것과 마찬가지로, 사상의 표현이 물질적 힘의 경기에시 전혀 자유롭지 못하다는 것이다. 사상의 표현이 자유로운 이상적 상황은 틀림없이 참된 견해들―또는 진리와 가장 가까운 견해들―이 자유로운 대결을 통해서 형성되는 어떤 철학 강의실에서나 상상할 수 있을 것이다.[94] 책과 신문이 무한정으로 증가하고 있는 글의 문명 속에서 모든 사상이 자유롭게 표현된다고 여전히 믿으려 할 때에, 대규모 매체의 지배가 정신을 번쩍 들게 한다. 의견 교환의 세계는 더 이상 이성만이 승리하는, 힘이 작용하지 않는 세계로 인정받을 수 없게 되었다. 시청각 매체가 이해력보다는 감수성에 더 많이 호소한다는 사실 자체를 통해서, 실제 사상들은 토론에 부쳐지는 것이 아니라 뚜렷한 인상을 심어주는 영상으로 타격받는다는―말 자체가 폭력을 말한다― 것을 시사하고 있다. 루소에 의한 권력자의 공적 발언과 똑같이 시청각 매체의 발언이 강요되고 있다. 더 이상 그 발언은 책처럼 비평이나 멀리하기의 여유를 남겨주지 않는다. 모든 의견에 대한 똘레랑스가 전파수단이라는 힘을 가진 사상의 승리에 공헌하는 반면에, 자유로운 표현이 고무하리라고 여겼던 독창적 견해들을 억압하는 것이다.

그래서 마르쿠제는 밀이 묘사했던, 진리를 얻기 위한 생산적 자유 토론을 단지 흉내 내는 것에 지나지 않는 '억압적 똘레랑스'에 소송을 제기했던 것이다. 제반 의회 절차, 몇몇 유력지들에 의해 이용되는 언론 자유, 반대 토론, 다양한 형식의 여론 상담은 사상의 자유롭고 공개적인 '거래'를 단지 흉내 낸 것에 불과하다. 여론은 독점 매체와 소수 점유 매체들을 만든 이해관계에 종속되도록 바로 그 매체들에 의해

"관리된다."[95] 권력은 무한의 똘레랑스를 확실하게 보여줄 수 있다. 즉, 권력은 권력 스스로 형성하려고 꾀했던 견해들이 표현되도록 놔두기만 하면 그만인 것이다. 표현의 자유는 더 이상 자유로운 토론이 아니라 지배적인 진리의 재생산과 전파로써 감지된다. 이러한 "과도한 편파성"에 대항하여 마르쿠제는 일반적 조건 짓기에 "반대하는 교육"에 호소할 수밖에 없었다.[96]

대단한 자유주의자 칼 포퍼로 말하자면, 그는 이러한 사실을 확인하게 된다: "그렇지 않다. 텔레비전은 선배 자유주의자들에 의해 묘사된 것과 같은, 서로 도우면서 서로의 사고를 고쳐주는 거대한 포럼이 아니다. 텔레비전은 권력이 있는 곳이다. 그러므로 자유의 이름 그 자체만으로도 텔레비전은 엄격한 규칙을 적용시켜야 한다."[97]

똘레랑스는 여기서 다수 의견이나 모든 사람의 의견 위에 군림하는 몇몇 사람에 봉사하는 것처럼 된다. 이처럼 힘—돈과 대중추수— 앞에 관대한 것으로 인지되고 진리의 공급자 기능에서 떨어져나가면 똘레랑스는 중요한 정당성을 잃는다. 그 관점에서 매력이 없어지는 것은 말할 필요도 없다.

따라서 똘레랑스 사상은 넓은 의미의 공리주의의 관점 안에서 구원, 공익 그리고 진리의 승리라는 세 가지 전선에서 동시에 효용성을 보여줌으로써 요구되는 것이다.[98] 이 세 가지 목적은 뚜렷이 구분되지만 밀접하게 연결되어 있다. 똘레랑스가 모든 사람을 돕고, 또 모든 사람이 똘레랑스로 다른 사람을 돕는다고 한다면, 인간의 최상 목표가 무엇이든지 똘레랑스는 모든 인간에 의해 선호될 수밖에 없다. 똘레랑스가 보편적 절대 필요성인 까닭은 그것이 모든 전선에서 효과적 수단이 되기 때문이다.

제3부

—

자유의 이름으로

《똘레랑스여, 너의 이름을 쓴다》.[1] 이것은 1995년에 유네스코에 의해 출간된 자료집의 제목이다. 자유에 관한 엘뤼아르의 시에서 인용된 게 분명한 이 문구는 의미심장하다. 즉, 오늘날 우리는 "자유와 똘레랑스"[2]를 자연스럽게 결합시키고 있는 것이다.

오늘날 교회가 똘레랑스의 개념에 보내는 시선을 보면 우리는 겉보기에 새로워 보이는 이 문제에 대해 가장 잘 포착할 수 있을 것이다. 19세기 말, 레오 13세는 똘레랑스가 "선행을 위한 우리의 능력을 증가시키는 경우에만 합법적일 수 있으며 그 이외에는 절대 그렇지 않다"[3]고 분명히 밝혔다. 1965년 제2차 바티칸 공의회에서 채택된 '인간 존엄성'의 선포와 더불어 오늘날 교회는 '인간 개인의 존엄의 이름으로' 똘레랑스를 하나의 가치로 인정하게 되었다. 그후 기독교인에게 똘레랑이라는 것은 각 인간의 마음속에 있는 '자유로운 몫'—성 베르나르에 의하면 인간의 본질 자체인—에 굴복하는 것을 의미한다. 인간은 하느님의 형상을 하고 있는 하느님과 닮은 존재로서[4] 하느님을 본떠 미리 정해진 동기도 없고 목표도 없이 의지대로 움직일 수 있는 능력을 갖고 있다. 그의 존엄성이 바로 이 점에 있는 것이며,[5] 존엄성이 있으므로 '인간'인 것이다. 여기서 똘레랑스는 계명에 대한 복종이나 공리주의자의 계산뿐만 아니라 "자신의 조언의 지배"[6]에 맡겨진 인간에 대한 존중의 태도이기도 하다.

잔느 에르쉬는 이렇게 쓰고 있다: "인간의 권리, 따라서 똘레랑스는 모든 인간 안에 있으며 인간이 되게 하는 자유 속에 뿌리박고 있다. 이 자유는 우리가 어원학적 의미로서는 그 놀라운 성격을 말하기 어려운 어떤 것이다. 우리가 살고 있는 세계에서 모든 사물은 물리적 법칙이 강요하기 때문이거나, (…) 또는 살아 있는 세계에서 우리가 '자연'이라 부르는 것에서 다양한 종들 간에 힘의 분쟁을 통해서 생겨나는 것이다. (…) 가장 강한 자가 가장 약한 자를 잡아먹는다. 이러한 관점에서 볼 때, 인간 세계는 예외적인 세계이다. 왜냐하면 이 세계만이 물리적 인과관계 법칙이나 원칙상으로 가장 강한 자의 지배를 통해 (…) 지배당하지 않고 각자 인간은 그가 무엇을 할 것인지를 결정할 수 있기 때문이다."[7] 원칙적으로는 이 존중의 태도—인간에게 자유의 몫이 있다고 추정하는 데 있는—로부터 폴 리쾨르의 표현에 따르면, 똘레랑스의 "긍정적 동기"가 생겨난다. 그리하여 우리는 인간의 자유—이 자유가 없다면 모든 확신과 모든 행동은 가치를 반드시 떨어뜨리는 결정론의 결과에 지나지 않게 되는 그러한 자유—에 승부를 걸어야 하는 처지가 되었다. 여기서 똘레랑이 되어야 하는 까닭은 자유가 존재하기 때문이다.[8] 설령 그 자유가 인간의 매우 깊고 대단히 미세한 곳에 있을지라도 말이다.

"자유라는 말은 지겨운 말"이라고 폴 발레리는 적었다. 이 말(자유)은 산전수전을 다 겪어서 이젠 무용지물이 될 지경에 이르렀다는 것이다. 똘레랑스의 옹호자들 편에서 자유가 행한 역정을 추적하기는 어렵지 않을 것이다. 자유는 1520년부터 루터에게서, 그리고 1562~63년[9]부터 통치 용어에서 발견되는 표현인 '양심의 자유'의 이념과 더불어 탄생했다. 1586년, 위에 말한 양심의 자유에 반대했던 베르탱은 다음과 같은 말로 자유의 옹호자들의 논증을 요약했다. 즉, "하느님이 자유로운 인간의 의지와 양심을 창조했으며, 따라서 (…) 그것을 강제하려는 것은 부당하고 잔인한 일이다."[10]

스피노자와 로크는 인간이 좋게나 나쁘게나 자유롭게 사고한다고 주장했다. 이 자유는 '자연권'이다. 왜냐하면 인간을 인간답게 하는 것이 이 자유로운 판단력이기 때문이다. 그는 "자유롭게 생각하는 최고의 권리"를 가지고 있다. 누구도 "인간이기를 멈추게 할 만큼"[11] 자신의 자유를 포기하지 않을 것이다. 로크에게 인간의 자유로운 본성은 그의 자유를 포기하지 않는 모든 곳에서 똘레랑스를 정당화하는 것이다. 이 논증은 18세기 내내 이어져 내려왔다. 우리는 똘레랑이 되어야 하는데, 왜냐하면 "모든 인간이 자유롭게 태어났기 때문"[12]이라고 튀르고는 말했다.

그러나 우리가 방금 인용했던 사람들에게서도 자유는 일단 강제를 정당한 것으로 인정했다. 스피노자에게 있어서 주권력에 대한 복종과 모든 문란 조성자들에 대한 주권력의 엄격함이 있어야만 자유가 보존될 수 있다. "사회 조직의 목적, 그것은 자유이며", 따라서 "각 개인이 그 자신의 의사에 따라 행동할 권리를 포기하는 것은 자유를 위해서이다."[13] 이 사상은 로크에게서도 발견되고 또 1789년 〈인간과 시민의 권리 선언〉 첫째 조항들 안에서도 찾아볼 수 있다. 즉, "모든 정치적 결사의 목적은 그 첫 번째 권리가 자유인 인간의 영원불멸의 권리를 보장하는 데 있으므로, 강제는 오직 자유의 행사가 타인의 자유를 침해할 때 그것을 피할 목적으로써만 행사될 수 있다." 오베르 드 베르세에게, 그리고 튀르고에게도 강제는 타인의 자유라는 경계를 넘지 않도록 보장하는 것에 기초하고 있다.[14] 이러한 시각에서 보면, 자유를 보장하게 되는 것은 '비非똘레랑스'이다. 즉, 가장 강한 자가 박해 행위를 할 수 있는 자들을 복종시킴으로써 "평화로운 사람들에게 자유를 보존"해 주는 것이 '비非똘레랑스'이다.[15] 그래서 자유의 이름으로 똘레랑스를 옹호하는 사람들도 특정의 '비非똘레랑스'는 자유의 조건이라는 것을 놓치지 않고 확인했다. 그들은 츠베탕 토도로프가 오늘날 자유, 즉 똘레랑스를 구성하는 역설이라고 부른 것을 강조하고 있다: "〔자유〕가 스스로 존재하려면 그것의 〔부분적인〕 부정을 전제한다는 역설이다. 만일 각자가 원하는 대로 행한다면 다른 사람들도 똑같이 하려고 할 것이므로 그의 자유는 즉시 무無로 돌아가게 되는 것이다."[16]

그러나 똘레랑이 된다는 것이 인간을 자유롭게 놔두어야 한다는 것을 뜻한다면 우리는 이 자유를 어떻게 이해해야 할까? 가장 흔하게 그것은 어떤 방식으로나 '감시받는' 자유에 관계되지 않을까?

감시받는 자유

루터는 1521년에 보름스 의회에서 "나는 내가 인용한 성서에 관한 글에 구속되고, 나의 양심은 하느님 말씀에 포로가 된다. 나는 그 어느 것도 철회할 수 없고 또 그러고 싶지도 않다. 왜냐하면 자신의 양심에 반하여 행동하는 것은 신뢰할 수 없으며 또 정직한 것도 아니기 때문"[1]이라고 외쳤다. '구속되고'와 '포로가 된'이라는 말은 우리가 이미 알고 있는 것을 명백하게 한다. 즉, 16세기와 17세기에 똘레랑스를 정당화했던 양심의 자유는 실제로는 복종의 문제였다. 인간으로 하여금 그의 참된 주인에게 복종하는 자유를 주기 위해 똘레랑이 되라는 것이었다. 피에르 바일이 자유의 문제를 다룬 것 또한 강제의 시각 아래에서였다. "우리가 우리의 사상을 지배할 수 없다는 것과 영원한 법칙이 우리에게 양심을 배반하는 것을 금한다는 것을 안다면, 한 인간이 저 사상이 아니라 이 사상을 가졌다는 이유로 그의 육체에 고통을 가하는 사람들에 대해 전율할 수밖에 없는 것이다."[2]

여기서의 양심의 자유는 우리가 오늘날 이해하는 의미로서의 자유
와는 별 관계가 없다. 종교개혁 지지자들에게 인간은 생각하는 것을
자유롭게 생각하지 못하므로 그를 강제한다는 것은 쓸데없는 짓이 된
다. 그러나 그러한 인간은 인간의 양심에 복종하는 데에 자유로워야
한다. 왜냐하면 인간의 양심은 하느님의 목소리이자 이성의 목소리이
기 때문이다. 하느님이 임하지 않는 땅이 없듯이 주인 없는 영혼이 없
으며, 누구도 두 주인을 섬길 수 없듯이 하나에 대한 자유는 다른 하나
에 대한 복종을 위한 것이다.

우리는 자유롭게 판단하지 못한다

양심의 자유는 토마스 아퀴나스에서 계몽주의까지 흔히 제약의 표현
으로 언급되었다. 어떤 사람들은 인간은 원하는 대로 자유롭게 생각할
수 없기 때문에 강제로 믿게 하지는 못한다고 주장하였고, 또 다른 사
람들은 성 아우구스티누스의 말을 인용하면서 믿음은 의지의 문제[3]
지만 우리가 그 의지를 지배할 수 없다고 단언했다. 인간은 자기 자신
의 판단에 복종한다. 그 판단은 그에게 있어서 회피할 수 없는 주인과
같은 것이다. 토마스 모어의 유토푸스가 무신론자들에게 벌을 가하는
것을 거부한 까닭이 바로 이 이유 때문이다. 윌리엄 윌린은 1644년에
이렇게 썼다: "한 인간이 어떤 견해를 가졌든지 간에 그가 그 견해를
갖도록 선택한 게 아니다. 그가 참되게 혹은 거짓되게 결론을 내리든,
하느님의 마음에 들든 들지 않든, 그것 자체가 그에게는 그의 견해이

자 판단인 것이다. 그래서 인간에게 그 자신의 것인 의견을 갖게끔 요구(강요)하는 것은 바로 그 자신의 이성이다. 그런데 필연성이 지배하는 곳에서는 어떠한 징벌도 있어서는 안 된다. 왜냐하면 징벌은 오직 의도적인 행동들에만 가해져야 하기 때문이다."[4]

로크는 견해의 자유의 조건을 "인간의 존엄성이 그 안에 자리하는 인간의 이 부분(자유), 즉 그것을 강제할 수 있다면 야만적인 짐승과 거의 다르지 않은 피창조물로 만드는 그런 부분을 보존하는"[5] 것이라고 인식했다. 그렇지만 우리는 내일 무엇을 생각할지 미리 말할 수 없을 정도로 우리 자신의 견해를 어쩔 수 없이 받아들인다.[6] "설령 우리가 바란다고 해도 이러저러한 것이 참이라고 믿는 것은 우리에게 달려 있지 않다."[7] 바일은 이렇게 증언했다. "종교는 자기 마음대로 할 수 없는 양심의 문제다. 우리는 사물이 우리에게 진실로 보일 때만 그것을 믿는다. (…) 그런데 사물이 우리에게 진실로 보이는 것은 우리에게 달려 있지 않으며, 우리에게 희거나 검게 보이는 것도 우리에게 달려 있지 않다."[8] 가장 근거가 있는 듯이 보이는 견해들이란 다만 우리의 출신, 우리의 교육, 우리의 습관의 결과일 뿐이다. 우리는 "우리 부모의 마음에 드는 대로 선과 악의 구분을 배운다. 틀림없이 우리 부모는 그들 방식대로 우리를 교육시키며, 그래서 우리가 전 생애 내내 소중하게 간직해야 된다고 믿을 습관을 갖게 한다."[9]

인간은 자유롭게 판단할 수 있게끔 만들어지지 않았으며 본성 자체에 수많은 결정론에 배여 있는 존재라는 사상이 자주 반복되었다. 1684년에 바나주 드 보발은 다음의 표현으로 양심의 자유를 정당화하였다: "인간에게 제시되는 사물을 진리로 믿는 것은 인간의 자유에 속하지 않는다. 왜냐하면 이해력과 의지는 자유롭고 독립적인 기능들인데 의지가 스스로 원하지 않는 것을 원하게끔 강요한다는 것은 모순이기 때문이다. (…) 의지가 진리에게 주는 동의는 자유로운 것이 아니라고 말한다. 왜냐하면 진리는 선택할 자유 없이 이해력에 의해 제시되는 진리로서 반드시 결정되기 때문이다."[10] 이와 똑같은 논증을 "우리가 바라는 대로 믿는다는 게 우리에게 달려 있지 않음은 분명하다"[11]고 말한 반 파에츠에게서 찾을 수 있고, 또 "인간에게 강제로 믿게 하지는 못할 것인 바, 왜냐하면 인간은 자신이 바라는 대로 믿거나 이해하는 것에서 자유롭지 못하기 때문이다."[12]라고 말한 이봉 신부에게서도 찾을 수 있다. 또《백과전서》는 "감정보다 더 자유로운 것은 아무것도 없다"고 썼는데, 이는 인간이 감정을 행사하는 것이 아니라 그것을 어쩔 수 없이 받아들인다는 것을 주장하기 위해서였다. 우리가 보고 느끼는 방식은 교육 및 편견과 우리를 둘러싸고 있는 대상에 의해 영향 받은 것이므로, "수천 가지의 알 수 없는 동기들은 (…) 거의 모두 우리에게 달려 있지 않다." 루소는 이렇게 외쳤다. "나는 각자의 믿음이 가장 완벽한 자유 상태에 있지 않다는 것에 분개한다. 그런데 마치 믿는 것이 우리에게 달려 있다는 듯이 굴다니 (…)"[13] 볼테르도 이렇게 외쳤다. "뭐라고! 각 시민이 그의 이성만 믿고 깨달은 이성이든 잘못된 이성이든 그 이성이 지시하는 대로 생각하는 게 허용될 것이라고? 그래야 할 것이다. 다만 질서를 문란케 하지 않는다는 조건이 따른다. 왜냐하면 믿고 안 믿고는 인간에 달려 있지 않기 때문이다."[14]

종교개혁에서 대혁명까지 양심의 자유의 이름으로 똘레랑스의 대의가 발전하고 있을 때 이와 같은 구속에 관한 사상은 아주 흔한 것이 되었다. 로크는 "인간이 실행에 옮길 수 있는 권한에 속하지 않는 (⋯) 그에게 지시하는 것은 당치 않다"-15고 요약했다.

사실상 자유 공간을 어렴풋이 본 사람들은 그것을 다만 복종의 조건으로 감지했다. 그래서 스피노자에게 있어서, 인간은 다만 억압할 수 없는 것만 표현할 자유가 있다. 그런데 인간은 자신의 사고의 주인은 아니지만 행동에 있어서는 주인이다. 따라서 공권력은 행동의 영역에서 복종을 요구할 수 있다. 루소는 하느님 계명의 성격에 관하여 다음과 같이 썼다. "하느님은 우리에게 믿을 권한을 주지 않기 때문에 우리에게 믿을 것을 요구하지 않지만, 각자가 자신의 행동을 지배할 수 있으므로 미덕의 실천을 요구한다."-16 마찬가지로 볼테르는, 인간이 믿거나 믿지 않거나를 자유롭게 선택할 수 없음을 근거로 내세우면서 종교의 똘레랑스를 옹호하는 가운데 이렇게 덧붙였다. "그가 조국의 관습usage을 존중하는 것은 그에게 달려 있다."-17 강제력이 합법적으로 행사될 수 있는 것은 바로 이 자유의 공간에서이다.

실제에 있어서 자유사상이 똘레랑스에 맞부딪칠 위험은 없는가? 인간에게 선택의 자유가 있다고 가정하는 순간부터 그렇게 될 여지가 있다. 요컨대 위험이 없는 유일한 자유는 앙리 라보리가 "자유의 결정론의 원동력이며 언어적 표현을 실현시키는 가능성"-18이라고 정의한 자유이다. 똘레랑스하는 가장 탁월한 이유는 인간이 사고하고 행동하고 있는 것과 다르게는 사고하고 행동할 수 없는 데 있는 게 아닐까? 오늘날 차이에 대한 우리의 존중은 사물의 다양성 앞에서 굴복하지만, 정확히 말해서 자유 앞에서는 그렇지 않다. 우리의 똘레랑스는 각 개인을 그의 문화적 결정론에 내맡기는 데 있다.

우리는 더 잘 복종하기 위해 자유롭다

우리의 양심은 우리가 지배할 수 없는 무수한 요인들의 결과지만, 양심이 우리에게 지시하는 것을 따르느냐 마느냐는 우리에게 달려 있다. 똘레랑스의 옹호자들은 똘레랑스가 인간의 양심의 명령에 따를 수 있어야 한다는 사실을 통하여 정당화하였다.

"인간의 가장 큰 잘못은 인간 고유의 의지이다. 인간이 할 수 있는 모든 선은 복종에 수용된다."[19] 존 스튜어트 밀의 칼뱅파 교리에 관한 이 요약은 원래 발언자의 증언에서 훨씬 더 확장된 것이다. 인간은 근본적으로 죄악으로 타락했기 때문에 그 자신에게 맡겨져서는 안 된다. 어떤 사람들은 기독교의 권위에 대한 복종을 말하고 또 어떤 사람들은 성서 해석에 대한 독점적 권한을 스스로 선언하면서 성서에만 복종할 것을 말한다. 서로 다르지만 그들 모두의 확신은 동일한 것이다. 즉, 인간을 그의 의지에만 내맡긴다는 것은 그에게 오류를 강요하게 된다는 것이다.

16세기에서 19세기까지 양심의 자유는 반대자들에 의해 하나의 방종으로, 즉 모든 종속에 대한 거부처럼 보여졌고, 열성자들에 대한 자유방종주의자들[20]이라는 호칭을 정당화했다. 이 점에서 보쉬에는 종교개혁기에 "양심의 자유는 악마의 교리"[21]라고 외쳤던 테오도르 드 베즈[1]와 의견을 같이 했다. 똘레랑스는 반역자들에게 주어진 "마음에 드는 모든 짓"[22]을 생각하는 자유로서, 그들을 예속 상태 속으로 더

1　Théodore de Bèze(1519~1605): 프로테스탄트 신학자, 칼뱅의 후계자.

깊이 빠뜨리게 할 뿐이다. 인간 고유의 의지는 가장 분명한 폭군보다 더 확실하게 인간을 노예 상태로 몰아넣는다. 교회에게―교회들에게― 인간 고유의 의지는 자유로운 심판관인 '참된' 자유를 우리 마음속에서 말살시키는 것이다.[23] 자기 사랑에 따라 마음에 드는 대로 생각하고 행동하는 방종에 맡겨지면, 인간은 이해력과 의지를 몽롱하게 하는 자신의 열정과 선입관과 몽상과 광기의[24] 노예가 된다. 교회의 계율과 가르침에 복종하기를 거부하는 것은 "우리에게 고유한 것에 관한 의지의 억누를 수 없는 욕망"[25]에 사로잡히는 대로 방치하는 것이다. 자기 자신에게만 복종하고, 이 당치 않은 주인은 그만이 이 비천한 세계에 형체를 주고 또 그만이 지옥을 변호한다. 신성 대신에 스스로 파멸하기 위해 먼지 같이 사소한 것에 자신을 내맡기는 것이다. 인간을 하느님과 닮게 하는 주권을 행사하는 자유를 인간은 오로지 하느님의 의지에 복종함으로써만 열정의 노예 상태에서 구해 낸다. 하느님은 피창조물의 행복을 원하기 때문에, 그리고 참된 자유란 자신의 행복을 향해 나아가는 능력이기 때문에, 인간의 자유는 신의 의지와 합류하는 것이다.[26]

양심의 자유의 옹호자들은 양심의 자유가 복종에 의한 자유라는 이 같은 이상에 저촉되지 않는다고 항변했다. 그들에게 똘레랑스는 바로 그 이상, 즉 보다 더 정당한 복종을 위한, 복종으로부터의 해방의 실행이었다.

누구도 두 주인을 섬길 수 없다는 것을 우리는 이미 지적한 바 있다. 즉, 인간의 권력과 맞서는 자유는 하느님에 대한 복종의 의무로 추론된다. 성 바울로(〈고린토인들에게 보낸 첫째 편지〉 7장 23절, 〈갈라디아인들에게 보낸 편지〉 5장 1절)를 인용했던 루터에게 '양심의 자유'라는 표현은 기독교인이 하느님의 밀씀에 따라야 한다는 그 한도 안에서 인간의 법으로부터 해방되는 것을 의미했다.[27] 똑같은 뜻으로 1535년경에 재침례파 교도들의 동조자인 스트라스부르 사람 카스파르 슈벤크펠트는 "하느님의 말씀을 섬기는 자들과 십자가의 포교자들은 오로지 예수 그리스도만을 유일한 주인으로 맞이하도록 그들의 자유를 보존해야 한다"고 표현했다.[28] 1535년에 재침례파 교도 샤른슐라거가 스트라스부르의 사법관들에게 똘레랑스를 호소하면서 여러 번 '자유'라는 말을 사용했는데, 그것은 세속권에 대해 양심이 자유롭다는 것을 말하기 위한 것이었다. 만일 양심이 세속권을 벗어난다면, 그것은 다른 법에 복종하기 때문이다. 1564년에 〈종교 행위에 관하여 왕에게 보내는 편지〉라는 글은 참된 양심의 자유가 "하느님 말씀으로 가르침 받은 각자에게 양심이 훈계하는 바에 따라서 진지하게 하느님을 섬기고 영광되게 하는 자유로운 허가로 구성된다"[29]고 지적했다. 인간의 양심이 다른 모든 예속 관계에서 해방되어야 하는 것은 바로 하느님에게 복종해야 하기 때문이다.

그래서 1609년에 카스파르 콜아에스는 "인간은 그들 자신이 원하는 것이 될 수 있다. 왜냐하면 각자는 그의 주, 즉 하느님을 마주하고 있는 인간―그가 어떤 인간이든지 간에― 과 마주하고 있는 것이 아니기 때문이다"[30]라고 선언했다. 강제권의 사용은 세속권의 힘에 대해 완전한 자유를 요구하는 창조주에 대한 배신행위가 된다.[31] 칠린워드는 그 점을 분명하게 다음과 같이 말했다. 즉, 기독교인의 자유는 "성경만의 속박 아래 그들의 지혜를 사로잡는 데"[32]에 있다.

인간보다 더 위대한 것에 대한 복종의 원칙은 인간이 인간의 모든 권위에 맞서서 절대적 자유를 모든 분야에서 누려야 한다는 것을 의미한다. "내가 외치고 또 외치는 것은 이 양심의 자유를 위해서이다. 법이 천사에게서 오건 인간에게서 오건 기독교인들에겐, 동의 없이는 그 법을 강제할 수 없다. 왜냐하면 기독교인은 모든 것에 대하여 자유롭기 때문이다."[33] 이러한 '법 없음' 주장을 루터는 그 극단적인 결말에까지 밀고 나갔다. 그렇지만 동시에 하느님의 법은 사랑의 법이므로 기독교인은 이웃의 의지에 전적으로 따르게 되고, 따라서 세속적 힘의 이상적인 신민이 된다. 그에게 거주하는 하느님의 법 때문에 그에게 아무것도 강요할 수 없는데, 동시에 그는 모든 것을 당할 수도 있다. 똘레랑스에 대한 문제 제기는 여기서 모두 폐기되어 버린다.

그리고 또 하늘의 지배와 지상의 지배의 구분은 '모든 인간적인 속박'으로부터의 해방의 원칙이 주는 효과를 제한한다. 양심은 종교에 관해서, 즉 하느님에 의해 세워진 세계 질서에 따라 중재자 없이 하느님이 유일한 주인으로 있기를 바라는 영역 안에서, 인간의 권력에 마주하여 자유로워야 한다. 다음은 1568년에 작성된 익명의 청교도의 글에서 따온 말이다: "여왕 폐하는 하느님 말씀에 반하는 것을 인간에게 믿도록 강제할 수 있는 어떤 권위도 갖고 있지 않다. (…) 종교와 관련해서 인간의 영혼은 하느님과 그의 신성한 말씀 이외에는 누구에게도 구속돼 있지 않다."[34] 가톨릭교도인 폴란드 왕 에티엔느 바토리(1576~1586)도 "하느님은 세 가지 일을 자신만의 것으로 갖고 있다. 즉, 무無에서 무엇인가를 창조하는 것, 미래를 인지하는 것, 그리고 양심을 지배하는 것이다"[35]라고 선언했다. 재침례파 교도들이 양심의 자유, 즉 똘레랑스를 요구했던 것은 바로 이와 같은 하늘의 주인과 지상의 주인들 사이의 주권 분담의 이름으로였다.[36] 문제는 인간이 자유로워야 하는가 아닌가에 있지 않고 어느 주인에게 복종해야 하는가에 있으며, 따라서 천상의 주권이 독점적으로 행사할 수 있는 영역을 정의하는 데 있다. 1612년 또는 1613년에 암스테르담에서 채택된 결의문은 (이 점에 대해) 분명하게 지적했다. 즉, "사법관은 종교나 양심 문제에 개입할 일이 없다. 왜냐하면 그리스도가 왕이고 교회와 양심의 입법권자이기 때문이다."[37]

루이 13세가 1621년 1월 19일에 레디기에르 원수에게 보낸 편지에서 이와 똑같은 사상의 움직임을 찾아볼 수 있다. "나는 너를 너의 자유에 따르도록 일임한다. 하느님은 그 어느 것도 마음에 드는 대로 움직일 줄 아는 양심보다 더 자유로워서는 안 된다는 것을 알기 때문이다."[38] 똑같은 이유로 1657년에 굿윈은 양심의 자유를 요구하면서, 믿음에 대한 근본적인 사항의 결정을 목적으로 하는, 크롬웰에 의해 설치된 위원회를 맹렬히 비난했다. "하느님은 그 자신이 유일한 주인인 문제들에 대해 인간의 양심을 복종시키기 위해 그 어떤 개인이나 그룹에 권한을 준 적이 없다."[39]

양심의 자유로 포착된 똘레랑스는 그러므로 인간에게 맡겨진 자유가 아니다. 그것은 무엇보다도 인간의 마음속에 임하는 하느님에게 남겨놓은 부분이다. 바일은 똘레랑스가 "하느님 자신의 권리들을 그 속에서 직접"[40] 보장한다고 설명했다. 그런 면에서 앵똘레랑스가 범죄가 되는 것은, 인간을 양심의 유일하고 참된 주인에게 불복종하는 상황에 놓이게 하고 그 주인이 인간에게 내리는 명령을 위반한다는 점에서이다.

동일한 취지에서 로크는 각자 행동 영역을 따로 갖는 두 가지 유형의 강제─세속의 강제와 하느님의 강제─가 있다고 말했다. "만일 하느님이 인간이 강제로 하늘의 뜻에 따르기를 원한다면, (…) 사법관이 육체에 가하는 외부의 폭력을 통해서가 아니라 그 자신의 성령이 그들의 이해력에 행사하는 내면의 강제를 통해서이므로, 그 어떤 인간의 힘에 의해서도 강제는 실행될 수 없다."[41] 로크는 이렇게 말하고자 했던 것 같다. 즉, "안심하시오. 인간은 진정 그 자신에게 맡겨진 적이 없으니"라고. 이러한 이중의 복종 논리는 루소에게서도 발견된다. "한 사람이 국가에 훌륭히 봉사한다면, 그는 하느님을 섬기는 방식에 관해서는 아무한테도 보고해서는 안 된다."[42] 루소는 여기서 자유에 양보하지 않는 두 개의 동시적인 복종─육체는 군주에게 복종하고 영혼은 하느님에게 복종하는─에 대해 말하고 있다.

이 문제의식은 종교의 사고 영역 밖에서 다시 발견된다. 사상의 자유의 정당화는 인간이 결국에는 그의 정신을 진리에─하느님의 진리이든 지상의 진리이든─ 복종시킨다는 것을 전제하는 것이다. 1862년에 펠탕은 집필의 자유에 관하여 "진리에 대한 내밀한 독재"[43]를 언급했다. "인간을 자유롭게 놓아둔다는 것은 그를 전적으로 진리에─여러 저자들의 표현에 따르면─, 그 자신의 '제국'에 복종하도록 한다는 것이다." 카네 신부는 종교의 자유에 관하여 "양심은 진리 이외에는 어디에도 속하지 않는다는 〔점에서〕 자유롭다"[44]는 주장 이외에 다른 주장을 펴지 않았다. 이 신부는 또 '현대의 양심의 자유'를 순종의 표현으로, 즉 한쪽으로는 하느님에 대한 충성이고 다른 쪽으로는 주권자로 선언된 인간의 이성에 대한 충성이라고 분석했다.[45] 계몽시대에 시작된 똘레랑스는 실제에 있어서 또 다른 하나의 복종에 기초하였다. 즉, '미신과 광신의 영향력에서 해방' 되어 이성에 맡겨져야 한다는 것이다. 이성이 없다면 똘레랑스도 있을 수 없다. 이러한 생각은 헬베티우스에게서, 혹은 이성에 대한 복종의 원칙을 부정한다고 생각되는 사람들에 대해 앵똘레랑스를 정당화했던 19세기 자유사상가들에게서 발견된다. 똑같이 아이들이나 정신지체자로 판단된 사람들에 대하여는 똘레랑스의 질문은 제기되지 않았다.[46]

간단히 말해, 양심의 자유는 인간의 복종 가능성으로 규정된다. 존 롤즈가 오늘날 내세우는 것도 이 내면의 강제에 보내야 될 존중이다. 그는 어떠한 유용성의 원칙도 도덕적 의무감을 "절대적으로 구속하는" 성질과 경쟁하지 못할 것이라고 말했다.[47] 똘레랑이 되어야 하는 까닭은, 자기 자신과 마주한 의무―도덕―가 각자 그것에 공손히 복종하도록 놔두어야 할 만큼 충분히 진지한 문제이기 때문이다. 똘레랑스는 인간을 그 자신의 내면의 확신에 복종하게 놔두는 것이다.

이성의 모든 수단을 행사하여 스스로 결정한다

"인간은 외부의 모든 영향으로부터 자유로워야 한다. (…) 그에게는 오직 내면의 법(양심)으로부터 받을 명령이 있을 뿐이다. 왜냐하면 그것이 그의 유일한 법이기 때문이다."[48] 피히테의 필치 아래, 우리는 복종의 문제가 전적으로 내면적 심의의 문제로 쉽게 옮겨간 것을 알 수 있다. 피히테는 내면의 법칙에 복종하기 위해 외부의 권위에 대한 인간의 자유를 말하고 있는 것이다. "이 '유일한 법'은 인간을 인간 되게 하는 성질 자체이다. 그래서 인간이 이 자치(즉, 자신의 법으로 주체적인)를 요구하지 않는다면 그는 '인간성, 개성 그리고 자유'를 포기하는 것이다."[49]

스스로 결정하기 위해 인간은 천성적으로 이성의 모든 수단을 행사하기 때문에 똘레랑이 되어야 한다. 칸트는 그 점에서 사고의 스승이다. 즉, 자유는 이성의 행사이며, 이성은 도덕법을 규정한다는 것이다. 우리가 한 개인의 견해나 행위에 동의하지 않으면서 그를 그 자신에게 맡겨지게 놔두는 것은, 그의 자유가 모든 인간에게 공통인 이성의 행사와 합류하는 데 따른다. 모든 인간은 이성적이기 때문에 자연적으로 선을 향해 나아간다고 가정하는 것이다.

양식과 판단력이 요구하는 대로

텔렘(이상향) 수도승들의 자유로운 생활에 관한 라블레의 관찰은 똘레랑스에 대한 그러한 정당화를 요약하고 있다. 성 아우구스티누스의 〈쿠오드 비스 파크Quod vis fac〉를 본떠서 수도원 현판에 새겨진 "원하는 것을 행하라"라는 명구가 단순하게 "마음에 드는 대로 하라"로 이해될 수 없다. 텔렘Telem 사람들의 자유는 자기 자신에 관한 권력이지 쾌락에 빠지라는 것이 아니다. 텔렘에서 인간은 스스로 '다스린다.' 이 표현은 텔렘에 군림하는 훌륭한 똘레랑스가 자아에 대한 자아의 권위로서 구상된 자유라는 것을 잘 말해 주고 있다.

인간다운 인간은 "양식과 판단력이 요구하는 대로" 이끌어지는 것이지 "종소리"에 이끌려지는 게 아니다.[50] 수도사 요한과 칸트 사이에 위치하는 스피노사는 복종의 이 형태가 인간의 내면적 자유, 그의 '자유의사' 로 구성된다고 관찰했다. 그는 마음에 드는 대로 행동하는 자가 자유롭다는 평범한 의견을 부인했다. 왜냐하면 그러한 자유는 흔히 "최악의 노예 상태"이며, "개인적 탐욕의 노예 상태이기 때문이다. 이와 반대로, 이성에 따라 삶을 임의로 인도하기를 택하는 개인이 자유로운 것이다."[51] 칸트는, 자유란 "이성이 스스로에게 주어지는 법 이외에는 그 어떤 법에도 복종하지 않는 데에 있다"[52]고 말한다. 자유롭다고 스스로 주장하는 자는 모든 이성에서 벗어나기를 바랄 수 있다. 그렇게 하면 그는 자유의 반대인 "동물적 충동"에 스스로를 내맡기는 것이다. 왜냐하면 그것은 감각과 열정에 대한 절대적 복종이기 때문이다.[53]

가령 1788년에 밀턴을 흉내 낸 미라보에게서 보듯이,[54] 자주 만나게 되는 이러한 접근은 기독교 전통 속에 깊이 뿌리박혀 있다. 그래서 19세기에는 비종교화 투쟁 태도가 그러한 접근을 취했던 것과 마찬가지로 교회도 이 접근을 공유하였다. 레오 13세는 그의 회칙《인간의 자유에 관하여》에서 인간은 "오직 감각에만 복종하고 오직 자연적 본능에 의해서만 충동받는"[55] 동물과 달리 그의 의지가 그의 이성에 복종하는 천성적으로 자유로운 존재라는 점을 상기시켰다. 1893년의 카네 신부에게 있어서 양심의 자유란, "지혜로운 존재가 그의 삶을 이끄는 권리이다."[56] 내면적 자유의 행사란 이성의 행사에 다름없다.[57] 여기서 합리주의자는 믿는 자와 합류한다. 그래서 쥘 시몽이 앵똘레랑스를 "우리를 지혜롭게 만들어준 하느님의 의지"[58]에 대한 모욕이라고 강조할 때, 프리메이슨 단원인 부글레는 1892년에 양심의 자유가 이성에 근거를 둔다고 주장했고, 또 비종교(세속)화 투쟁가인 데오다로쉐는 "자유는 자의와 무질서에 있지 않고 이성의 법에 복종하는 데에 있다"[59]고 지적했다. 제2차 바티칸 공의회의 맥락에서, 장 마리 베씨에르는 "진정한 자유는 순종하고 복종하는 데 있으나, 올바른 이성에 복종하는 데 있다"[60]고 공의회의 고찰을 확장했다.

또한 몽테뉴나 라 브뤼에르에게서 볼 수 있듯이, 인간적인 것이 있는 곳에는 어디든지 이성이 있다는 것을 확신하게 되었다.[61] 똘레랑스의 세기가 임박할 무렵에 푸펜도르프(1632~1694)같은 자연법사상의 주창자들은 물론, 소치니 학파의 비스초와티처럼 이성에 기반을 둔 종교의 지지자들도, 인간이 "천성적으로 이성의 빛을 갖고 있으며 그 빛에 힘입어 행동할 수 있"[62]고, "이성적 동물인 인간은 (…) 그들 자신의 눈에 의해 인도된다."[63]고 확증했다.

이제 인간은 천성적으로 이성의 법에 복종하기 때문에 그들 스스로에게 맡겨질 수 있게 되었다. 계몽주의 철학자들은 똘레랑스를 역사적 전망 속에서 고려했다. 즉, 똘레랑스가 필수적이 된 것은, (과거에는) 무지와 미신의 제국이 인간을 그들의 미성숙한 이성에 내맡길 수 없음을 정당화했지만 이제는 인간 정신이 몽매주의에서 벗어났기 때문이라는 것이다. 이러한 비전은 말제르브나[64] 콩도르세에게서 명백하다. 한편 칸트는 모든 인간이 "다른 이에 의해 인도되지 않고" 그들의 판단력을 사용할 수 있기에는 아직 어림도 없다고 확증한다. 그러면서도 그는 그들이 조금씩 "미성년의 상태를 벗어나는"[65] 길을 가고 있다고 인정했다. 70년 뒤에 존 스튜어트 밀은 이성의 진보로부터 결론을 끌어내, 이제부터 인간은 자유로운 토론을 통해서 발전할 수 있다고 주장했다.[66] 1912년에 부드빌은 인간의 역사에 관한 매우 실증주의적인 비전 속에서, 인류는 본능과 감각 그리고 상상의 즉각적인 제약들에서 해방되어 드디어 이성의 단계로 접근했다는 사실을 통해서 똘레랑스를 정당화한다. 인간은 이제 "자신의 운명의 심판관이자 주인"[67]으로서 취급되어야 한다는 것이다.

그러므로 똘레랑스는 레이몽 폴랭이 자유주의에 적용한 표현에 따르면, "자유와 이성의 본질적 일치 형태로 된 신조"[68]이다. 이성이 전인격체에게 말하고, 또 전인격체가 그것을 듣는 것이라고 상정하는 신조이다. 그래서 똘레랑스의 자세는 그것의 한계를 발견한다. 스피노자는 "강제가 필요한 것은 바로 인간이 올바른 이성에서 벗어나 쾌락의 탐욕과 마음의 열정을 따를 위험이 있는 한에서이다"라고 말했다.[69]

똘레랑스의 반대자들은 곧은 이성의 이 '거절'에서 인간 본성의 불변요소를 보았다. 그래서 교회는 인간에게 그 자신의 법에 따르게 내맡기면 그를 이성에서 벗어나게 하는 것이라고 주장하였다. 인간은 "이성적 존재의 지혜를 가질 수 없는 애정"[70]에 예속되었기 때문에 자유로운 존재로 고려될 수 없다는 것이다. 레오 13세가 똘레랑스를 그 자체 하나의 가치로 인정하기를 거부했던 것은 이 원칙의 이름으로였다.[71] 인간이 마음 내키는 대로 행한다는 것은, 그가 바라는 바를 행하는 것, 즉 의지의 자유를 나타내는 것을 뜻하지 않는다. 열정의 예속 상태에 대항하는 이성의 법으로 이해된 자유의 논리에 따르면, 똘레랑스는 자유에 대한 중대한 적으로 나타나며, 거꾸로 열정에 대한 탄압에 의미를 부여한다. 조제프 드 메트르가 강제권을 완전한 하나의

'인간의 권리'로 주장했던 것은 내면적 자유의 개화가 채찍을 통해서
이루어진다고 내세우면서였다.

가장 자연적이며 확실한 안내자

우리의 텔렘(이상향) 사람들은 그들 자신의 이성에 맡겨졌다. 그들의
이성은 그들에게 공유된 이상과 개인과 집단의 도덕법을 설계하도록
하였던 바, 그것에 대해 라블레는 매우 엄격한 칸트의 서술을 미리 보
여주었다. 각자에게 남을 즐겁게 하도록 이끄는 사랑의 법에 모든 사
람이 복종하는 것은 "원하는 대로 행하라"의 전제조건이다. 여기서 복
종은 엘리트의 속성이다.

　그러나 모든 사람이 동의하는 참과 선의 질서가 존재하는가? 고대
로부터 그로티우스에 이르기까지 자연권 이론은 이성이 차이를 초월
하여 각자에게 하나의 동일한 도덕적 진리를 제시한다고 시사했다. 이
러한 확신이 마틴 클리포드(1675)로 하여금 똘레랑스의 맥락에서, 동
요되지 않을 기독교의 유지에 관하여 대단히 평온한 모습을 보일 수
있게 했다. "'가장 낮은 단계에 있는 인간의 이성'도 그를 반드시 진리
쪽으로 향하게 한다."-72 "자유는 이성의 행사로써 '가장 자연적이며
확실한 안내자'이다."-73 스피노자와 레싱, 그리고 칸트에게 이 자유
는 "모든 인간과 모든 시대에 걸맞은 하나의 유일한 종교를"-74 지정
한다.

　계몽주의의 세기에 일반화된 이 사상은 또한 비종교의 정신의 중심
에 자리 잡았다. 그 다음 세기에 사상의 자유는, 다양한 상상력의 산물
인 피상적 차이를 초월하여, 건드릴 수 없으며 모든 인간의 이성에 의

해 받아들여진 원칙들에 기본체가 존재한다는 사실을 통해 정당화되었다. '독립적', 혹은 '보편직' [75]이라고 불리는 이 도덕은 가자의 이성과 일치하기 때문에 양심의 완전한 자유 상태에서 모든 사람에 의해 받아들여질 수 있다. "우리가 성경이나 코란을 펴보거나 힌두교도나 중국인의 경전을 보면 그 모든 곳에서 동일한 잠언을 발견하게 된다. 너는 결코 살인하지 말 것이며, 너는 결코 훔치지 말 것이며, 너는 결코 이웃에게 피해를 주지 말 것이며 등이다. (…) 이 진리는 어느 특정 종교의 독점물이 아니다." 비종교(화운동)의 이행에 기초가 된 것은 특이한 견해들과 구별되는 이 공동의 가치이다. 데오다 로쉐에게 인간의 자유는, 따라서 "직관, 즉 진리와 아름다움과 선의에 대한 직접적이고 심오한 시각"에 의해 규정된다. 인간은 "기본적 진리"를 공유한다. 이러한 보편적 이상은 "질서를 확실히 보장한다." [76] 또 부드빌에 따르면, 공화국 체제 고유의 견해의 자유는, 개인적 동기와 공동의 동기가 "개인적이고 혹은 사회적인 선과 유익함" [77]을 지정한다는 점에서 그 정당성을 확보한다.

똘레랑스의 어떤 옹호자들이 "개인적 양심이 (…) 가치를 창조한다" [78]고 확신한다고 하여, 그들이 그 가치를 불확정적이라고 생각한 것은 아니다. 어떤 사람들에게 개인적 인간은 성스러운 이해력에 속한 어떤 개념을 실현하는 것이고, 다른 사람들에게 "인간은 인간적 본성의 소유자이며, 각 인간은 하나의 보편적 개념, 즉 인간의 개별적인 본보기이다." [79] 두 경우에서 똘레랑스는 정해진 인간적 모델을 향한 성향으로 생각하는 자유에 맡긴다. 각자가 특유의 이해관계를 따를지라도 개인적 동기는 공동의 가치를 향하여 모인다. 자유의 마음속에 깃

들어 있는 이러한 결정론─"식물의 자유"[80]─은, 가치로서의 똘레랑스를 세우는 조건으로 남아 있다.

똘레랑스는 개인적인 이성이 모든 사람들에게 동일한 가치를 규정하지 않을 때에도 적절한 것인가? 새 천년의 여명기에 이 질문은 대단히 민감한 것이다. 이에 대해 사람들이 진술하고 있는 것은 확실한데, 가지각색의 방식으로 말하고 있다. 레이몽 폴랭은, 인간이 기존 혹은 저변의 모델을 벗어난다고 본 루소와 함께 근본적인 단절이 시작되고 있음을 지적하고 있다.[81] 다른 사람들은 1896년부터 앙드레 지드의 《지상의 양식》의 출간이 환기시켰던 '가치들의 위기'를 오히려 비난하고 있다. 또 다른 사람들은 1910년대에 가치의 보편성을 인정하지 않는 문화상대론의 주장에 바탕을 둔 인류학의 출현을 지적한다.[82] 그리고 또 다른 사람들은 실존주의 혁명을 강조하는 바, 그것에 따르면 "인간의 본성이라는 것은 없다. (…) 인간은 스스로 품는 바와 같은 것이면서 스스로 원하는 바와 같은 것이다. 즉, 존재 이후에 품어지는 대로의 존재인 것이다. 〔…그는〕 그가 되고자 하는 것 이외의 그 아무것도 아니다."[83]

자유에 관한 아주 근본적인 개념에 속하는 이러한 다양한 성찰들은 똘레랑스의 고전적 비전을 혼란시킨다. 그래서 교회가 '자유주의 교리'에 대립시켰던 이의異議가 다시금 특별히 강조되고 있다. 즉, 만일 개인에게 그 자신의 법의 작성자라는 자격을 부여한다면, 더 나아가 만일 인간의 속성이 모든 순간에 스스로를 창조하는 것이라면, 이 새로운 '인본주의'는 '절대적 똘레랑스'─최강자의 법 속으로 스스로 소멸되어 없어지기 때문에 불가능한─를 강요하게 된다는 것이다.

1968년의 운동이 요구했던 완전한 자유가 우리 시대 특유의 개인주의적 주관론이 빈번히 앵똘레랑스로 이끈다는 것을 보여주지 않았던가?[84]

그 이후로 존 롤즈의 목소리처럼 여러 목소리들이 일어나 똘레랑스는 "세계에 대한 공동의 인식과 이해에 의거하여 모두에게 받아들여질 수 있는 근거 자료와 논증에 바탕을 두고"[85] 한계를 되찾을 때만 가치로서 생각될 수 있다는 것을 다시금 주장하였다. "가치와 확신의 다신교 속에서, 그것 없이는 사회가 금방 살기 어렵고 통치 불가능해지는 그런 공동의 윤리적 공간을 어떻게 구성할 것인지에 대해"[86] 자문하게 되었다.

자발성과 무상성無償性

'순수한 자유', 즉 인간이 기존의 모든 질서와 모든 유용성에서 해방되어, 자발적으로(동기 없이) 그리고 무상으로(목적 없이) 행동할 자유가 있다는 사상이 똘레랑스를 위해 자주 제시되었다. 똘레랑스를 옹호하기 위해, '현대의' 똘레랑은 베풂과 창조를 말하는 한편, 교회의 한 신부는 참된 종교란 자발적인 충동이라고 결론 내린다. 이 두 접근은 자발성이며 무상성인, 순수한 자유라는 동일한 요구를 참조케 한다.

인간의 자유는 '베풂'에서 표현된다

성 베르나르의 《은총과 자유로운 심판에 관하여》라는 저서 제목은 베푸는 자유를 암시하고 있다. 하느님이 행하는 최고의 자유에, 즉 순수한 베풂[1]인 하느님의 은총에, 인간의 자유가—하느님의 자유가 인간의 마음속에 임하면서 굴절된 것인 ― 대응한다. 루터는 신앙의 성격을 분명히 하기 위해 성령 속의 "자유로운 작업freies Werk"[2]이란 표현을 사용했는데, 이 표현은 다음의 두 가지 의미, 즉 성령은 자유롭게 영혼 안에서 작업하며 영혼은 하느님 품안에서 자유롭게 작업해야 한다는 뜻으로 이해되어야 한다. 참된 종교는 하느님과의 관계임과 동시에 사랑의 증거로서, 루터에 따르면, 복종과 유용성이라는 절대적 필요성에서 해방된 것이다. 그래서 우리의 행위가 구원 여부를 결정하지 못하는 것은, 하느님이 사랑의 품안에서 그가 바라는 대로 은총을 베풀기 때문이다. 인간의 작업에 관해 말하자면, 그것은 하느님에 대한 무상이면서 자발적인 찬양이어야만 하기 때문에 기존의 그 어떤 법에 의해서도, 또 그 어떤 이해관계에 의해서도 지시될 수 없다.

16, 7세기에 똘레랑스의 옹호자들은 종교의 바탕 자체로서 두 가지 자유, 즉 하느님의 자유와 인간의 자유를 강조했다. 카스파르 슈벤크펠트는 종교의 이 두 측면을 명백하게 기술했다. "하느님의 말씀은 자유롭다. 〔성령〕은 조항들로 인해 폐쇄되지 않고 제약되지 않으며 집착되지 않는다. 성령은 또 바람보다 포착되지 않고 제어되지 않으며 사로잡히지 않는다."[3] "양심의 제약, 조항의 작성, 인간의 법제 교육은 신앙과는 아무 관계가 없다."[4] 성령의 베품에, 하느님에 대한 인간의 자유로운 베품이 응답한다. 한쪽에서는 하느님이 우리 안에서 자유롭고, 다른 쪽에서 인간은 하느님과의 관계 안에서 어떠한 규칙에도 복종될 수 없다. "바람은 제가 불고 싶은 대로 분다. 너는 그 소리를 듣고도 어디서 불어와서 어디로 가는지를 모른다."(〈요한의 복음서〉 3:8) 신비론자 세바스티안 프랑크나 재침례파 교도들에게 양심의 자유는 인

간의 자유라기보다는 인간의 마음속에 임한 성령의 자유이다.[5]

하느님은 완전무결하게 자유롭기 때문에 그가 원하는 자에게 신앙을 베푼다. 그러므로 똘레랑스는 이 하느님ㅡ바라는 대로 모든 피창조물에게 말하며 마음에 드는 대로 피창조물에게 행하는, 그 어떤 기존의 질서나 그 어떤 목적이 그를 결정하도록 하지 않는ㅡ에 대한 존중일 뿐이다. 동시에 이 자발성ㅡ무상성은 본래 어떤 규칙에도 의거하지 않은 무한한 사랑의 발현이다.

종교는 '하느님의 자유로운 베풂' '은총의 베풂'[6]이므로 그 어떤 제약의 대상이 될 수 없다. 신교도들은 성 요한뿐만 아니라 성 바울로의 〈고린토인들에게 보낸 첫 번째 편지〉를 기꺼이 인용했다.(12:11) "이 모든 것은 같은 성령께서 하시는 일입니다. 성령께서는 이렇게 당신이 원하시는 대로 각 사람에게 각각 다른 은총의 선물을 나누어주십니다." 성령의 자유로운 이 베풂은 복종이나 유용성의 원칙들과 근본적으로 관계가 없다. "성령은 항상 참된 종교를 동반하며, 이 종교를 갖는 모든 사람은 자신을 위해 돈으로 사지 않는다. (…) 이 성령은 지상의 모든 이해관계와 동떨어져 있으며 그 어떤 부와 권위도 행사하지 않는다. 성령은 요구하는 자들에게 자유롭게 베풀고 요구하지 않는 자들에게까지도 자신을 베푼다."[7] 똘레랑스는 하느님의 자유 앞에, 즉 마냥 베푸는 하느님의 사랑 앞에, 상석을 양보하는 데에 있다. "양심의 자유는 은총의 질서에 속한다."[8]

똘레랑스는 또한 피창조물의 베풂에 대한 양보이다. 하느님의 자유로운 사랑에 대해 "하느님에 대한 영혼의 자유로운 베풂"[9]으로 응답해야 하는 것이다. 루터에게 기독교인의 자유는 하느님을 위한 사랑

이외의 모든 동기로부터의 해방으로서 무상, 즉 어떤 이해관계도 없는 순수한 행위이며 선험적이기까지 한 것이다. "하나의 일로 하느님을 기쁘게 하거나 하나의 행동이 하느님에게까지 다다르는 것은 그것들이 자유로운 사랑의 충동 속에서 달성된 게 아니면 가능하지 않다."[10] 인간은 베풀 수 있기 위해 자유로이 창조된다. 베씨에르 신부가 요약했던 것처럼, "자유는 사랑의 조건이며, 따라서 사랑만이 우리들 자유의 유일한 존재 이유이다."[11]

베푸는 자유 없이는 참된 베풂이 없는 것처럼, 믿을 자유 없이는 참된 종교가 없다. 16세기의 3반세기 초에 샤른슐라거는 루터를 본받아서 다음과 같이 주장했다. "하느님의 사랑은 '압박이나 제약을 받지 않고 자발적으로 하느님에게 봉사할 수 있는 것'을 전제한다."[12] 똑같이 세바스티안 프랑크에게 있어서 하느님과의 관계는 반드시 모든 명령으로부터 자유로운 것이다. 오직 '자발적이면서 즐거운' 베풂만이 신성의 뜻에 맞는다. 그가 성 바울로[13]의 권위를 빌어 "종교에 관한 모든 것은 '순수한 성령의 자유' 안에서 자유롭게 이루어져야만 한다"[14]고 지적했던 것은 이 이유에서이다. "하느님은 하느님 자신의 법에 관하여조차도 우리가 필요에 의해서가 아니라 완전히 자유로우면서 자발적으로 행하기를 바랄 정도로 우리가 자유롭기를 원한다. (…) 어떤 일이나 법이나 성문 규정의 압박 아래 일어난다면, 그것은 신앙이나 자유 성령의 충동이나 영감에서 생겨난 것이 아니다."[15]

카스텔리옹은 하느님이 "자발적인, 즉 강제되지 않는 제자들만 있기를 원한다"[16]고 반복하여 말했다. 18세기 중반까지 수많은 사람들이 하느님은 "결코 종교에 대해 강제된 고백을 원하지 않으며,"[17] 종교 고백은 "자유롭고 자발적이어야 한다"고 상기시켰다. 하느님은 "마음으로부터의 경의를 원한다."[18] 다른 표현으로, 참된 종교는 베풂의 논리에 응답하는 것이다.

이러한 관찰을 뒷받침하기 위해 똘레랑스의 옹호자들은 세기 초 성부들의 말을 인용했는데, 그것은 흡사 그처럼 근본적인 자유임에도 이를 확인시키기 위해 권위적인 논증의 힘을 빌리고자 했던 것과 같다. 볼테르는 테르툴리엔을 불러 세웠다.[19] "종교의 자유를 빼앗고 신성에 관한 견해들을 억압하겠다고 주장하는 것은 다만 배교背敎에 지나지 않는다. (…) 힘은 결코 종교에 속하지 않는다. 강제에 의해서가 아니라 자진해서 종교를 포용해야만 한다. 〔…종교는〕 힘에 의해서가 아니라 자발적으로 받아들여져야만 한다. 왜냐하면 헌신은 선의로만 요구되는 것이기 때문이다. 그렇기 때문에 만일 당신이 우리에게 헌신할 것을 강요한다면, 당신은 사실상 당신들의 신에게 아무것도 주지 않게 될 것이다. 신들은 마지못해 제공된 희생물을 필요로 하지 않는다."[20] 그리스도교이든 이교이든 자발적 행위가 없는 것은 다만 예배 자체를 사라지게 하는 것이므로 테르툴리엔이 종교 문제에 관한 모든 의무를 종교에 대한 범죄 행위로 규정했던 것을 확인시킨 것이다. 또 자유 없이는 유효한 예배도 없다는 확신에 의거하여 종교의 완전한 자유를 허용했던 니코데미 칙령이나 리치니우스 칙서(313)도 언급했다. 또 4세기 아프리카의 기독교 변증론자 락탕스를 인용했는데,[21] 그는 자유로운 헌신 이외에는 참된 헌신이란 없으며, 따라서 강요된 모든 종교적 실천은 신성 모독 행위라고 주장했다. "우리는 자신의 의사에 반하여 하느님을 숭배하도록 요구하지 않는다. (…) 자유가 거처를 정한 곳은

바로 종교 안에서이다.[22]

　따라서 똘레랑스는, 하느님과 그의 피창조물 사이의 자유로운 사랑의 관계 속에서, 강요된 규칙이나 이해관계가 반드시 없어야 한다는 것에 바탕을 두고 있다. 그러한 곳에서는 명령도 목표도 있을 수 없다. 하느님에 대한 복종의 위대성은 그 무엇도 복종하도록 강요하지 않는다는 사상 속에 자리 잡고 있다. 똘레랑은 그에게 근본적으로 보이는 법을 위반하는 상황에 마주하여 이 절대적 자유의 발현 앞에 굴복하는 것이니, 왜냐하면 이 발현만이 유일하게 그 자신의 복종에 가치를 주기 때문이다. 여기에 앵똘레랑스의 죄가 있다. 즉, 베푸는 의무와 이해관계에 따른 행동이 자비[23]의 행위를 없애버리는 것처럼, 강제는 진정한 종교를 사라지게 한다.[24] 똘레랑스는 인간이 아무 제약도 없고 아무 이해관계도 없는 자유로운 행위를 설정하도록 허용한다는 점에서 참된 종교의 필수불가결한 조건이다. 바나주는, 목자가 폭군일 때, 혹은 방목지(삶의 편의)가 폭군의 절대 복종 아래 있어야만 풍부할 때, 양들의 사랑을 진실한 것으로, 즉 그 양들을 주인과 연결시키는 관계가 무보수성인 것으로 판단할 수 없다고 말했다.[25] 한마디로 종교란, 이봉 신부의 표현에 따르면, "피창조물이 창조주에 대한 그의 전全 존재로 행하는 성실한 찬양 속에"[26] 있기 때문에 자유로운 예배 속에만 진정한 종교가 있다.

　자유에 관한 종교적인 이 비전이 서로 간의 자유로운 사랑 속에서 희미해질 때 똘레랑스 편에서 잃어버린 듯한 논증을 재보게 된다. 만일 하늘이 텅 비었다면, 그래서 만일 누구도 모든 지상의 사소한 일들 이상으로 강제 없는 베풂을 실천하지도 않고 요구하지도 않는다면, 자

유는 모든 인간의 침해로부터 보호해 주는 중대한 토대를 빼앗기게 되
는 것이다.

틀림없이 기독교는 하느님의 사랑과 이웃 사랑은 단지 하나일 뿐이
라고 선언한다.[27] 루터 교리의 근본적인 면의 하나는 이 등가等價에서
결론을 끌어내고 있다는 점이다. 즉, 인간은 하느님에 비하여 자유롭
게 살고 있으므로 그들은 필연적으로 서로가 서로를 비교하여 똑같이
살게 된다는 것이다. 기독교인의 자유는 한편으로는 명령에서 벗어나
고 다른 한편으로는 이해관계에서 벗어나,[28] 그의 이웃에 대해서와
똑같이 하느님에 대해 "자유로운 사랑의 행위를 통해 무상으로" 행동
하는 가능성이다. 믿음 안에 있을 때부터 기독교인은 이웃의 의지에
자신을 내맡기는ㅡ"모든 일에 부역해야 하고 모든 사람에게 복종하는
노예가 되는"ㅡ것으로 되돌아가는 "자유롭고 자발적이며 즐거운 존
재"가 되려고 몰두하게 된다. 라블레의 텔렘(이상향) 사람들을 본떠서
기독교인은 자신의 즐거움을 각자의 즐거움 속에서 발견한다. 그는 인
간의 권력에 복종하게 될 터이니, "자유롭게 타인과 권위에 봉사하고,
그래서 자발적인 자선 행위를 통해 욕구를 성취할 것이다."[29] 압제의
길이 열리게 되고 '자유로운 사랑'의 법은 모든 관용의 문제의식을 없
애버린다.

이처럼 루터는 일찍이 그의 극단적인 논리 속으로, 즉 복음의 초연
함의 논리 속으로 밀어붙인 자유의 원칙에 기초한 똘레랑스의 귀결을
명백히 보여준다. 너에게 외투를 요구하면 너는 속옷까지 벗어주고,
너의 한 쪽 뺨을 때리면 너는 오른쪽 뺨도 내민다. 루소는 모든 것에
대한 이러한 무관심은 가장 높은 영적 이상으로부터 생긴다고 말하게

되었다. 그러나 무관심은 모든 정치적 질서를 해체하기 때문에 실천될 수 없는 것이다.

무상의 삶에 관한 루터의 신비적인 고찰의 이쪽에서―규칙과 공동 이익의 쪽에서― 베풂은 인간 공동체의 구성 요소들 중 하나이다. 베풂 없는 사회는 없다. 똘레랑스는, 하느님에 대한 자유로운 베풂에 남겨놓은 자리로서가 아니라 같은 인간에 대한 자유로운 베풂에 남겨놓은 자리로서 특별한 부각을 유지한다. 똘레랑스는, 각자 모두가 가장 훌륭한 사회적 관계인 사랑을 표현하고 공동체에 자발적으로 기여하도록 놔두기 위해 필수적이다.

피히테는 이 무상성의 요구를 통해 사상의 자유를 분명하게 정당화하면서 그것을 옹호했다. 이 칸트의 제자에게 사고는 자발적이며 목적이 없고 힘이 없으므로 순수한 베풂의, 따라서 인간성의 가장 고상한 영역이다. 즉, 사고는 "가장 〔인간〕 다운 교환이며, 자유로운 베풂이며, 그것이 지닌 가장 고귀한 것의 자유로운 수용이다." 자유롭게 주고받을 권리는 양도 불가능이다. 그 권리를 포기하면 더 이상 인간이 될 수 없으므로 그 누구도 포기할 수 없다.[30] 또 존 스튜어트 밀은 사상과 행위의 독창성과 자발성의 가치를 강조했다. 의심할 바 없이 그것들은 진보와 행복의 조건이며, 또한 각자가 지닌 가장 진실한 것을 통한 자유로운 베풂이며, 사회적인 것의 몸 자체이다.

자발성과 무상을 그 자체로 보존하고자 하는 고심을 자유주의적인 19세기의 또 다른 성찰의 장場, 즉 자선의 장 안에서 볼 수 있다. 중대한 의무에 관계될 때라 할지라도 자유로이 베풀 수 있는 상태에 있어야 하는 것은, 인간 사이에 우애 관계를 유지하기 위해서는 무상의 베품의 가능성을 없애서는 안 되기 때문이다. 똘레랑스도 마찬가지여서 그것은 "보편적인 정신의 성찬식에서의 '최후의 만찬'의 빵"[31] 처럼 이웃과 진리를 나누어 가질 것을 호소하는 것이다. 각자의 권리는 각자의 특이성 안에 있다. 이 특이성을 받아들이는 것은 그 이웃 자신을 받아들이는 것이며, "베풂을, —어떤 의미에서 그 이웃의 영혼과 성실성의 베풂"[32]을 받는 것이며,—가브리엘 마르셀이 택한 이미지에 따르면— 타인의 동기들과 함께 그 자신의 "영적 생명"[33]과 함께 일체가 되는 것이다.

이러한 시각에서 볼 때, 똘레랑스는 사회적 관계의 건설에 자유로운 장場을 남겨두는 데에 있다. 사고의 표현은 자아의 베풂이므로 그 표현을 못하게 하는 것은 특이한 것을 지닌 개인을 거부하는 것이 되고, 따라서 공동체의 관계를 부정하는 것이 된다. 표현된 사상의 진실성과 중요성은 여기서 별로 중요하지 않다. 한 어린이의 선물을, 그가 대수롭지 않은 물건을 제공한다고 해서 거절할 것인가? 틀림없이 이 선물을 거절하는 것은, 용서받지 못할 것이라고 쓰인 성령에 대한 매우 신비로운 죄와 비슷한, 잔인한 행위가 될 것이다.

인간의 자유는 '창조'에서 표현된다

순수한 자유는 또한 창조에서도 표현된다. 이 창조가 하느님의 특권이든, 현대에 소중해진 '자아의 창조'이든 마찬가지다.

16세기의 신비주의자들은 "양심은 자유롭다. 왜냐하면 양심은 창조적인 성령의 현존성이기 때문이다"라고 주장했다. 만일 인간이 자유롭다면(자유로워야 한다면), 그것은 성령이 그의 마음속에서 자유롭기(자유로워야 하기) 때문이다. 규칙이나 규정에 묶여 있는 인간을 상상하는 것은 그의 마음속에서 하느님의 성령을 내쫓는 게 된다. 이 사상은 종교개혁 운동 사조의 중심에 자리 잡았다. 예컨대 루터에게 기독교인들은 "자유로워야 하고 용기 있어야 하고, 따라서 자유의 정신이—성 바울로가 일컬었듯이(《고린토인들에게 보낸 둘째 편지》 3:13)— '패주하는 것을' 똘레랑스해서는 안 된다."[34]

야콥 뵘과 더불어 16세기의 여러 신비주의자들은 창조주의 자유를 내세워 사상의 똘레랑스를 옹호했다. 성령은 모든 필요성과 모든 계명을 초월한다. 그것은 파악할 수 없는 것으로서 교리나 종교 의례 속에 가둘 수 없는 것이다. 가두기는커녕 스스로 말하고 각 인간의 마음속에서 말하도록 놔두어야 한다. "하느님의 정신은 법을 강요하는 것을 허용하지 않는다."[35] 마찬가지로 1605년의《폴란드 교회의 교리 문답집》은 성스러운 것에 관한 자유로운 견해 표현을 거부하는, 전지전능한 창조주에 맞서 싸우겠다는 자만에 대해 항의했다. "섬기는 자들의 마음속에 하느님이 밝히고자 했던 성령의 불을 끄고 소멸시키려고 애쓰는 하찮은 인간들인 너희들은 과연 누구인가?"[36] 이 발언은 각 양심 안에서 성령이 자유롭게 말한다고 인정하고 있다. 그런데 이 발언은 성령의 말씀의 자유라는 이름으로 또한 '견해'—여기에 이 단어가 등장한다. 비록 '성스러운 것'에만 관련될지라도—를 표현할 수 있는 자유를 주장하고 있다. 바일은 "양심의 권리는 (…) 바로 하느님 자신의 권리"[37]라고 말한다.

낭만주의적 자유주의의 19세기가 루소의 세기로부터 물려받은 '천품'이란 주제를 다시 택하면서 똘레랑스를 정당화했을 때, 그 세기는 어떤 면에서는 동일한 전망 속에 있었다. 천품이 영감인 한, 즉 그것이 마음속에 모든 면에서 인간을 뛰어넘는 존재를 증언하고, 성령의 세속화 방식으로 자연에 대한 창조적 도약을 증언하는 한, 인간 속에 임한 천품이 스스로 말하도록 놔두어야 한다. 이 요구는 틀림없이 천품의 자유 안에서 공동체의 최상의 목표를—진리에 관한 것이든, 행복에 관한 것이든— 달성시킬 수단을 보았던 공리주의의 논리와 결합된 것이다. 그렇지만 동시에 천품은 그 자체를 위해, 그 자체의 가치로 상정된 자발성을 위해 창조의 가능성으로, 그리하여 인간의 속성으로 효과가 있다.[38]

피히테는 여기서도 두 접근법의 접합점에 있는 것으로 보인다. 그는 사상의 자유가 국가를 번영시키리라는 것에는 별 관심이 없었다. 그가 입증하고자 했던 것은 사상의 자유 속에 인간의 행복이 있다는 것과, 그 자유가 '자유로우며 구속받지 않는 자발성 안에서' 실현되리라는 것이었다. 마찬가지로 존 스튜어트 밀도 인간의 진보 안에서 사상의 자유가 행하는 역할의 이름으로 '개인적인 자발성'을 옹호하였는데, 그 또한 자유로운 발현으로서 그것의 가치를 강조했다. 그래서 그는 그가 살았던 시대의 분위기에 대해 불평했다. "악은 습관적인 사고방식들이 개인적 자발성의 내재적 가치나 고유의 장점을 거의 인정하지 않는 데서 발생하고 있는데 (…), 도덕적 개혁론자들은 (오히려) 자기들의 이상에서 자발성을 배제하고 있다."[39]

일반적으로 공리주의자들은 창조적 천품에서 진보의 조건뿐만 아니라 인간의 속성도 관찰했다. 이 논증은 19세기에서 20세기로 넘어가는 시점에 수많은 똘레랑스 옹호자들에 의해 채택되었다. 1901년, 〈양심의 자유에 관한 '인민 회의'〉에서 레이요는 사고의 자유의 바탕을, 스스로가 자신의 운명을 창조하고 그의 "행동 방식이 미리 결정되지 않은" "개성"의 표징인 "자발성"의 요구에 두었다. 인간성을 구성하는 이 자유와 마주하여 "나는 멈추고 행동하기를 삼가야만 한다."[40] 1912년에 부드빌은 각 인간의 내부에서 그의 "창조적 천품"이 말하도록 놔둘 것을 요구했다. 우리가 영광을 보내는 것이 인류를 발전시키는 사람들, 즉 "학자, 예술가, 사상가들" 안에 있는 이 천품임에 분명하다. 그렇지만 우리가 또 양보해야 할 것은 존재의 가장 숭고한 형태로서의 "창작력과 창조성"이다. "창조적인 활동이나 사상의 포교 활동"은 "살 권리 자체처럼"[41] 성스러운 것이다. 양심의 자유에 반대하는 사람들은 "'아무것에나'에 내맡긴 자유, 그러니까 최악의 것에 맡겨놓은 자유로구먼!"이라고 항의한다. 양심의 자유의 지지자들은 "아니다"라고 반박한다. 왜냐하면 그 자유는 공통의 본성─그 자체가 인간의 모든 노력을 진, 선, 미로 향하도록 이끄는─으로부터 인간이 창조한 사상과 함께 가기 때문이다. 양심의 자유에서 유래한 똘레랑스는, 따라서 공통으로 인정되는 이상을 향한 동일한 긴장 속에서 그것의 존립 근거와 한계를 발견하게 된다.

오늘날 창조에 관한 지배적인 사상은 이러한 공동의 이상에 의거하지 않는다. 똘레랑스의 옹호자들이 보기에도 이 사상의 급진적인 특징은 더 이상 합리적으로 똘레랑스를 정당화하도록 허용하지 않는 것이다. 레이몽 폴랭에게 있어서, 미리 존재하는 "인간 본성"의 실현이라는 사상이 흐려진 것은 장 자크 루소 때문이다.[42] 그때부터 현대의 이러한 확신, 즉 인간의 자유는 그의 내부에서 인간성의 본질을 되찾는 것이나 또는 그 본질을 표현하도록 놔두는 것이 아니라, 스스로 완전하게 하고 스스로를 초월하는, 그리하여 마침내는 스스로를 창조하는 데 있다는 확신이 자리잡기 시작했다는 것이다. 인간은 그 자신과 자신의 가치들을 창조하는 조화의 신이므로, 개인 건설의 모든 형태들이 어떤 모델에도 참조되지 않은 채 정당화된다.

절대주관주의의 결과에 대한 불안감 속에서, 우리는 각자를 그 자신의 가치의 주인으로 만듦으로써 아무것이나 할 수 있도록 허가하는 이 자유주의적인 똘레랑스에 대한 비난을 알아차린다. 그러나 이러한 비판들에 비추어 현대의 똘레랑스는 무상의 행위에 관해 열정을 보였던 앙드레 지드를 떠올리게 한다. 이러한 흐름 속에서, 개인의 모든 발현은 그 발현이 이유도 없고 목적도 없다는 사실 하나만으로 순수한 창조─모든 결정론에서 벗어난 것으로 보이기 때문에 정당성 있는─로서 주어진다. 최초의 창조적 제스처는 자발성과 무상이 아니던가? 자발성은 창조일 것이고 무상도 창조일 것이다. 칸트는 그의 전성기에 "대담한 도약에서"[43] 이성의 법 자체로부터 스스로 벗어난다는 자만에 대해 야유하면서 규범의 해방을 통해 개인의 창조적 능력을 믿는 것에 대해 이미 주의를 환기시켰다.

창조적 인간에 대한 실존주의의 개념도 자아 발견을 맹세한 동류 인간의 자유에 대한 존중이 되어야 하는 똘레랑스를 정당화하는 것으로 보인다. 만일 우리가 선택하는 것을 피할 수 없다면, 즉 우리가 이 급진적인 자유를 강요받고 있다면, 선험적으로 정당화되지 않은 순수히 자발적인 사상과 행동을 무릅써야 한다. 그 어떤 행동 규범도 없다면 오직 "근거 없는 결정, 허공으로 뛰어내리기"[44]만 있을 뿐이다. 개인은, 사르트르의 비유에 따르면, 미술가가 그림을 창조하는 것과 똑같이 자신의 도덕을 창조한다.[45] 급기야 우리는 세계의 명백한 질서를 반대하고 "현존하는 것에 대한 경멸을 조장"[46]하도록 허가받고, 나아가 독촉받기까지에 이른 것이다.

그렇다면 이 급진적인 자유가 똘레랑스의 원칙 자체를 부정하도록 이끌지는 않는가? 루터에 의한 기독교인의 자유처럼 모든 규범으로부터의 이 해방이 '자제의 이론'에 귀착하지는 않을 것이다. 설령 인간이 더 이상 그 자신의 바깥에 있는 진리에 동참하려 들지 않는다 하더라도 본심은 계속 지켜야 한다.[47] 왜냐하면 그는 하나의 '입장'을 가지도록 요구받고 '앙가주망Engagement'을 통해 그 입장을 옹호하도록 요구받기 때문이다. 여기서 똘레랑스의 속성인, 앙가주망대로 행동하는 것의 중지는 정당화될 수 없다. 찬동하지 않는 것에 대해 전력을 다해 반대하지 않게 하는 태도에 우리는 과연 어떤 가치를 부여할 수 있는가? 그러한 태도는 다만 우리의 도덕적 자유에 대한 도피일 뿐이 아닌가?

요컨대 인간은 존재한다는 사실만으로 이미 다른 사람의 자유를 침범하고 있는 게 아닌가?[48] 설령 세계에 관해 똘레랑한 시각 안에 그를 가두어둔다 할지라도 말이다. 아무튼 자유주의의 토대인 18세기의 사상, 즉 각자의 자유가 타인의 자유를 파괴함이 없이 개화할 수 있다는 사상이 멀어짐을 보게 된다. 모든 인간은 이 세상에서 자기의 자리를 지니고 있었다. 튀르고, 벤자민 콩스탕이나[49] 존 스튜어트 밀도 그렇게 생각했다. 그런데 역으로 개인의 자유가, 사르트르에 따르면, 반드시 이웃의 자유를 침해하므로, 즉 정글의 자유처럼 개인의 자유가 타인의 영역에서 쟁취되므로 그 자유는 오직 비非똘레랑스만을 정당화한다.

모든 이론적 건설과는 멀리 떨어져서, 당대의 시대적 분위기는 이러한 혁명을 반영하고 있다. 우리의 지식과 세계관은 세계가 존재하는 것들 사이의 영원한 갈등 속에서, 자기주장들의 대결 속에서 질서가 잡히기 때문에 타인의 자유에 대한 침해 행위는 더 이상 사실상의 무질서로 보이지 않게 되었다고 시사하고 있다. 만일 우리가 오직 자아 창조적인 행위의 논리에 의해서만 인도된다면, 모든 논쟁은 결국 어느 정도 견딜 수 없는 독재로서 간주되게 된다. 그 위에 심리학은 가장 공격적인 '자아 표현'까지 정당화하고 있다. 그래서 어떤 사람들은 어느 랩의 가사에 표현된 살인 호소도 그것이 하나의 푸닥거리이기 때문에 똘레랑스해야 한다고 말한다. "그 가사를 검열하려고 노력하기보다는 오히려 그 가사를 들어야만 한다."[50] 욕구 발산은, 보건 이데올로기로 뿌리 깊게 구조화된 문명 속에서 별 수 없이 정당화되고 있는 진정한 치료법[51]이라는 것이다.

그렇지만 가장 강력한 동기는 인간을 자발적 상태에서 자기를 표현하게 놔둘 필요성에 있다. 레이몽 폴랭은 '창조성'이란 용어가 최근에 출현하여 일반적으로 사용되고 있는 현상을 말하고 있다. 우리가 기꺼이 아이들의 창조력이라고 말하는 것이—레이몽 폴랭이 짓궂게 지적했듯이[52]— 이 개념의 '유치한 성격'만을 표시하는 게 아니다. 각 개인은 그의 특이성을 담고 있다는 사실만으로 창조적이라고 인정되며,

또 "자신 안에 있는 절대적으로 새롭고 본 적 없으며 엉뚱한 것"[53]을 창조로 인정하는 것을 보아야만 한다.

우리들의 상대주의는 창조적 성질에 대해 판단하는 것을 금하고 있으니, 하물며 인간이 항시 창조하는 것이 자기 자신이라는 데에야 두 말 할 나위가 없다. 우리들의 상대주의는 우리에게 다만 차이를 기록하는 것만 허가할 뿐이다. 따라서 창조의 기준은 특이성 하나로 제한된다. 하나의 가치나 하나의 모델에 준하게 하는 모든 지침에서 해방된 현대의 예술 활동처럼, 각 인간의 사고와 행동도 차별성 하나만으로 창조가 된다. 우리는 '특유의 직관', 즉 "각 개인의 대체할 수 없는 감수성"[54]이라는 표현으로 그러한 차이를 존중한다. 삶의 '역동적이며 창조적인' 성격은 '차이와 특이성'을 생산하는 데에 있다. 그런데 만일 우리가 이 차이와 특이성이 "남의 가치에 대하여는 모르쇠"[55]로 일관하는 가운데에서만 만들어지고 보존된다고 인정하게 되면, 우리는 그에게 신성한 차이를 표현하는 사람의 가장 엄격한 앵똘레랑스와 그 차이를 창조적 독창성으로 받아들여야 하는 사람의 가장 분방한 똘레랑스를 동시에 정당화하게 된다. 여기서 위험은 인간성을 구성하는 자발적 도약을 부수는 잘못에 있다. 그래서 모든 사람은 남이 견디지 않는 것을 견디게 되므로—또 그 역으로— 우리는 차이 자체를 위한 차이에 대한 숭배가 보여주는 어려움을 알아차리게 된다. 예컨대 하나의 '다른' 문화가 개인적인 차이를 부정한다면 어떻게 할 것인가? 이 후자의 차이 또한 그 자체를 위해 방어되어야 하지 않는가? 그래서 공립(비종교)학교는 '(이슬람계 여학생의) 스카프 착용' 문제로 몸살을 앓고 있다.

틀림없이 샹탈 델솔과 더불어 우리는 다음을 인정해야 한다. 절대적 똘레랑스로 똘레랑스가 부정되는 시기가 되었다는 비난은 주된 근거가 없는, 즉 이론적 증빙도 없고 다만 파국주의에 의해 고무되고 이런 저런 사상적인 학파에 반대하려는 주제일 수 있다는 것이다. 가치의 보편적인 실종과 여기서 비롯된 방임주의의 통고에도 불구하고 오늘날 우리는 어제와 마찬가지로 보편적인 것 이전의 것으로 인식되는 규칙들의 기다란 리스트를 작성할 수 있다.

즉, "각자마다 자신의 도덕이 있음은 확실하다. 그러나 전 지구에 살고 있는 다른 사람에 대해 존중하도록 촉구할 것과 앞으로 태어날 사람들을 위해 오늘 살고 있는 사람들에게 지구를 보호하도록 요구할 것, 그리고 옳은 생각 앞에 굴복하는 조건 아래에서다. (…) 야릇한 상대주의다."

틀림없이 이제 '참된 것'이라고 규칙을 제시하는 일은 더 이상 가능하지 않다. 우리의 오래된 기억에 비추어 보더라도 진리가 (진리의 이름으로) 사람을 죽이기까지 했다. 그렇지만 보편적 진리의 파산이 자발적 감정의 공동체를 변화시킨 것은 아니다. 대중 매체에 의해 (자발적 감정이) 모두 만들어진다 하더라도 우리에게 어떤 것이 똘레랑스할 만한 것이고 또 어떤 것이 그렇지 않은지를 말해 주는 것은 바로 이 자발적 감정이다. 즉, "선과 악은 감정과 분개에 의해 그 갈피가 잡힌다. (…) 본능적으로 만족스럽게 하느냐 혹은 불쾌하게 하느냐의 의미에서 마음에 드는 것을 선과 동일시하고 마음에 들지 않는 것을 악과 동일시하는 것이 문제인 것이다."[56] 하나의 태도는 그것이 즉각적인 인상을 침해하기만 하면 받아들여지지 않는다. 악을 결정하는 것은 '순수한 직관'이고, 그리하여 똘레랑스는 종말을 고한다.

그러므로 공통의 진리가 없는 가운데에서도 우리의 똘레랑스는 무한정하지 않다. 자아 표현이 최고의 가치로 군림하고 자발성이 무한정일 수도 있는 똘레랑스를 공인하는 정신적 풍토에서 똘레랑스의 경계를 결정짓는 것은 여전히 자발성이다.

똘레랑스, 가장 숭고한 베풂과 창조의 표현 행위

인간에게 맡겨진 베풂과 창조의 자유로서, 똘레랑스는 또한 가장 숭고한 베풂과 창조의 표현 행위이다. 우리는 16세기 이후 똘레랑스가 흔히 이웃에 대한 사랑으로 제시된다는 사실을 확인했다. 에라스무스, 카스텔리옹, 바일은 똘레랑스를 베풂과 용서의 제스처와 동일 선상에 놓았다. 게다가 정치적인 면에서 똘레랑스를 받아들일 수 있도록 기여한 것이 바로 이 중요성이다. 군주에 의해 실천된 똘레랑스가 단지 지상의 질서의 진부한 성쇠와 타협하는 데만 있었던 것은 아니다. 똘레랑스는 또한 신민들에 대한 사랑을 통해 자발적으로 너그러움[57]에 이른, 자신의 주인이면서 우주의 주인인 주권자의 증표가 되었다. 볼테르는 똘레랑스를 복음서에 의해 설교된 호의, 즉 불완전하고 잘못을 저지를 수밖에 없는 인간에 대한 박애 속에서 이웃을 용서하도록 이끄는 호의와 순전히 동일시했다. 그 뒤를 이어 비르모도 "사랑의 열매, 인간의 자선의 사랑"[58]이 똘레랑스임을 확인했다.

이러한 똘레랑스의 정당화는 하나의 단순한 생각, 즉 이웃을 사랑한다는 것은 그를 도와주려는 데에 있다는 생각에 근거를 두었다. 보쉬에가 '사랑에 의한 똘레랑' 을 기대한 것은 말할 것도 없이 바로 그 점에서였는데, 그렇다면 이웃의 보다 나은 행복은 그의 영원한 구원인가, 혹은 그의 세속의 행복인가? 그의 이웃의 행복을 바란다는 것은, 행복이 무엇인지를 아는 것과 그 행복에 관한 다른 정의를 똘레랑스하지 않는 것을 가정한다. 그래도 상관없다! 사랑의 제스처는 타인에게 보내는 행복의 시각 아래에서만이 아니라 그 제스처가 나타내는 베풂에 따라서도 판단되니까. 그런 면에서 똘레랑스는 자아로부터의 분리이며 베풂이다.

16세기의 똘레랑스는 진리를 위한 전투가 그 진리에 대한 열성에서 발생하며 또한 자아에 대한 사랑에서도 발생한다는 사실에 이미 주의를 환기시켰고, 따라서 자신의 견해에 너무 집착하지 말 것을 요구하였다. "흔히 (…) 우리와 다른 의견을 가진 사람들은 누구든지 이단으로 간주한다."[59] 그래서 에라스무스나 카스텔리옹은 하나의 사상에 대해 갖는 애착심을 측정하기 위해 양심을 점검하도록—그것은 나의 것인가, 혹은 진리인가?— 요구했고, 똘레랑스의 자세를 그러한 점검에서 비롯되는 거리두기로서 제시했다. 그 다음 세기에 클리포드는 "인간의 무오류성과 구원을 그들 자신의 감정에 결부시켰고, 오류와 지옥에 떨어지는 형벌을 그들과 반대인 사람들에게 결부시켰다"[60]고 주장했다. 이처럼 일단 자아로 돌아오게 되면, 진리는 인간 존재의 외부에 있으므로 여전히 그 비타협성을 정당화하는 것이 사실이다. 똘레랑이란, 반 파에츠가 1686년에 앵똘레랑이 가장 싫어한 것이 아니었을까 하고 자문했던, "자기 자신과 자신의 정열을 희생"[61]할 준비가 되어 있는 사람이다.

상대론의 발전은 이탈의 필요성에 대한 중요성을 강화시켰다. 주체의 관점을 강조하면서 혹은 객관적인 현실의 존재를 부정하면서 우리가 진리 안에서 우선 '우리의 것'인 입장을 보면서부터 똘레랑스의 자세는 훨씬 더 근본적인 의미를 갖게 되었다. 즉, 그 자세는 분명히 말제르브가 개인적인 단순한 애착과 동일시했던,[62] 자신의 특유한 견해에서 분리되는 데 있는 것이다. 이 접근은 20세기에 일반화되는 경향이 있다. 비르모는 모든 이해관계, 모든 이기주의적 계산에서 분리돼 나오는 의미에서 하나의 도덕적 규칙으로 똘레랑스를 간주하고 있다.[63] 더 명확히 말하면, 가브리엘 마르셀에게서처럼, 똘레랑스는 자기중심주의의 포기이다. 자아의 망각으로서의 똘레랑스는, 나의 의도가 "내가 중심인 하나의 질서 안으로 남을 들어오게 하는 것"[64]이 아니라는 것을 보여주는 것이다. 그것은 자신의 이상을 남에게 투사하기를 멈추게 하는 사랑의 속성이고, 자신의 이상을 통한 남에 대한 사랑이며,[65] 모든 이성에 반하는 최악의 적을 한때나마 맞아들일 수 있는 정신의 환대[66]의 속성이다.

남의 견해를 받아들임으로써 나는 나 자신 속에서 즐거워하는 것을 그만둔다. 똘레랑스에는 자발적인 포기, 즉 "1인칭의 특권"[67]의 포기가 있다. 문제가 되는 것은 가장 근본적인 "박탈"[68]에 관한 것이다. 빈곤화의 이지적인 해석, 나아가 신비적인 해석으로서 똘레랑스는 영혼에서 진리가 박탈된 때의 ─에카르트 선생의 표현에 따르면─ "무無에 대한 자유"를 수락하는 것으로 나타난다. 거기에는 "초자연적일 수 있는 희생, 영웅적일 수 있는 무사무욕"[69]이 있다.

이처럼 똘레랑스는 그 극한에서 부조리한 자아의 망각을 시인한다. 모든 안전과 모든 질서를 쉽게 잊어버리게 하는 이 무분별이 바로 똘레랑스에게 가치를 부여하고 있는 것은 아닌가? 얀켈레비치는 "사랑할 능력이 없어서"[70] 똘레랑이 되는 경향이 있다는 사실을 확인했다. 그러나 똘레랑스는 또한 사랑 그 자체 고유의 영웅주의로, 즉 "자아는 의무만 지니면서 남에게 모든 권리를 넘겨주는 양도 운동"[71]으로 간주되지는 않는가? 인간에게 앵똘레랑을 보호하도록 이끌고 "자신의 패배를 만드는 당치 않은 사람"[72]이 되도록 인도하는 이 비합리성은 우리들 눈에 하나의 절대적 아량으로 똘레랑스에 가치를 부여한다. 왜냐하면 그것은 그 가치 자체의 희생이기 때문이다. 사랑의 증표라는 지위로서는 얼마나 위험스러운 것인가? 이런 면에서 볼 때, 똘레랑스는 하느님에 대한 헌납처럼, 무상이면서 자발적인 행위의 모든 특징들을 보여줄 의무, 즉 기존의 어떤 질서나 어떤 유용성에도 의거하지 않을 의무가 있다. 견딜 수 없는 것을 견디는 똘레랑스의 이 점 자체를 통하여, 똘레랑스는 악을 고려하지 않고 모든 것을 견디는 사랑의 증거로 세워진다.

16~18세기의 이지적 맥락에서 똘레랑스 옹호자들은 대자연이 아주 빈번히 차이를 인정하며, 따라서 대자연을 따르는 것이 적절하다고 생각하면서, 동시에 창조된 것들의 조화로운 다양성을 지적했다. 대자연이 여전히 하느님의 호의로 가득 차 있고 그것이 낳은 것들에 대해 반드시 환대한다는, 그러한 대자연에 대한 인식은 18세기에 절정에 달했고, 그리고 나서 희미해졌다. 만일 이러한 인식의 전환에 지표를 확정지어야 한다면, 하나의 새로운 확신이 자리잡았음을 알린 맬서스나

다윈의 견해를 인용해야만 할 것이다. 즉, 사물의 '자연적' 질서 안에 앵똘레랑스가 있으며, 삶의 모든 표현이 투쟁의 성격을 보인다는 것이다.

자연 속에서 힘의 대결이 불가피한 원칙으로, 나아가 바람직한 원칙으로 주어진 것은 틀림없이 위대한 인문과학의 도래와 더불어였다. 의학에 따르면, 이물질에 대한 거부는 필수적인 것이다. 몸의 보전에 위협이나 침해가 있는 순간부터 비非똘레랑스는 자연적인 것으로서 인식된다. 심리학에 대해 말하자면, 그것은 앵똘레랑스가 "사고하는 주체의 일관성, 즉 우리의 지적 기능을 제대로 작용시키는 데에 필수불가결한 함축적 믿음인 사고 주체의 단일성"을 보존한다고 관찰한다. 그러므로 생존 본능의 부분으로서 "교조적 본능"이 있는 것이다. 보다 일반적으로, 인간은 "근본적인 이기주의" 없이는, 그것이 그 자신의 보존을 위해서건 그가 속한 그룹의 보존을 위해서건, 생존할 수 없다는 게 자명해 보인다. 따라서 개인적이든 집단적이든 앵똘레랑스가 정당화된다.[73]

또한 정신분석학의 관점 아래에서는 앵똘레랑스가 정상적인 것으로 받아들여진다. 즉, 외부 세계에 대한 공격이 "충동에 저항하는 것보다 주체에게 더 건전하다."[74]는 것이다. 만일 형제애의 관계로 맺어진 인간 그룹을 상정하는 것이 가능하다면, 그것은 "타격을 받기 위하여"[75] 외부의 적을 지적하는 대가를 치르고서이다. 여기서 프로이트는 '하나의 적을 확인함이 인간의 질서를 구성한다'고 주장한 카를 슈미트의 전체주의적 사고와 일치한다. 인류학에 따르면, 공동체의 동질성이 유지되는 것도 앵똘레랑스에 의한 것이며,[76] 그것의 차이는 오늘날 신성한 것으로 간주되고 있다.

개인적이든 집단적이든 나의 보존에 필수적인 것으로 인식되는 앵똘레랑스의 이러한 바탕 위에서 똘레랑스는 다른 방식으로 정당화되지 않으면 안 된다. 어떤 사람들에게 똘레랑스는 물질의 법칙에 반대하는 성령의 발현으로 나타난다. 똘레랑스에 반대되는 사물의 질서에 관계되는 것으로서가 아니라, 사물의 질서로부터의 해방, 즉 투쟁의 지겨운 필연으로부터의 해방, 인간이 그에 대한 결정론을 뛰어넘어 스스로 만들어 나가도록 하는 창조적인 도약으로 보는 것이다.

힘이 서로 대결의 역학에 몰두하는, 즉 작용과 반작용에 몰두하는 이 세계 속에서 똘레랑스는 '반反 자연'이며, 물리칠 수 없다고 여겨지는 자연적 질서에 대한 기적적인 반박이다. 프랑크 아바우치트(1939)나 가브리엘 마르셀(1940)에게 똘레랑스가 하나의 가치인 것은, 자아의 자기주장인 앵똘레랑스가 인간의 정신에 대해 자연의 필연성으로 보이는 데 따라서이다. 또 폴 리쾨르나 프랑스와즈 에리티에는 "앵똘레랑스가 모든 인간에게 공통인 기질에 뿌리를 두고 있으며",[77] "자아에 속하는 것으로 여겨지는 것의 단결"[78]을 보장하려는 그들 마음속의 자연스러운 경향에서 발생하는 것이라고 강조한다.

똘레랑스가 '자연스러운 태도가 아니며' 우리의 '자발적인 반사작용'이 거꾸로 '다른 방향으로' 밀어낸다고 가정하는 순간부터 똘레랑스는 자제의 양상으로, '개인적 작업'의 결과로, 결국은 하나의 미덕으로 나타난다. 종종 인간 동물에게서 관찰된다고 믿어지는, 자신의 성향과 이해관계에 짐짓 반대로 행동하는 참으로 이상한 성벽이 아닌가! 프랑크 아바우치트는 똘레랑스란 "인간이 스스로 창조하고 자신의 도덕적 개성을 만드는 것을 지배하는 비범하고 신기한 능력"[79]에 속하는, 뜻밖이면서 무상의 도약이라고 말했다.

똘레랑스의 비합리적 성격은 똘레랑스를 평가절하하는 것과 달리 그 의미를 부여하는 데 공헌한다. 틀림없이 똘레랑스에는 "어떤 도덕적인 평가에도 불구하고 체계적으로 삼가도록 자제한다고 생각하기에는 심리적으로 믿어지지 않는 무엇인가가"[80] 있다. 바로 이 믿어지지 않는 것이 똘레랑스를 가장 강력한 결정론, 즉 우리의 확신의 제국으로부터 해방자로 만든다. 우리의 확신에 반대하여 행동하는 것은 그 확신이 진실인 만큼 죄가 될 수 있다. 반면에 확신이 나의 것인 만큼 그것은 최고의 비약이다. 그래서 폴 발레리는 다음과 같이 명상한다: "참으로 자유로운 정신은 결코 자신의 견해에 집착하지 않는다. 만일 정신이 그 자신의 마음속에서 견해가 생기는 것을 억제할 수 없다면, 그 정신은 어쩔 수 없이 받아들인 내심의 현상에 저항한다."[81]

진리에 대한 모든 이해가 주관적인 것으로 주어진다면, 따라서 참된 것과 나의 것 사이의 구별과 의심에 대한 질문이 제기조차 되지 않는다면, 똘레랑스는 단지 나의 것인 견해를 포기하는 것에 불과하며, 나의 질서로부터의 분리이며, 나를 달래는 질서에 반대하는 것에 지나지 않는다. 다음과 같은 점에서 똘레랑스는 정확하게 창조적인 것이다. 즉, "연체동물이 그의 조가비 속으로 들어가듯이 우리가 우리 자신의 사고에 집착하는"[82] 것을 중단시키는 "내면의 거리"로서, 똘레랑스는 우리의 확신과 우리의 취향이 조성하는 무거운 결정론으로부터의 해방이고, 따라서 정신적 진보의 조건이다. "정체성의 사기"[83]의 포기로써 똘레랑스는 "자기 자신 밖으로의 한 걸음이며",[84] 느닷없는 전복을 위해 열린 문이며, "모든 것으로 바뀔 수 있는 영혼의 신비로운 능력"[85]이며, 그리하여 쇄신, 모험, 창조성, 자유로운 자아 창조의 능력에 참여한다.

삼가기란 면에서, 이처럼 똘레랑스는 훌륭한 창조 행위로 재해석된다. 우리는 이미 그 사실을 확인했는데, 현대의 도덕주의자들은 똘레랑스가 전제하는 단념을 강조한다. 예컨대, 앙드레 콩트 스퐁빌은 "똘레랑스한다는 것은 (…) 그의 권력, 그의 힘, 그의 분노의 일부분을 포기하는 것이다"[86]라고 썼다. 클로드 사엘은 "짓밟을 권한이 있음에도 그 권한을 행하지 않는"[87] 강자의 똘레랑스가 지닌 무상성을 상기시켰다.

그런데 그와 같이 힘을 가지고 있으면서도, 바라는 대로 존재하지 않는 사물을 보면서 의도적으로 똘레랑스의 손을 잡는 사람은, 우리 눈에는 마치 창조주의 불가해한 수수께끼를 우리에게 보여주는 것처럼 '그의 자유의 자유'를 행사하는 것이다. 자발적이면서 무상인 자제를 통해 똘레랑은 사바오트Sabbaoth—전쟁의 신—가 아니라 행동하기를 단념한다는 점에서 창조주인 하느님의 또 하나의 재현과 비슷하게 된다. 이 점과 관련해 결여의 신비성이란 영감을 받은 미셸 세르에게 있어서, 하느님이 창조하되 창조물들이 살아가도록 자제하는 것은 바로 이 물러남에 있는 것이다. 그는 "태곳적부터 자제하고 있다. 우리는 아마도 이 유보에 의해 살고 있는지 모른다. 혹시 하느님은 그가 단념하는 영역에서만 세계를 창조하지 않았을까?" 하느님의 똘레랑스는 힘의 결정론이 그 일관성 속에서 모든 것을 사라지게 할 수 있으면서도 그것을 삼간 자의 창조적 행위이다. 인간도 자기가 아닌 것을 살게끔 뇌둘 때 위대한 것이 아닐까. "인간성은 자제와 함께 시작한다."[88] 이 자제를 통해 인간은 그의 부재 혹은 단념에서 모든 사물을 발생시킨 하느님의 수준에 오른다. 또 다른 글에서 폴 리쾨르는 똘레랑스의 문제를 다루면서 "나의 모든 힘은 약한 자의 힘"[89]이라는 주 예수를 상기시킨다.

어디까지 똘레랑스할 것인가

"어디까지 똘레랑스할 것인가?"[90] 그 어느 때보다도 우리는 '똘레랑스의 역설'에 사로잡히고 있다. 이 역설에 따르면, 똘레랑스가 무한정으로 인정되기를 바랄 때, 똘레랑스 자체가 없어져 버린다는 것이다. 왜냐하면 무한정의 똘레랑스는 앵똘레랑스에게도 모든 자유를 허용하기 때문이다.[91] 자유의 원칙에 의거하여 똘레랑스할 때 똘레랑스에는 한계가 없다. 결국 '금지하는 것을 금지하는' 것과 같이 된다.

1960년대 말의 자유방임주의 운동은 그러한 질문을 던졌다. 줄리앙 푸로인트는 그 운동에서 "일반화된 똘레랑스는 앵똘레랑스를 낳는다. (…) 개인주의적 주관주의는 모든 권위와 모든 규칙을 거부함으로써 똘레랑스가 과잉으로 가지 않도록 보호하고 제한 없는 자유로 된 똘레랑스를 앵똘레랑스로 변질시키는 장벽을 허물었다"[92]고 보았다. 마르쿠제도 다르게 말하지 않아서, 똘레랑스를 자유주의 질서의 기초적인 가치로 밝히면서, "순수한 똘레랑스 원칙"은 가장 강한 자의 이데올로기를 영속시킨다고 비판했다.

마르쿠제, 얀켈레비치, 폴랭, 콩트 스퐁빌[93]이나 아탈리는 각각 자신의 방식으로 '똘레랑스할 만한' 것이 있는 것은 똘레랑스에 한계가 있기 때문이라는 점을 확인하기에 이르렀다. 똘레랑의 문제는 견디는 것에 있기보다 똘레랑스를 보존하기 위해 어느 선에서 견디는 것을 멈추어야 하는지를 아는 데에 있다. 그리하여 다시 가치의 문제, 즉 그가 범할 수 없는 당연지사와 당연한 인간적 목표로 고려하는 것에 대한 문제에 직면하게 된다. 레이몽 폴랭은 "자유에는 이따금 앵똘레랑스가 필요하다"는 사실을 인정하면서, 루소와 그 당시 상황을 본떠서 교리 학습의 필요성, 즉 "최소한의 신조의 인정, (…) 각자 모두의 인간적 본성의 사회적 성격과 (…) 인간의 정치적 성격의 인정 (…) 이러한 질서의 정의에 대한 모든 사람의 인정"의 필요성을 보았다. 루소나 똑같이 그는 "이 신조를 거부하는 사람들"을 사회로부터 추방시킬 것을 요구한다. 왜냐하면 "그들은 사회를 살아 움직이게 하는 가치들에 대해 치명적인 위험이기"[94] 때문이다. 장 프랑수아 료타르는 "몇 개의 안정적인 지표에 의지해야 한다. 앵똘레랑스로 넘어갈 위험을 무릅쓰더라도"[95]라고 아주 우회적으로 지적했다. 츠베탄토도로프로 말하면, 그는 정당한 제약에 관한 아주 오래된 기준들과 거의 동일한 기준을 재발견했다. "무제한인 똘레랑스의 권리는 약자들을 해치고 강자들에게 도움을 준다. 강간범들에 대한 똘레랑스는 여성들에게는 앵똘레랑스를 의미한다. 만일 호랑이가 다른 동물과 한 우리 안에 있는 것을 똘레랑스한다면, 그것은 후자를 전자를 위해 희생시킬 준비가 돼 있다는 것을 의미한다. (…) 체력적으로나 물질적으로 약자는 무제한적인 똘레랑스의 희생자이다. 약자를 공격하는 자들에 대한 앵똘레랑스는 약

자들의 권리이지 강자들의 권리가 아니다."[96] 자유의 원칙이 고발당
할 만큼 극단적 한계에 이르러서, 우리는 자유 자체의 이름으로 절대
적 똘레랑스의 원칙에 조종弔鍾을 울려야만 한다. 마르쿠제, 폴랭, 료
타르나 토도로프는 각자 그들 방식대로 라코르데르의 불굴의 문구인,
"강자와 약자 사이에서 탄압하는 것은 자유이고 자유롭게 하는 것은
법이다"를 다시금 진술했다.

결국 오늘날의 똘레랑은 모든 자유방임을 부인하는 것을 첫 번째로
신경 쓰고 있다. 폴 리쾨르가 똘레랑스를 상기시키는 것은 동시에 '앵
똘레랑스의 의무'를 말하기 위한 것이고, 한편 스퐁빌은 "특히 똘레랑
자신을 위해서 똘레랑스할 수 없는 것이 있다"[97]고 강조했다. "똘레
랑스할 수 없는 것에는 똘레랑스할 수 없다."[98] 1997년 1월에 〈상호
간의 똘레랑스〉라는 시위가 비트롤에서 조직되었을 때, 참가자들은 이
시위를 "똘레랑스할 수 없는 앵똘레랑스"[99]에 대한 반대로 정의했다.

우리는 헬베티우스의 외침, 즉 "앵똘레랑을 똘레랑스하는 사람은
그 모든 죄를 함께 짓는 것"[100]이라는 외침을 돌이켜보지 않을 수 없
다. 물론 두 개의 관점은 동일하게 평가될 수 없을 것이다. 헬베티우스
는 앵똘레랑스를 폭행이나 남의 자유에 대한 구체적 침해라는 강력한
의미로 보았다.

오늘날의 앵똘레랑스는 순전히 정신 자세를 말하는 것이어서, 앵똘
레랑스에 대한 우리의 앵똘레랑스는 다른 모습을 제공한다. 요컨대 불
균등하게 안심시키는 것이다. 한편으로 우리의 앵똘레랑스는 지적인
'항의'에 지나지 않고 틀림없이 매체의 힘을 빌리기 때문에 스스로를
진리 자체로서, 약하기만 하기 때문에 오히려 강하다고 믿을 수 있다.

또 다른 면에서 그것은 의도와 단념을 탐색하기 위해 정당화되고 있다. 즉, "무관심에 대해서는 앵똘레랑이 되어야 한다. 앵똘레랑스에 앵똘레랑이 되어야 할 뿐만 아니라 앵똘레랑스에 대한 무관심에 대해 앵똘레랑이 되어야 한다."[101] 느긋하게 앉아 있는 인간은 싸우는 똘레랑스의 견해 덕분에 '덕목으로서의 앵똘레랑스'가 그것의 참된 이름의 몫을 하기 위해 애쓰는 것을 발견하는 게 분명한가?[102]

아무튼 이러한 관점에서 볼 때, 인간성을 이루는 것은 다름 아닌 "똘레랑스할 수 없는 것에 대해 저항"하는 정신이다.[103] 즉, 폭력, 고통, 죽음, 빈곤, 굶주림, 추위, 무지[104] – 간단히 말해서, 피할 수 없이 언짢음을 나타내는 모든 삶이 똘레랑스할 수 없는 것이다. 오늘날 앵똘레랑의 이 얼마나 멋진 복권인가! 세계 질서에 반대하도록 운명지어진다는 것은.

세 개의 논리

하느님, 또는 대자연에 복종해야 하는 거야. 이렇게 앵똘레랑이 말한다.

－물론이지. 하느님과 대자연은 우리의 양심에게 말하지. 그러니까 각자를 그의 양심에 맡겨야 하겠지. 똘레랑이 이렇게 응답한다.

－아니야. 인간의 이익을 위해, 그들을 구원하고 그들의 행복을 위해서는, 진리의 이름으로 그들을 강제할 수 있어야 하는 거야. 앵똘레랑이 반박한다.

－그렇겠지. 하지만 똘레랑스는 진리를 알아차리게 하고 진보에 기여하거든. 그것은 이 세계의 행복에 참여하고 내세에서의 천복을 보장해 주지.

－그렇지만 강제는 강자의 자유에 대항하여 약자의 자유를 보장해 주니까 좋은 것이지. 앵똘레랑이 이렇게 주장한다.

－그렇고말고. 그런데 똘레랑스가 바로 자유지.

이러한 두 개의 정당화를 연대기 순으로 찾아보는 것도 해볼 만한 일이겠다. 틀림없이 처음에는 하느님이 바라는 질서 유지에 의해 권력이 공인되었으므로 받아들일 만한 유일한 논증은 하느님이 똘레랑스를 명령한다는 것이었다. 마찬가지로 17세기 후반에 정치적 사유가 '공동의 목적'을 추구함으로써 권위를 정당화하는 데 사로잡혀 있을 때, 똘레랑스 옹호자들은 똘레랑스가 그러한 목표를 실현하는 데 도움이 된다는 것을 논증했고, 마침내 18세기 말에 지배적인 담론이 오직 자유만을 말했을 때 그들은 이 자유가 강제와 똘레랑스를 정당화한다고 논증했다.

그러나 똘레랑스의 옹호는 지배적인 위대한 사상들 안에서 그리 간단하게 해결되지 않았으며, 또 그것의 역사는 직선적인 것에서 아주 먼 것이었다. 우리가 훑어보았던 5세기 동안의 토론 과정에서, 복종자, 실용주의자와 자유방임주의자는 서로 대립하거나 보완하거나 또는 뒤섞이면서 똘레랑이 되어야 하는 여러 가지 이유를 계속 주장했다. 서로 다른 논증의 이와 같은 뒤얽힘, 즉 내밀한 부조화가 바로 "똘레랑스 사상을 더욱 부각시키고 또 이 사상에 힘이 되는 것이다."[1] 요컨대 똘레랑스에 관한 토론은 인간의 모든 사고의 심층에 깔려 있는 또 하나의 다른 토론의 성질을 띠고 있는 것은 아닌가? 즉, 우리에게 강요된—목적을 위한 수단의 적용인—질서와 그 자체로는 질서도 목적도 없는 신비로운 자유 사이의 내면적인 심포지엄이 아닌가?[2] 똘레랑스를 요구하는 우리들의 이성은 다만 그 부조화, 그 충돌, 그 심오한 결합의 반영에 지나지 않는지도 모른다.

똘레랑스에 아주 가까운 것은—다른 곳에서는 똘레랑스의 다른 이름이기도 한— 환대다. 이 환대 또한 규칙에 대한 복종의 명령에, 동시에 대화의 필요성에, 또 예기치 않은 원천인 이방인에 대한 개방에 순응한다. 우리들은 복종하는 똘레랑으로서 위반할 수 없는 법에 복종하고, 능률에 따른 똘레랑으로서 우리의 대의의 승리를 위해 전투보다 의회를 선호하고, 권태에 따른 똘레랑으로서 이미 모든 알고 있는 질서나 모든 유용성에서 벗어나 기분 전환하게 하면서 우리의 삶을 차지할 무슨 일인가를 위해 미지의 것이 필요하다. 그리고 또 뜻밖의 만남을 위해서도 미지의 것이 필요할 것이다. "환대를 잊지 말라. 그 덕으로 어떤 사람은 그들 자신도 모르게 천사들을 유숙시켰다."[3]

주

머리말

1 Michaël Walzer,《비평과 상식》, Agalma/La Découverte, 1990, p. 69.

2 프랑수아 1세에게 보낸《기독교 제도》의 서문; Stefan Zweig,《칼뱅에 반대한 카스텔리옹》에서 재인용. Alzir Hella의 프랑스어 텍스트, Grasset, 1946, p. 80,

3 Paul Ricœur, 〈똘레랑스, 앵똘레랑스, 용인할 수 없는 것〉,《프랑스의 프로테스탄트 역사 회보》, 134호, 1988-2, pp. 435~450.

4 André Comte-Sponville,《위대한 덕목에 관한 소론》, PUF, 1995, p. 212.

5 Roger-Pol Droit, 〈똘레랑스의 두 얼굴〉,《똘레랑스여, 너의 이름을 쓴다》, Unesco, Saurat, 1995, p. 17.

6 Monique Canto-Sperber, 〈똘레랑스의 한계〉, Roger-Pol Droit가 편집하고 서문을 쓴 《어디까지 똘레랑스할 것인가?》에 수록, Le Monde-Éditions, 1996, pp. 131~145.

7 lisabeth Labrousse, 〈양심의 자유의 출현〉,《똘레랑스, 정신의 공화제》에 수록. 1987년 11월 26~28일에 툴루즈에서 열린 〈양심의 자유, 자유의 양심〉 심포지엄에서 발표. Paris, Les Bergers et les Mages, 1988, pp. 45~46.

8 Jean-Jacques Pousseau, 〈1756년 8월 18일 볼테르에게 보낸 편지〉,《전집》, Gallimard, 〈Bibliothèque de la Pléiade〉 제IV권, 1969, p. 1073.

9 Barbara de Negroni,《앵똘레랑스, 프랑스에서의 가톨릭과 프로테스탄트, 1560~1787》, Hachette, 1996, p. 45.

10 Ghislain Waterlot, 〈볼테르 혹은 똘레랑스에 대한 열광〉, *Esprit* 224호, 1996년 8~9월호, pp. 114~139.

11 Negroni,《앵똘레랑스, 프랑스에서의 가톨릭과 프로테스탄트, 1560~1787》, 앞의 책, p. 198.

제1부 질서의 이름으로

1 스테판 츠바이크(Stefan Zweig),《칼뱅에 반대한 카스텔리옹》, 앞의 책, p. 29.

1장 복종의 원칙

1 Jean Hus에게 주어진 통행증을 존중하지 않은 것에 분개한 루터는 이렇게 외쳤다: "하느님은 통행증을 존중하라고 명령하였다. 그렇다면 설령 세상이 망할지라도 그것을 존중했어야 하지 않는가."(《독일 민족의 기독교도 귀족들에게 보내는 연설》,《종교개혁 명저집》에 수록. Maurice Gravier가 번역하고 머리말 및 주석을 쓰고, Pierre Chaunu가 서문을 쓴 Flammarion의 1992년 번역본, p. 175.)

2 Jean Pey,《철학적 똘레랑스주의에 반대하는 기독교의 똘레랑스, 또는 한 애국자가 프로테스탄트에 관한 대화를 말하는 이른바 신부에게 보내는 편지》, Fribourg, Les Libraires associés, 1784, p. 25.

3 《표절하는 제네바, 혹은 제네바의 성서에서 발견되는 하느님 말씀의 타락상에 대한 검증》, 1618; Negroni,《앵똘레랑스, 프랑스에서의 가톨릭과 프로테스탄트, 1560~1787》, 앞의 책, p. 81에서 재인용.

4 〈사도행전〉 4장 19절과 5장 29절. Leupold Schamschlager, 〈스트라스부르의 사법관에게 똘레랑스를 호소함〉,《양심과 자유》, 1983, 제25호, pp. 103~108.

5 〈Secundum quod a ratione proponitur…(이성에 의해 제시된 바에 의하면…)〉 *S. T.*, I ,II, q. 19, a. 5c.

6 *De pace fidei*, 터키인에 의한 콘스탄티노플 함락에 관한 풍자문; Joseph Lecler,《종교개혁 세기의 똘레랑스의 역사》제1권. Desclée de Brouwer, 1955, p. 127에서 재인용.

7 Sébastien Castellion,《의심하고 믿으며, 모르고 아는 예술에 관한 에세이》(1563), Ch. Baudouin 옮김. Genève-Paris, 1953, p. 127.

8 Pierre Bayle,《모두 가톨릭인 프랑스》(1686), Élisabeth Labrousse가 H. Himelfarb와 R. Zuber의 협력을 얻어 Vrin에서 1973년에 출판. note 156, p. 129.

9 Pierre Bayle,《하느님 말씀에 대한 철학적 주해》, 〈Contrains-les d'entrer〉(1686), Jean-Michel Gros의 서문과 주석, Presses-Pocket, 〈Agora〉, 1992, p. 89.

10 같은 책, p. 146.

11 같은 책, p. 284, 292.

12 같은 책, p. 288.

13 Aubert de Versé,《양심의 자유론》(1687), Fayard, 〈corpus des œuvres de philosophie en langue française〉, 1998, p. 28.

14 Anne-Robert-Jacques Turgot,《똘레랑스에 관한 두 번째 편지》(1754),《튀르고 전집》제 II 권, Paris, de l'imprimerie de Delance, 1808, p. 362.

15 Zweig,《칼뱅에 반대한 카스텔리용》, 앞의 책, p. 88에서 재인용.

16 Pey, 《철학적 똘레랑스주의에 반대하는 기독교의 똘레랑스…》, 앞의 책, pp. 144~145.

17 Jacques-Bénigne Bossuet, 《Avertissements aux protestants sur les lettres du ministre Jurieu contre l' histoire des variations(프로테스탄트에게 주는 조언)》, Paris Vve Cramoisy, 1689, 〈첫 번째 경고〉, p. 67.

18 Pierre Jurieu, 《두 주권의 법》, Rotterdam, 1687, p. 170.

19 Mario Turchetti, 《잘못 제기된 물음: 에라스무스와 똘레랑스, 겸양의 사상》에서 재인용. *Bibliothéque d humanisme et Renaissance,* 제LIII권, 1991, 제2호, p. 389; Érasme, *De amabili ecclesiae concordia, Opera*에 수록 제V권, col, 500.

20 Castellion, 《이단론》(1554), A. Oliver에 의한 신판, Genève, Jullien, 1913, p. 24.

21 《간결한 강론》, Joseph Lecler와 Marius-François Valkhoff, 《종교적 자유의 초기 옹호자들》, 2 vol., 제1권 Paris, 1969, p. 82.

22 Michel de Montaigne. 《수상록》, I , 23.

23 Baruch Spinoza, 《신학적 및 정치적 권위론》(1670), Gallimard, 〈Folio〉, 1994, p. 24.

24 같은 책, p. 124.

25 Henri Basnage de Beauval, 《종교의 똘레랑스》, Rotterdam, chez Henri de Graef, 1684; New York-London, Johnson Reprint, 1970, p. 23.

26 John Locke, 〈똘레랑스에 관한 에세이〉, 《똘레랑스에 관한 서한문》에 수록, Jean Le Clere 옮김, introduction, bibliographie et notes par Jean-Fabien Spitz, GF-Flammation, 1992, p. 110.

27 Rousseau, 〈파리의 대주교, 크리스토프 드 보몽에게 보낸 편지〉, 《전집》, Gallimard, 〈Bibliothèque de la Pléiade〉, 제IV권, 1969, p. 971.

28 Bayle, 《하느님 말씀에 대한 철학적 주해》, 앞의 책, p. 86.

29 Setastian Castellion, 《이단론》, p. 136 이하.

30 Bayle, 《하느님 말씀에 대한 철학적 주해》, 앞의 책, p. 269.

31 La Broue, 《요즈음 쓰여진 같은 제재에 관한 글들, 특히 루이 14세의 낭트 칙령 취소를 옹호한 글과 성 바르톨로메오 학살에 대한 논설에 응답하기 위한 똘레랑스에 관한 예수 그리스도의 정신》, 발행처 불명, 1760, p. 33.

32 Rousseau, 〈파리의 대주교, 크리스토프 드 보몽에게 보낸 편지〉, 앞의 책, p. 964.

33 Giacomo Aconcio, 《Stratagemata Satanae(사탄의 계략)》(1565); Lecler, 《종교개혁 세기의 똘레랑스의 역사》 제1권, 앞의 책, p. 355에서 재인용.

34 Rousseau, 〈파리의 대주교, 크리스토프 드 보몽에게 보낸 편지〉, 앞의 책, p. 974.

35 Castellion, 《의심하고 믿으며, 모르고 아는 예술에 관한 에세이》, 앞의 책, p. 119~123.

36 Baruch Spinoza, 《신학적 및 정치적 권위론》, 앞의 책, p. 130. 1754년, 이봉 신부는 이

렇게 반박했다: "성서에 분명하게 표현된 것보다 더 근본적인 진리가 있다면, 모든 신비적인 것들, 나로서는 성서의 교리적인 모든 부분을 지워야 할 것이다. 왜냐하면 이 모든 것에 애매함이 많기 때문이다."(Abbé Yvon,《양심의 자유》, London, 1754, p. 23.

37 같은 책, pp. 209~210, 222~223.

38 Bayle,《하느님 말씀에 대한 철학적 주해》, 앞의 책, p. 340.

39 Rousseau,〈파리의 대주교, 크리스토프 드 보몽에게 보낸 편지〉, 앞의 책, p. 974.

40 같은 책, pp. 960~961.

41 같은 책, p. 974.

42 Spinoza,《신학적 및 정치적 권위론》, 앞의 책, p. 27과 236: "오직 복종만이 구원의 길이다. (…) 하느님은 (…) 순종하는 신앙인의 영혼을 구제한다. 그리하여 성서는 인간에게 한없는 위안을 가져왔던 것이다. 한 사람의 예외도 없이 모든 사람은 복종할 수 있다."

43 같은 책, p. 209.

44 Bayle,《하느님 말씀에 대한 철학적 주해》, 앞의 책, p. 335, p. 332도 참조할 것: "하느님은 정신과 육체의 창조자이다. (…) 인간은 자유의사가 아닌 장애를 가진 존재로 취급되어야 한다. 이 장애는 하느님 고유의 설정으로써, 인간이 진리를 깨닫는 일을 지체시키거나 때로는 불가능하게 한다."

45 〈카스텔리옹이 기욤 콘스탕탱에게 보낸 편지〉(1557), Lecler,《종교개혁 세기의 똘레랑스의 역사》, 제1권, 앞의 책, p. 335에서 재인용.

46 〈카트린 첼의 똘레랑스를 위한 변론〉,《양심과 자유》, 1983, 제25호, p. 109.

47 Spinoza,《신학적 및 정치적 권위론》, 앞의 책, p. 225: "철학은 오직 진리와 믿음과, 그리고 복종과 행위의 열성의 문제를 다룬다. (…) 신앙은 모든 사람에게 철학할 수 있는 모든 자유를 준다. 모든 사람은 교리에 관한 그 어떤 물음에 대해서도 죄짓지 않은 채 그가 원하는 대로 생각할 수 있다. 신앙은 오직 이단자나 분파자처럼 이웃에게 불복종, 증오, 반목과 분노를 불러일으키는 믿음을 공언하는 사람들만 벌한다."

2장 똘레랑스 계명

1 Turgot,《화해자》,《튀르고 전집》, 앞의 책, p. 402와 pp. 404~407.

2 Saint Jean Chrysostome, *Traité du sacrerdoce*(386), In Matt.; P.G., LVIII, 477; Lecler,《종교개혁 세기의 똘레랑스의 역사》제1권, 앞의 책, p. 74에서 재인용.

3 문자 그대로 보면 정확한 것이 아니다. 왜냐하면 수확하는 사람은 가라지를 알아보기 때문이다. 그들은 다만 선택적인 뿌리 뽑기를 시행할 수 없는 것이다.

4 *S.T.*, II, IIae, q. 10, a. 8, ad. 1; q. 11, a. 3, ad, 3.

5   Castellion, 《이단론》 참조. 앞의 책, p. 136 이하.

6   Jacques Poumarède, 《프로테스탄트의 공민권에 대한 판관과 변호사의 투쟁 또는 법의 양면성》 참조. 《똘레랑스, 정신의 공화제》, 앞의 책, pp. 105~116.

7   Turchetti, 《잘못 제기된 물음: 에라스무스와 똘레랑스, 겸양의 사상》, 앞의 책, p. 381.

8   Socini(1525~1562)는 성부, 성자, 성령의 삼위일체와 그리스도의 신성을 부정했다.

9   Jean Crell, 《종교에서의 똘레랑스와 양심의 자유에 관하여. 죄악과 광기로 입증된 앵똘레랑스》(1637), J.-A Naigeon이 개작한 《Vindiciae pro religionis libertate(종교의 자유 청원)》, London, 1769년판을 Ch. le Cène이 번역. Paris, Hachette, 1972, p. 151.

10 Locke, 《똘레랑스에 관한 서한문》, 앞의 책, p. 163.

11 *Epist* 185, 11; *P.L.*, XXXIII, 797, Lecler, 《종교개혁 세기의 똘레랑스의 역사》 제1권, 앞의 책, p. 87에서 재인용.

12 *Epist* 185, 24; *P.L.*, XXXIII, 804.

13 Turgot, 《화해자》, 앞의 책, p. 402.

14 Caspar Olevianus(1536~1587); Lecler, 《종교개혁 세기의 똘레랑스의 역사》 제2권, 앞의 책, p. 208에서 재인용.

15 가령 Castellion, 《황폐한 프랑스에의 권고》(1562), Droz, 1967, p. 42. 참조: "당신이 사람들로 하여금 강제로 그리스도가 되게 하고, 또 그렇게 하느님을 섬기겠다면, 그것은 당신이 크게 잘못하는 것이다. 왜냐하면 만일 그렇게 할 수 있고 또 해야 하는 것이라면 누구보다도 그리스도 자신이 먼저 그렇게 했고 또 그렇게 하라고 가르쳤을 것이기 때문이다." 또한 La Broue, 《…똘레랑스에 관한 예수 그리스도의 정신》, 앞의 책, p. 39를 참조할 것.

16 La Broue, 《…똘레랑스에 관한 예수 그리스도의 정신》, 앞의 책, p. 51에서 재인용.

17 William Chillinworth; Lecler, 《종교개혁 세기의 똘레랑스의 역사》 제2권, 앞의 책, p. 370에서 재인용.

18 Turgot, 《화해자》, 앞의 책, p. 387.

19 Mirabeau, Milton이 *L'angloist*를 본뜬 《언론 자유에 관하여》, London, 1788, p. 37.

20 Léon XIII, 《Libertas praestantissimum(인간의 자유에 관하여)》(1888. 6. 20). Office international des œuvres de formation civique et d'action doctrinale selon le droit naturel et chrétien, 1962, p. 25.

21 Pey, 《철학적 똘레랑스주의에 반대하는 기독교의 똘레랑스…》, 앞의 책, p. 104.

22 Turchetti, 《잘못 제기된 물음: 에라스무스와 똘레랑스, 겸양의 사상》, 앞의 책, p. 390: "La condescendance〔그리스어 *sygkatabasis*(겸양)〕, '함께 내려가는 행동'(…) 구원의 절도 안에서 그리스의 성부들은 하느님과 그리스도의 태도를 설명하기 위해 이 비유법을

사용했다. 즉, 하느님과 그리스도는 완전무결하지만 인간들이 보고 알게끔 하기 위해 인간의 허약함에 적응한다."

23 Michel de L' Hospital, 〈1560년 12월 13일 오를레앙 일반회의 개막연설〉, 《미셸 드 로스피탈 전집》, Dufey판, 제 I 권, 1824, pp. 375~407.

24 Locke, 《똘레랑스에 관한 서한문》, 앞의 책, p. 174.

25 Adrien Van Paets, 《영국의 최근 동요에 관하여》, Rotterdam, Reinier Leers, 1686, p. 7.

26 Versé, 《양심의 자유론》, 앞의 책, p. 139.

27 〈고린토인들에게 보낸 첫째 편지〉 13장 4~7절.

28 Érasme, 《Querela pacis(평화에 대한 호소)》(1517); Fiorella de Michelis Pintacuda, 〈15세기에서 17세기까지의 똘레랑스 사상사〉에서 재인용. 《종교의 역사 철학 잡지》, Strasbourg, 1985, 제65권 2호, pp. 135~136.

29 Hugo Grotius, 《De veritate religionis Christianae(그리스도교의 진리에 관하여)》(1627), 《Operum theologicorum(신학적 저술)》 제III권, Amsterdam, 1679, pp. 95~96.

30 '정치가들': 공익의 이름으로 세속의 평화를 주장했던 사람들을 이렇게 불렀다.

31 제II부 3장 '진리의 승리'를 참조할 것.

32 Michelis Pintacula, 〈15세기에서 17세기까지의 똘레랑스 사상사〉, 앞의 책, p. 134에서 재인용.

33 Érasme, *Querela pacis undique gentium eiectae profligataeque*, Erasmo Roterodamo…, apud inclytam Germaniae Basileam, MD XVII, p. 48.

34 Bayle, 《하느님 말씀에 대한 철학적 주해》, 앞의 책, p. 88, 105, 357.

35 Locke, 《똘레랑스에 관한 서한문》, 앞의 책, p. 167.

36 Helvétius, 《인간과 인간의 지적 능력 및 교육에 관하여》(1769년 이전), Fayard, 1989, p. 398.

37 Voltaire, 《철학 사전》, d' Étiemble판, Garnier, 1967, 〈똘레랑스〉.

38 Castellion, 《황폐한 프랑스에의 권고》, 앞의 책, p. 388.

39 Crell, 《종교에서의 똘레랑스와 양심의 자유에 관하여, 죄악과 광기로 입증된 앵똘레랑스》, 앞의 책, p. 7.

40 Versé, 《양심의 자유론》, 앞의 책, p. 29.

41 Nikolaus von Kues, *Werke,* 앞의 책, p. 363; Michelis Pintacuda, 〈15세기에서 17세기까지의 똘레랑스 사상사〉, 앞의 책, p. 134에서 재인용.

42 Schrnschlager, 〈스트라스부르의 사법관에게 똘레랑스를 호소함〉, 앞의 책, p. 106.

43 Basnage de Beauval,《종교의 똘레랑스》, 앞의 책, p. 54.

44 Helvétius,《인간과 인간의 지적 능력 및 교육에 관하여》, 앞의 책, p. 398.

45 Voltaire,《똘레랑스론》, Paris, GF-Flammarion, 1989, p. 59.

46 Waterlot,〈볼테르 혹은 똘레랑스에 대한 열광〉, 앞의 책, p. 116.

3장 세계의 질서

1 예컨대, Bayle,《하느님 말씀에 대한 철학적 주해》, 앞의 책, p. 129를 참조하시오.

2 Giacomo Aconcio,《Stratagemata Satanae(사탄의 계략)》(1565), 제VIII권, Michelis Pintacula,〈15세기에서 17세기까지의 똘레랑스 사상사〉, 앞의 책, p. 180에서 재인용.

3 〈카스텔리옹이 기욤 콘스탕탱에게 보낸 편지〉, Lecler,《종교개혁 세기의 똘레랑스의 역사》제1권, 앞의 책, p. 235에서 재인용.

4 《똘레랑스에 관한 서한문》, Locke 앞의 책, Jean-Fabien Spitz의 서문에서 재인용. p. 33 과 p. 250.

5 Crell,《종교에서의 똘레랑스와 양심의 자유에 관하여. 죄악과 광기로 입증된 앵똘레랑스》, 앞의 책, p. 152.

6 Yvon,《양심의 자유》, 앞의 책, p. 16.

7 Versé,《양심의 자유론》, 앞의 책, p. 77.

8 Pey,《철학적 똘레랑스주의에 반대하는 기독교의 똘레랑스…》, 앞의 책, p. 41.

9 Locke,《똘레랑스에 관한 서한문》, 앞의 책, pp. 3~9.

10 Rousseau,〈파리의 대주교, 크리스토프 드 보몽에게 보낸 편지〉, 앞의 책, pp. 951~952.

11 Castellion,《의심하고 믿으며, 모르고 아는 예술에 관한 에세이》, 앞의 책, p. 78.

12 Basnage de Beauval,《종교의 똘레랑스》, 앞의 책, p. 46.

13 Locke, *An Essay concerning Human Understanding*, A. Campbell Fraser판, Oxford, 1894, II, pp. 371-373. Michelis Pintacuda,〈15세기에서 17세기까지의 똘레랑스 사상사〉, 앞의 책, p. 148에서 재인용.

14 Bayle,《하느님 말씀에 대한 철학적 주해》, 앞의 책, dossier, p. 376 참조.

15 Érasme, saint Hilaire의 저작 서문:〈Palerme의 대주교 Jean Carndelet에게 보낸 편지〉(1523. 1. 5); 서한 1334, O.E., 제V권, p. 176; Lecler,《종교개혁 세기의 똘레랑스의 역사》, 앞의 책, p. 140에서 재인용.

16 Zweig,《칼뱅에 반대한 카스텔리옹》, 앞의 책, pp. 157~158에서 재인용.

17 Basnage de Beauval,《종교의 똘레랑스》, 앞의 책, p. 47.

18   Bayle, 《하느님 말씀에 대한 철학적 주해》, 앞의 책, p. 256.

19   Mirabeau, 《언론 자유에 관하여》, 앞의 책, p. 54.

20   Pey, 《철학적 똘레랑스주의에 반대하는 기독교의 똘레랑스…》, 앞의 책, p. 52.

21   Érasme, 〈Palerme의 대주교 Jean Carondelet에게 보낸 편지〉, 앞의 책, p. 177.

22   Locke, 〈똘레랑스에 관한 에세이〉, 앞의 책, p. 108.

23   Rousseau, 〈산에서 쓴 다섯 번째 편지〉, 《전집》, Gallimard, 〈Bibliothèque la Plé de
     la Pléiade〉, 제III권, 1964, p. 774.

24   Ballaguy, Bouglé, Darlu, Lottin, Rayot, 《양심의 자유를 위하여 - 인민 회의》, Paris, E.
     Cornély, 1901, p. 35.

25   Jean-Marie Vaissière, 《도시국가의 기초》, Club du livre civique, 1963, p. 77에서 재
     인용.

26   같은 책.

27   Michel Roos, 〈실험적 합리주의: 방법과 실습, 또는 각성과 똘레랑스〉, 《오늘의 이성》,
     1976, 제37호, pp. 17~27.

28   Albert Memmi, 〈당신은 똘레랑인가?〉, Le Figaro, 1995년 10월 26일자.

29   Jules Simon, 《양심의 자유》, Hachette, 1883, p. 391.

30   〈1905년 또는 양심의 자유〉, *Le Monde*, 1996년 9월 19일 목요일자, III면에서 재인용.

31   Herbert Marcuse, 〈억압적 똘레랑스〉; Herbert Marcuse, Barrington Moore, Robert
     Paul Wolff, 《순수 똘레랑스 비판》에 수록, J. Didlier, 1969, p. 17.

32   예컨대 Claude Allègre〔조스팽 정부에서 문교장관(1997~2000) 역임〕, 〈인종이란 존
     재하지 않고 인종주의는 잘못된 이념이다〉, *Le Figaro*, 1996년 9월 12일자 6면.

33   Gabriel Marcel, 〈똘레랑스의 현상학과 변증법〉, 《거부에서 기원(祈願)으로》, 5판,
     Gallimard, 1940, pp. 277~278.

34   Vladimir Jankélévitch, 《덕목론》, Champs-Flammarion, 1986, 제2권, p. 97.

35   Bayle, 《하느님 말씀에 대한 철학적 주해》, 앞의 책, dossier, p. 378.

36   Jacob Böhme(1575~1624), 《De regeneratione(갱생에 관하여)》, VII, 7과 13. werke
     제 I 권, pp. 124~125; Lecler, 《종교개혁 세기의 똘레랑스의 역사》 제1권, 앞의 책, p.
     198에서 재인용.

37   Philippe Camerarius, 《Horae subcisivae seu Meditationeshistoricae(여유 있는 시
     간, 또는 역사적 숙고)》, 1591; 프랑스어판, 전3권, Lyon, 1610, p. 283; Lecler, 《종교개
     혁 세기의 똘레랑스의 역사》 제1권, 앞의 책 p. 289에서 재인용.

38   《1599년 2월 25일에 출간된 1578년 4월의 칙령에 관하여》, 발행처와 발행일 불명, pp.
     6~7; BN(국립도서관), Lb 35728.

39 Crell, 《종교에서의 똘레랑스와 양심의 자유에 관하여. 죄악과 광기로 입증된 앵똘레랑스》, 앞의 책 p. 170.

40 Spinoza, 《신학적 및 정치적 권위론》, 앞의 책, p. 27.

41 Versé, 《양심의 자유론》, 앞의 책, p. 21.

42 예컨대 P. Bertin, 《양심의 자유론》, Bordeaux, Millanges, 1586, p. 6을 참조하시오.

43 Érasme, 《Querela pacis(평화에 대한 호소)》(1517); Michelis Pintacuda, 〈15세기에서 17세기까지의 똘레랑스 사상사〉, 앞의 책, pp. 135~136에서 재인용.

44 1577년 2월 26일자 당빌의 편지, Devic와 Vaissete, 《랑그독 통사》 제XII권 351호, c. 1192~1196.

45 《평화 정착 칙령 준수를 통한 국가의 총화》, Paris, 1599, pp. 42~43; BN(국립도서관) Lb 35744

46 E. Hubert의 텍스트, 《Charles Quint에서 Joseph II까지, 벨기에 프로테스탄트들의 상황에 관한 연구》, Brussel, 1882, pp. 165~178.

47 Bayle, 《하느님 말씀에 대한 철학적 주해》, 앞의 책, p. 268.

48 Lecler, 《종교개혁 세기의 똘레랑스의 역사》, 제2권, 앞의 책, p. 66에서 재인용.

49 Spinoza, 《신학적 및 정치적 권위론》, 앞의 책, p. 320.

50 같은 책, p. 311.

51 Bayle, 《하느님 말씀에 대한 철학적 주해》, 앞의 책, dossier, p. 377.

52 같은 책, p. 249.

53 Helvétius, 《인간과 인간의 지적 능력 및 교육에 관하여》, 앞의 책, pp. 795~796과 p. 835.

54 Montaigne, 《수상록》 제II책, 제XIX장, 〈양심의 자유에 관하여〉, 그리고 제I책 제XXXI장, 〈카니발〉.

55 Whichcote, *Several Discourses, London,* 1701~1707, 제III권, pp. 441~442.

56 Raymond Polin, 《우리 시대의 자유》, Vrin, 〈Problèmes et controverses〉, 1977, p. 115.

57 Benoît Lobert, 《똘레랑스와 진리》, Nouvelle Cité/Racines, 1993, p. 11.

58 Raymond Mengus, *Vers une société interculturelle?*; J.-F. Collange와 J. Duprait, 《앵똘레랑스와 타인의 권리》에 수록. Genève, Labor et Fides, 1992, p. 66.

59 *Story of Issac*: 〈And my father's hand was trembling with the beauty of the world.〉

60 Michel Serres, *Le Tiers instruit,* François Bourin, 1991, p. 188과 p. 190.

61 Albert Jacquard, 《차이에 대한 찬양》, Seuil, 1985.

62 H.-B. Vergote, 〈Présentation〉; Collange와 Duprait, 《앵똘레랑스와 타인의 권리》에 수록, 앞의 책, p. 12.

63 Sonia Younan, 〈차이의 함정〉, 《똘레랑스여, 너의 이름을 쓴다》, 앞의 책, pp. 163~165.

64 Polin, 《우리 시대의 자유》, 앞의 책, p. 113과 p. 115.

65 Younan, 〈차이의 함정〉, 앞의 책, pp. 163~165.

66 Boutros Boutros-Ghali, 1995년 2월 21일의 연설, 《똘레랑스여, 너의 이름을 쓴다》, 앞의 책, p. 272.

67 Bayle, 《하느님 말씀에 대한 철학적 주해》, 앞의 책, dossier, p. 377.

68 Guilaume Postel; Lecler, 《종교개혁 세기의 똘레랑스의 역사》 제2권, 앞의 책, p. 29에서 재인용.

69 Michelis Pintacuda, 〈15세기에서 17세기까지의 똘레랑스 사상사〉, 앞의 책, pp. 133~134 참조.

70 Franck Abauzit, 《똘레랑스의 문제》, Delachaux et Niestlé, 1939, p. 242.

71 같은 책, p. 245.

72 Claude Jeffré와 나눈 대담, 〈양심은 요구한다〉, Claude Sahel, 《이단의 인류를 위한 똘레랑스》에 수록, Autrement(Morales), 1991, pp. 50~70.

73 Jankélévitch, 《덕목론》 제2권, 앞의 책, p. 103.

74 같은 책, p. 95.

75 〈요한의 복음서〉 18:36.

76 Daniel Husser, 〈스트라스부르의 카스파르 슈벤크펠트와 그의 제자들의 똘레랑스를 위한 변론(1529~1631)〉, 《양심과 자유》, 1983, 제25호, pp. 74~86.

77 Turgot, 《화해자》, 앞의 책, p. 402.

78 Rousseau, 《사회계약론》 제IV책, 제VIII장, 〈세속 종교에 관하여〉, 《전집》, Gallimard, 〈Bibliothèque de la Pléiade〉, 1964, p. 468.

79 17세기에 Edward Bagshaw의 결론 또한 그와 같았다. 로크는 거기에서 위험을 감지했다. Yves-Charles Zarka, 〈똘레랑스, 현대의 힘과 취약성〉을 참조하시오. 《똘레랑스여, 너의 이름을 쓴다》, 앞의 책, p. 227.

80 《세속 정부에 관하여》(1523), *Von weltilicher Obriglkeit*, in W., 제 XI 권, p. 268.

81 Georges Witzel(1501~1573), 《Methodus concordiae ecclesiasticae(교회 통합 방법)》, Leipzig, 1537, 서문; Lecler, 《종교개혁 세기의 똘레랑스의 역사》 제1권, 앞의 책, p. 228에서 재인용.

82 가령 Basnage de Beauval, 《종교의 똘레랑스》, 앞의 책, p. 53에서 발견할 수 있음.

83 Schamschlager, 〈스트라스부르의 사법관에게 똘레랑스를 호소함〉, 앞의 책, pp. 106~107.

84 Benjamin Constant, 《정부의 이해관계의 관점에서 본 소책자, 팸플릿, 신문의 자유》, Paris, H. Nicolle, 1814.

85 Canet, 《양심의 자유와 역사의 성격》, Paris, Bloud et Barral, 1893, p. 11.

86 〈카트린 첼의 똘레랑스를 위한 변론〉, 앞의 책, p. 109.

87 John Goodwin(1594~1665), *Hagiomastix or the Scourge of the Saint displayed in his Colours of Ignorance and Blood*, London, 1646, 〈로마인들에게 보낸 편지〉 13:4에 관한 주해, p. 61.

88 Rousseau, 〈산에서 쓴 다섯 번째 편지〉, 앞의 책, p 787

89 Crell, 《종교에서의 똘레랑스와 양심의 자유에 관하여. 죄악과 광기로 입증된 앵똘레랑스》, p. 226에서 재인용.

90 Spinoza, 《신학적 및 정치적 권위론》, 앞의 책, p. 295.

91 Rousseau, 〈산에서 쓴 다섯 번째 편지〉, 앞의 책, p. 787.

92 Prudence(4세기의 기독교 시인); Canet, 《양심의 자유와 역사의 성격》, 앞의 책, p. 169에서 재인용.

93 Samuel Przypkowski, *Cogitationes sacrae*⋯, Eleutheropoli(Amsterdam), 1962, p. 634; Michelis Pintacuda, 〈15세기에서 17세기까지의 똘레랑스 사상사〉, 앞의 책, p. 145에서 재인용.

94 Vauban, *Pour le rappel des buguenots*, 1689년 10월; G. Bonet-Maury, 《낭트 칙령에서 분리까지 프랑스 양심의 자유》, Paris Alcan, 1909, p. 37에서 재인용.

95 La Broue, 《⋯똘레랑스에 관한 예수 그리스도의 정신》, 앞의 책, p. 28.

96 Melanchithon, *Prolegomena in Officia Ciceronis*(1562, in *C.R.*, 제XVI권, c, 573); Lecler, 《종교개혁 세기의 똘레랑스의 역사》 제1권, 앞의 책, p. 252를 참조하시오.

97 Versé, 《양심의 자유론》, 앞의 책, p. 49.

98 André Wegierski, *Slavonia reformata*, Amsterdam, 1679, p. 215.

99 Spinoza, 《신학적 및 정치적 권위론》, 앞의 책, p. 146과 p. 295.

100 Locke, 〈똘레랑스에 관한 에세이〉, 앞의 책, p. 108.

101 예를 들어, Rousseau, 《사회계약론》 제IV책, 제VIII장, 〈세속 종교에 관하여〉, 앞의 책, p. 467.

102 Helvétius, 《인간과 인간의 지적 능력 및 교육에 관하여》, 앞의 책, pp. 398~399.

103 Turgot, 《화해자》, 앞의 책, p. 413, 430, 456.

104 Zarka, 〈똘레랑스, 현대의 힘과 취약성〉, 앞의 책, p. 224.

105 Tzvetan Todorov, 〈똘레랑스와 똘레랑스할 수 없는 것〉, 《역사의 모랄》에 수록, Grasset, Collègue de philosophie, pp. 191~212.

106 Emmanuel Kant, 《생각 속에서 어디로 향하는가?》(1786): "만일 우리가 다른 사람들의 생각을 듣고 또 우리의 생각을 그들에게 전함으로써 서로의 생각을 공유한다고 생각지 않는다면, 과연 우리는 풍부하게, 그리고 잘 생각할 수 있을까? 요컨대 외부 압력이 사람들의 공개적인 의사소통을 막는다면 그것은 곧 생각하는 자유를 빼앗는 것이라고 말할 수 있다…."

107 Eugène Pelletan, 《발언할 권리. M. Imhaus에게 보낸 편지》, Paris, Pagnerre, 1862, p. 7.

108 이 점에 관해서는 Polin, 《우리 시대의 자유》, 앞의 책, p. 131 참조.

109 Constant, 《정부의 이해관계의 관점에서 본 소책자, 팸플릿, 신문의 자유》, 앞의 책 참조.

110 Todorov, 〈똘레랑스와 똘레랑스할 수 없는 것〉, 앞의 책, p. 210 참조.

제2부 유용성을 위하여

1 《겐트의 평화 회복에 관한 올바른 이해력 강론》, 출처불명(1579), p. 57.

2 Jean-Fabien Spitz는 Locke, 《똘레랑스에 관한 서한문》에서 이렇게 관찰했다. 서문, 앞의 책, p. 14.

1장 영원한 구원을 위하여

1 《De arte dubitandi(의문하는 예술)》(1563), Pintacuda, 〈15세기에서 17세기까지의 똘레랑스 사상사〉, 앞의 책, p. 137에서 재인용.

2 Giacomo Aconcio, 《Stratagemata Satanae(사탄의 계략)》, 제VIII권, Giorgio Radetti 판, Florence, 1946, p. 70, 180, 454, pp. 513~514; Pintacuda, 〈15세기에서 17세기까지의 똘레랑스 사상사〉, 앞의 책, pp. 137~138에서 재인용.

3 William Chillinworth(1602~1644), *Works*, 제II권, p. 58; Lecler, 《종교개혁 세기의 똘레랑스의 역사》, 제2권, 앞의 책, p. 370에서 재인용.

4 Socin, *De Ecclesia*, Bibliotheca Fratrum Polonorum, A. Wissowatius판, Irenopolis(Amsterdam), 1656, , p. 347.

5 *Catechesis Ecclesiarum Polonicarum*…, Irenopolis(Amsterdam), post A.D. 1659, s.n.; Pintacuda, 〈15세기에서 17세기까지의 똘레랑스 사상사〉, 앞의 책, p. 145에서 재인용.

6   Pierre Jurieu, 《종교 집회에 관하여 프랑스의 성직자에게 보내는 평화적 프로테스탄트 들의 편지》, 발행처와 발행연도 불명, pp. 20~21과 25~26.

7   Letre 1334, 1523년 1월 5일자: *O.E.* 제II권, p. 77, pp. 180~181.

8   Zweig, 《칼뱅에 반대한 카스텔리옹》, 앞의 책, p. 206에서 재인용.

9   Spinoza, 《신학적 및 정치적 권위론》, 앞의 책, p. 104.

10   Yvon, 《양심의 자유》, 앞의 책, p. 40.

11   Bayle, 《하느님 말씀에 대한 철학적 주해》, 앞의 책, pp. 336~337.

12   Pie IX, *Syllabus*, Office international des œuvres de formation civique et d'action doctrinale selon le droit naturel et chrétien, 1964, p. 17.

13   Luther, 《기독교도의 자유에 대하여》, 《종교개혁 명저집》에 수록, 앞의 책, p. 212.

14   같은 책, p. 210.

15   Olivier Abel은 《피에르 바일과 방황하는 양심》에서 그와 같이 지적했다. 《똘레랑스, 정 신의 공화제》, 앞의 책, pp. 55~59.

16   Luther, 《기독교도의 자유에 대하여》, 앞의 책, p. 216.

17   같은 책, p. 146.

18   같은 책, p. 100.

19   Spinoza, 《신학적 및 정치적 권위론》, 앞의 책, p. 46.

20   Turgot, 《화해자》, 앞의 책, p. 393.

21   Saint Bernard, M.-M. Davy가 번역하고 서문을 쓴 《전집》, Aubier-Montaigne, 1945, 2 Vol., 제 I 권, 《은총과 자유로운 판관에 관한 논설》, 1128년 이전, p. 267.

22   Monsabré, 1882년 Carême 4차 회의, pp. 12~13, Carnet, 《양심의 자유와 역사의 성 격》, 앞의 책, p. 3에서 재인용.

23   Michel de L'Hospital, 《미셸 드 로스피탈 전집》 제 I 권, pp. 469~479; Lecler와 Valkhoff, 《종교적 자유의 초기 옹호자들》, 앞의 책, p. 72.

24   《똘레랑스에 관한 서한문》, Locke, 앞의 책, Spitz의 서문에서 재인용, p. 34.

25   Bayle, 《모두 가톨릭인 프랑스》, 앞의 책, p. 70.

26   Locke, 《똘레랑스에 관한 서한문》, 앞의 책, p. 185.

27   같은 책, p. 109.

28   Zarka, 〈똘레랑스, 현대의 힘과 취약성〉, 앞의 책, p. 224.

29   Saint Thomas, *S.T.* II, IIae, q. 10, a. 8c.

30   로렌느 추기경이 1547년에 대관식에 임한 앙리 2세에게 했던 말; Lecler, 《종교개혁 세기 의 똘레랑스의 역사》 제2권, 앞의 책, p. 25에서 재인용.

31   Jacques de Pamele(Pamelius), 《De religionibus diversis non admittendis(받아들

여서는 안 되는 종교의 차이에 관하여), Excellent et très utile traicté de ne recevoir diverses religions en aucun royaume》, Anvers, 1589, 프랑스어판, Lyon, 1592, p. 159의 라틴어 텍스트; Lecler, 《종교개혁 세기의 똘레랑스의 역사》 제2권, 앞의 책, p. 204에서 재인용.

32   Jean de Lens(1541~1593), 《De libertate christiana(기독교의 자유에 관하여)》, Anvers, 1590, lib. XIV, c. 14, p. 893; Lecler, 《종교개혁 세기의 똘레랑스의 역사》 제1권, 앞의 책, p. 195에서 재인용.

33   A. Berga, 《슈카르가의 정치적 서약》, Paris, 1916, pp. 44~45.

34   Georges Witzel, 《Methodus concordiae ecclesiasticae(교회 통합 방법)》, Leipzig, 1537, 서문, Lecler, 《종교개혁 세기의 똘레랑스의 역사》 제1권, 앞의 책, p. 228에서 재인용.

35   《왕의 칙령에 대한 변론》, (필자불명) 《Condé의 비망록》에 수록, 제IV권, p. 426.

36   《L'Exhortation aux Princes et Seinneurs du Conseil privé du Roy, pour obvier aux séditions qui semblent nous menacer pour le fait de la religion》, 《Condé의 비망록》 제II권, pp. 613~636; Lecler, 《종교개혁 세기의 똘레랑스의 역사》 제2권, 앞의 책, p. 43에서 재인용.

37   이에 대하여는 Turchetti, 《잘못 제기된 물음: 에라스무스와 똘레랑스, 겸양의 사상》, 앞의 책, p. 383을 참조하시오.

38   Érasme, 《Querela pacis(평화에 대한 호소)》, 앞의 책, pp. 11~12; Pintacuda, 〈15세기에서 17세기까지의 똘레랑스 사상사〉, 앞의 책, pp. 135~136에서 재인용.

39   Bayle, 《하느님 말씀에 대한 철학적 주해》, 앞의 책, pp. 118~119.

40   〈에라스무스가 캄페기오 추기경에게 보낸 편지〉, 1530; O.E., 제IX권, p. 15; Lecler, 《종교개혁 세기의 똘레랑스의 역사》 제1권, 앞의 책, p. 52에서 재인용.

41   Martin Becanus, 《Manuale controversiarum(논쟁 개론)》, lib. V, c. 16; 《Opera omnia(전작 선집)》, I, pp. 1559~1560; Lecler, 《종교개혁 세기의 똘레랑스의 역사》, 제1권, 앞의 책, p. 292에서 재인용.

42   Léon XIII, 《인간의 자유에 관하여》, 앞의 책, p. 25.

43   Pie XII, 《이탈리아 가톨릭 법학자 협회에 보낸 강론》, 1953년 12월 6일, Documentation catholique, 1953년 12월 23일.

2장 공익을 위하여

1   《왕의 칙령에 대한 변론》, (필자 불명) 《Condé의 비망록》에 수록, 제IV권, pp. 417~

441; Lecler, 《종교개혁 세기의 똘레랑스의 역사》 제2권, 앞의 책, p. 68에서 재인용.

2 예컨대, 《겐트의 평화 회복에 관한 올바른 이해력 강론》, 앞의 책, pp. 31~32 참조.

3 Locke, 《똘레랑스에 관한 서한문》, Polin판, p. 11. 《백과전서》의 〈똘레랑스〉 항목에 포함.

4 Locke, 〈똘레랑스에 관한 에세이〉, 앞의 책, p. 111.

5 Versé, 《양심의 자유론》, 앞의 책, p. 27.

6 Turgot, 《똘레랑스에 관한 첫 번째 편지》(1753), 《튀르고 전집》에 수록, 앞의 책, 제Ⅱ권, p. 355.; 또한 《화해자》, 앞의 책, p. 430 참조.

7 Locke, 〈똘레랑스에 관한 에세이〉, 앞의 책, pp. 105~107.

8 Étienne Pasquier가 증언하는 바임. 《전집》, Amsterdam, 1723, 제Ⅱ권, c. 73~114; Lecler와 Valkhoff, 《종교적 자유의 초기 옹호자들》, 앞의 책, p. 65.

9 Thomas More, 《유토피아》, p. 188.

10 *Epistre au roy sur le fait de la religion*(1564), Lecler와 Valkhoff, 《종교적 자유의 초기 옹호자들》, 앞의 책, p. 81에서 재인용.

11 Michel de L'hospital, 《미셸 드 로스피탈 전집》, 제Ⅰ권, pp. 469~479; Lecler와 Valkhoff, 《종교적 자유의 초기 옹호자들》, 앞의 책, p. 72에서 재인용.

12 Locke, 〈똘레랑스에 관한 에세이〉, 앞의 책, p. 206; 또한 Versé, 《양심의 자유론》, 앞의 책, p. 35.

13 Locke, 〈똘레랑스에 관한 에세이〉, 앞의 책, p. 114.

14 Versé, 《양심의 자유론》, 앞의 책, p. 31.

15 Morellet, 《이른바 '국민회의에 부쳐진 것'에 반대한 예방, 견해의 자유 등에 관하여》, Paris, De l'imprimerie de Crapart, *Opuscules de Morellet*에 수록, 앞의 책, p. 33.

16 Pierre Jurieu, 《프랑스 성직의 정치학》, Cologne, 1681, p. 121; Bernard Cottret, 《똘레랑스인가, 양심의 자유인가?》, p. 343에서 재인용; "프로테스탄트 군주는 가톨릭 신민들의 충성을 담보받지 못한다. 왜냐하면 그들은 어느 왕보다 더 위대하다고 생각하는 교황에 대한 충성을 서약했기 때문이다."

17 Locke, 〈똘레랑스에 관한 에세이〉, 앞의 책, p. 119.

18 같은 책, p. 113.

19 Bayle, 《하느님 말씀에 대한 철학적 주해》, 앞의 책, p. 244.

20 Turgot, 《화해자》, 앞의 책, p. 412.

21 Rousseau, 《사회계약론》, 제Ⅳ책, 제Ⅷ장, 〈세속 종교에 관하여〉, 앞의 책, pp. 467~468.

22 Marcuse, 〈억압적 똘레랑스〉, 앞의 책, p. 20.

23 Zweig, 《칼뱅에 반대한 카스텔리옹》, 앞의 책, p. 142 참조.

24 A. Brons, 《Ursprung, Entwicklung und Schicksale der Tauf gesinnten oder Mennoniten(소수파 침례교파 교도의 근원, 변화, 그리고 운명)》, Norden, 1884, p. 37에 수록; Lecler, 《종교개혁 세기의 똘레랑스의 역사》 제1권, 앞의 책, p. 207에서 재인용.

25 《B, Petri Canisii Epistulae(피에르 카니시우스의 편지)》, Braunsberger판, 제VI권, pp. 633~634; Lecler, 《종교개혁 세기의 똘레랑스의 역사》 제1권, 앞의 책, p. 275에서 재인용.

26 《Theologica scholastica(스콜라 신학이론집)》, 2a pars, 제 I 권 tr. 15, q. 6; 《Opera omnia(전작 선집)》, 제 I 권, p. 355; Lecler, 《종교개혁 세기의 똘레랑스의 역사》 제1권, 앞의 책, p. 292에서 재인용.

27 예를 들어, Bertin, 《양심의 자유론》, 앞의 책, p. 6.

28 보댕에겐 "종교만큼 국가와 정부를 지탱해 주는 것은 없다. 종교는 군주의 권력, 법의 집행, 신민의 복종, 사법관에 대한 존중, 잘못 행동하지 않을까 하는 두려움과 상호 우애의 기둥이다."; 《국가론》(1576), 1577년 프랑스어판, IV, 7. p. 746.

29 예를 들어, Bossuet, 〈다섯 번째 경고〉, 앞의 책, p. 279.

30 페 신부는 이 점을 강조했다. 《철학적 똘레랑스주의에 반대하는 기독교의 똘레랑스…》, 앞의 책, p. 9, 25, 42, 61, 124, 134, 221 참조.

31 Grégoire ⅩⅥ, *Mirari vos*(1832), Villegenon, sainte-Jeannne-d'Arc판, 1981, p. 16.

32 Negroni, 《앵똘레랑스, 프랑스에서의 가톨릭과 프로테스탄트, 1560~1787》, 앞의 책, p. 151 참조.

33 Montesquieu, 《페르시아인의 편지》, Jean Starobinski판, Gallimard, 〈folio〉, 1973, p. 207.

34 Turgot, 《똘레랑스에 관한 첫 번째 편지》, 앞의 책, p. 357.

35 Rousseau, 《사회계약론》 제IV책, 제VIII장, 〈세속 종교에 관하여〉, 앞의 책, p. 467.

36 Locke, 《똘레랑스에 관한 서한문》, 앞의 책, p. 199.

37 Bayle, 《하느님 말씀에 대한 철학적 주해》, 앞의 책, p. 247.

38 Turgot, 《똘레랑스에 관한 두 번째 편지》, 앞의 책, p. 361과 p. 383.

39 《현명한 앵똘레랑스》, 저자 불명(Saint-Cyr의 신부), 발행처 불명, 1777, pp. 40~41.

40 Negroni, 《앵똘레랑스, 프랑스에서의 가톨릭과 프로테스탄트, 1560~1787》, 앞의 책, p. 190.

41 Voltaire, 《똘레랑스론》, 앞의 책, p. 129.

42 Rousseau, 《사회계약론》 제IV책, 제VIII장, 〈세속 종교에 관하여〉, 앞의 책, pp. 464~

465.

43 Turgot,《화해자》, 앞의 책, pp. 391~392.

44 루소가 볼테르에게 쓸 것을 간청한 것임. 〈1756년 8월 18일, 볼테르에게 보낸 편지〉를
    참조할 것.《전집》, Gallimard, 〈Bibliothèque de la Pléiade〉 제Ⅳ권, 1969, p. 1073.

45 같은 책.

46 Rousseau,《사회계약론》 제Ⅳ책, 제Ⅷ장, 〈세속 종교에 관하여〉, 앞의 책, p. 467.

47 Rousseau, 〈파리의 대주교, 크리스토프 드 보몽에게 보낸 편지〉, 앞의 책, p. 976.

48 같은 책, p. 969.

49 같은 책, p. 975.

50 Helvétius,《인간과 인간의 지적 능력 및 교육에 관하여》, 앞의 책, p. 102와 p. 806.

51 Morellet,《파리 대주교에게 행한 Gazette litéraire의 고발에 대한 의견》, 발행처와 발행
    일 불명, *Opuscules de Morellet*, p. 3.

52 Henri Grégoire,《유대인들의 육체적, 정신적, 정치적 갱생에 관한 에세이》, 1788년 8월
    23일 메츠 시의 과학예술왕립학회 수상작. Champs-Flammarion, 1988, p. 134.

53 Robespierre,《종교적, 윤리적 이념과 공화국 원칙의 관계에 관하여, 그리고 국민축제에
    관하여》, Salut Public 위원회의 이름으로 제출한 보고서(18 floréal an Ⅱ, 1794년 5월
    7일),《Convention의 강론과 보고서》, UGE, 〈10~18〉, 1965, p. 263.

54 Castellion,《이단론》, 앞의 책, p. 136 이하.

55 Spinoza,《신학적 및 정치적 권위론》, 앞의 책, p. 316, 318, 320.

56 Van Paets,《영국의 최근 동요에 관하여》, 앞의 책, p. 8.

57 Basnage de Beauval,《종교의 똘레랑스》, 앞의 책, p. 44.

58 Versé,《양심의 자유론》, 앞의 책, p. 9.

59 Turgot,《화해자》, 앞의 책, p. 387.

60 J.S. Mill,《자유론》, Presses-Pocket, 〈Agora〉, 1990, p. 69.

61 Locke, 〈똘레랑스에 관한 에세이〉, 앞의 책, pp. 132~133.

62 Montesquieu,《페르시아인의 편지》, 앞의 책, p. 233.

63 Bayle,《하느님 말씀에 대한 철학적 주해》, 앞의 책, p. 257.

64 Anthony Collins,《사상의 자유에 관한 강론》, London, 1714; BN, D2 5184, p. 178.

65 Spinoza,《신학적 및 정치적 권위론》, 앞의 책, p. 312.

66 Grégoire ⅩⅥ, *Mirari vos*, 앞의 책, p. 12.

67 Georges Minois,《앙시앵 레짐 아래에서의 검열과 문화》, Fayard, 1995, p. 277.

68 Malesherbes,《출판 자유에 관한 비망록》, Imprimerie nationale, 1994, p. 235와 p.
    272.

69   Mirabeau, 《언론 자유에 관하여》, 앞의 책, p. 63.

70   Francine Marcovits, 〈믿는 것과 아는 것 사이〉 참조; Sahel, 《이단의 인류를 위한 똘레랑스》에 수록, 앞의 책, p. 136.

71   Morellet, *Réflexions sur les avantages de la liberté d'écrire et d'imprimer sur les matières de l'administration(écrit en 1764)*, Paris, chez les frères Estienne, 1775, in *Opuscules de Morellet*, B.N., Z 23806(6), p. 22와 p. 27.

72   같은 책, p. 20.

73   E. Boudeville, 《견해의 자유》, Sens, Imprimerie ouvrière, 1912, p. 8, 10, 11, 12와 13.

74   Déodat Roché, 《비평 방법과 비종교적 이상》, Carcassonne, 저자발행, 1922, p. 24와 p. 26.

75   예컨대 Benjamin Constant, 《정부의 이해관계의 관점에서 본 소책자, 팸플릿, 신문의 자유》, 앞의 책, p. 16 참조.

76   같은 책, p. 26.

77   Karl Popper의 표현에 의함. 《추측과 반박, 과학적 지식의 성장》(1963), Payot, 1985, pp. 513~514.

78   Spinoza, 《신학적 및 정치적 권위론》, 앞의 책, p. 315.

79   Crell, 《종교에서의 똘레랑스와 양심의 자유에 관하여. 죄악과 광기로 입증된 앵똘레랑스》, 앞의 책, p. 166.

80   Helvétius, 《인간과 인간의 지적 능력 및 교육에 관하여》, 앞의 책, p. 379.

81   Malesherbes, 《출판 자유에 관한 비망록》, 앞의 책, p. 291.

82   Mill, 《자유론》, 앞의 책, p. 74.

83   같은 책, p. 118, 119, 120, 127.

84   같은 책, p. 32.

85   같은 책, p. 176.

86   Boudeville, 《견해의 자유》, 앞의 책, p. 11, 12.

87   Friedrich von Hayek, 《자유의 구성》(1959), Litec, 1994, p. 26. pp. 31~32.

88   Jules Simon에 의해 재인용. 《양심의 자유》, Hachette(제6판), 1883, p. ⅩⅩⅧ과 p. 412.

89   Hayek, 《자유의 구성》, 앞의 책, p. 35.

90   Mill, 《자유론》, 앞의 책, p. 41.

91   Hayek, 《자유의 구성》, 앞의 책, p. 30.

3장 진리의 승리를 위하여

1 Luther, 《기독교도의 자유에 대하여》, 앞의 책, p. 208.

2 Helvétius, 《인간과 인간의 지적 능력 및 교육에 관하여》, 앞의 책, pp. 795~796과 pp. 797~798.

3 Anastase le Sinaïte, *PG*, Migne, t. p. 89, 77.

4 Buisson, 《세바스티앙 카스텔리옹, 삶과 저작》, II, pp. 193~194에서 재인용.

5 Jürgen von Stackelberg, 〈낭트 칙령 취소에 대한 '철학자들'의 반응〉, Francia, 1986, 제14권, p. 231 참조.

6 가령 Crell, 《종교에서의 똘레랑스와 양심의 자유에 관하여. 죄악과 광기로 입증된 앵똘레랑스》, 앞의 책, p. 71 참조.

7 André Thiry(s.j.), 《종교의 자유와 기독교의 자유》, Desclée de Brouwer, 1966, p. 46.

8 Morellet, *Réflexions sur les avantages de la liberté d'écrire et d'imprimer sur les matiéres de l'administration(écrit en 1764)*, Paris, chez les frères Estienne, 1775, in *Opuscules de Morellet*, B.N., Z 23806(6), p. 21.

9 Grégoire, 《유대인들의 육체적, 정신적, 정치적 갱생에 관한 에세이》, 앞의 책, p. 173.

10 같은 책, p. 175.

11 같은 책, p. 138.

12 Marcuse, 〈억압적 똘레랑스〉, 앞의 책, pp. 21~22.

13 Barrington Moore, 〈똘레랑스와 과학〉, 《순수 똘레랑스 비판》에 수록, 앞의 책, pp. 59~85.

14 Sahel, 《이단의 인류를 위한 똘레랑스》, 앞의 책, p. 14.

15 Casamayor, 《똘레랑스》, Gallimard, 1975, pp. 192~193.

16 Crell, 《종교에서의 똘레랑스와 양심의 자유에 관하여. 죄악과 광기로 입증된 앵똘레랑스》, 앞의 책, p. 137.

17 Spinoza, 《신학적 및 정치적 권위론》, 앞의 책, p. 315.

18 Locke, 〈똘레랑스에 관한 에세이〉, 앞의 책, p. 113.

19 Turgot, 《화해자》, 앞의 책, p. 387에서 재인용.

20 Morellet, *Pensée libres sur la liberté de la presse, à l'occasion d'un rapport du représentant Chénier, à la Convention nationale, du 12 floréal*, À Paris, chez Maret, in *Opuscules de Morellet*, pp. 7~8.

21 Ballaguy 외, 《양심의 자유를 위하여 - 인민 회의》, 앞의 책, p. 51.

22　Grégoire, 《유대인들의 육체적, 정신적, 정치적 갱생에 관한 에세이》, 앞의 책, p. 171.

23　같은 책, p. 149.

24　같은 책, p. 118.

25　Rousseau, 《폴란드 정부와 그 개혁안에 대한 검토》 제III권, 앞의 책, p. 966.

26　Rousseau, 《정치경제강론》 제III권, 앞의 책, pp. 260~261.

27　Grégoire, 《유대인들의 육체적, 정신적, 정치적 갱생에 관한 에세이》, 앞의 책, p. 122, pp. 144~149.

28　Helvétius, 《인간과 인간의 지적 능력 및 교육에 관하여》, 앞의 책, p. 377.

29　Polin, 《우리 시대의 자유》, 앞의 책, p. 135.

30　Bayle, 《하느님 말씀에 대한 철학적 주해》, 앞의 책, dossier, p. 378.

31　Justus Menius, 《Wie ein iglicher Christ gegen allerley lere gut und böse, nach Gottes Befehl, sich gebürlich halten sol(각 기독교인은 하느님의 계명에 따라 모든 좋고 나쁜 교리 앞에서 어떻게 행동할 것인가)》, Wittenberg, 1538, D4 v0.

32　Basnage de Beauval, 《종교의 똘레랑스》, 앞의 책, pp. 14~15.

33　Turgot, 《똘레랑스에 관한 두 번째 편지》, 앞의 책, p. 363.

34　Yvon, 《양심의 자유》 제II권, 앞의 책, p. 44.

35　La Broue, 《…똘레랑스에 관한 예수 그리스도의 정신》, 앞의 책, p. 41과 43.

36　Crell, 《종교에서의 똘레랑스와 양심의 자유에 관하여. 죄악과 광기로 입증된 앵똘레랑스》, 앞의 책, p. 70.

37　Condorcet, 《왕권 아래에서의 똘레랑스》, London, 1779, p. 164.

38　Grégoire, 《유대인들의 육체적, 정신적, 정치적 갱생에 관한 에세이》, 앞의 책, p. 172와 p. 174.

39　Yvon, 《양심의 자유》 제II권, 앞의 책, p. 44.

40　Caveyrac(pour les uns, l'abbé de Malvaux pour les autres), *L'Accord de la religion et de l'humanité sur l'intolérance*, s.l., 1762, p. 90.

41　"대부분의 권력자들이 나를 탄압하고 또 나를 증오한다는 것이 나를 질겁하게 하지 않는다. 오히려 나를 위무하며 또 나 자신을 강하게 한다. 왜냐하면 모든 성서에 따르면 박해자와 증오하는 사람들은 항상 옳지 않았으며 박해받는 사람들이 항상 옳았다. 대다수는 항상 거짓 쪽을 택하며 소수자만이 진리를 택한다." 《Grund und Ursach aller Artikel D. Martin Luther, so durch römische Bulle unrechtlich verdammet sind(교황의 칙서에 의해 부당하게 비난받은 마르틴 루터의 모든 교리 조항의 동기와 이유)》(1521), *Werke*, 제VII권, p. 317; Lecler, 《종교개혁 세기의 똘레랑스의 역사》, 제1권, 앞의 책, p. 166에서 재인용.

42 Érasme, 〈1524년, Georges de Saxe공에게 보낸 편지〉, O.E. 제Ⅴ권, pp. 604~606; Lecler, 《종교개혁 세기의 똘레랑스의 역사》 제1권, 앞의 책, p. 136에서 재인용.

43 La Broue, 《…똘레랑스에 관한 예수 그리스도의 정신》, 앞의 책, p. 45.

44 Voltaire, 《똘레랑스론》, 앞의 책, p. 117; "만일에 이단자 한 사람을 죽여야 한다면 모든 이단자를 죽여 마땅할 것이다."

45 Condorcet, 《왕권 아래에서의 똘레랑스》, 앞의 책, p. 176.

46 Minois, 《앙시앵 레짐 아래에서의 검열과 문화》, 앞의 책, pp. 271~272.

47 인권연맹 명예회장 Madeleine Rebérioux, 〈게소법에 반대〉, *Le Monde*, 1996년 5월 21자.

48 La Broue, 《…똘레랑스에 관한 예수 그리스도의 정신》, 앞의 책, p. 45.

49 Basnage de Beauval, 《종교의 똘레랑스》, 앞의 책, p. 53.

50 Turgot, 《똘레랑스에 관한 두 번째 편지》, 앞의 책, p. 361.

51 Yvon, 《양심의 자유》 제Ⅱ권, 앞의 책, p. 177.

52 Rousseau, 〈파리의 대주교, 크리스토프 드 보몽에게 보낸 편지〉, 앞의 책, p. 971.

53 360년의 간격을 둔 앞의 책 《겐트의 평화 회복에 관한 올바른 이해력 강론》, 1579, p. 68과 Abauzit, 《똘레랑스의 문제》, 1939, 앞의 책, p. 136과 p. 247 참조.

54 〈사도행전〉 5장 38~39절.

55 《필리프 드 마르닉스 생트-알드공드의 피비린내 나고 가시돋친 권고에 대한 해독제》, 발행처와 발행일자(1598년경) 불명. pp. 9~10; Lecler, 《종교개혁 세기의 똘레랑스의 역사》 제2권, 앞의 책, p. 249에서 재인용.

56 Bayle, 《하느님 말씀에 대한 철학적 주해》, 앞의 책, p. 274.

57 Voltaire, 《똘레랑스론》, 앞의 책, p. 80.

58 More, 《유토피아》, 앞의 책, pp. 187~188.

59 Raynaldi, *Annales*, 1539년. § 34.

60 Versé, 《양심의 자유론》, 앞의 책, p. 149.

61 Crell, 《Vindiciae pro religionis libertate(종교이 자유 청구)》, 제자들에 의해 1637년에 출간. Eleutheropolis판, 1650, p. 35; Lecler, 《종교개혁 세기의 똘레랑스의 역사》 제1권, 앞의 책, p. 395에서 재인용.

62 Voltaire, 《똘레랑스론》, 앞의 책, p. 56.

63 Mirabeau, 《언론 자유에 관하여》, 앞의 책, pp. 51~52.

64 Mill, 《자유론》, 앞의 책, p. 65와 p. 67.

65 Turgot, 《똘레랑스에 관한 첫 번째 편지》, 앞의 책, p. 353과 p. 355; 《똘레랑스에 관한 두 번째 편지》, 앞의 책, p. 361과 p. 363.

66 Malescherbes, 《출판 자유에 관한 비망록》, 앞의 책, p. 110.

67 Rayot, in Ballaguy 외, 《양심의 자유를 위하여-인민 회의》, 앞의 책, p. 201.

68 Luther, 《독일 민족의 기독교도 귀족들에게 보내는 연설》, 앞의 책, p. 175.

69 Rousseau, 〈산에서 쓴 다섯 번째 편지〉, 앞의 책, p. 782.

70 Morellet, *Réflexions sur les avantages de la liberté d'écrire et d'imprimer sur les matières de l'administration(écrit en 1764)*, Paris, chez les frères Estienne, 1775, in *Opuscules de Morellet*, B.N., Z 23806(6), p. 8과 pp. 18~19.

71 Lecler와 Valkhoff, 《종교적 자유의 초기 옹호자들》, 앞의 책, p. 158.

72 Luther, 〈1524년경에 토마스 뮌처와 재침례파 교도들에 관해 삭스의 군주들에게 보낸 편지〉; Lecler, 《종교개혁 세기의 똘레랑스의 역사》 제1권, 앞의 책, p. 166에서 재인용.

73 Nicolas de Cues, *De pace fider*, in 《Opera omnia(전작 선집)》, Bâle, 1565, pp. 862~879.

74 Dudith, 《Themistii Orationes(테미스티우스의 강론)》, XXXXXX Denys Petau판, Paris, 1684, 《Oratio XII(12번째 강론)》, pp. 158~159.

75 Basnage de Beauval, 《종교의 똘레랑스》, 앞의 책, pp. 65~67.

76 Aconcio, 《Stratagemata Satanae(사탄의 계약)》; Lecler, 《종교개혁 세기의 똘레랑스의 역사》, 앞의 책, p. 355와 p. 215에서 재인용.

77 Collins, 《사상의 자유 강론》, 앞의 책, p. 50.

78 Malescherbes, 《출판 자유에 관한 비망록》, 앞의 책, p. 225.

79 Mirabeau, 《언론 자유에 관하여》, 앞의 책, p. 60.

80 H. Bots 참조. 〈문인 공화국의 정신과 네덜란드 학자들의 초기 세 개의 정기간행물에서의 똘레랑스〉, 《17세기》, 1977, 제116호, pp. 43~57.

81 Grégoire, 《유대인들의 육체적, 정신적, 정치적 갱생에 관한 에세이》에서 재인용. 앞의 책, p. 191, 제X장의 note 14.

82 같은 책, p. 127.

83 같은 책, p. 161.

84 Morellet, *Réflexions sur les avantages de la liberté d'écrire et d'imprimer sur les matières de l'administration(écrit en 1764)*, Paris, chez les frères Estienne, 1775, in *Opuscules de Morellet*, B.N., Z 23806(6), p. 25, p. 24도 보시오.

85 같은 책, p. 54.

86 같은 책, p. 71.

87 같은 책, p. 58.

88 Grégoire XVI, *Mirari vos*, 앞의 책, p. 12.

89 Léon XIII, 《인간의 자유에 관하여》, 앞의 책, p. 20.

90 Ballaguy 외, 《양심의 자유를 위하여 – 인민 회의》, 앞의 책, pp. 36~37.

91 Mill, 《자유론》, 앞의 책, p. 49, 53, 55, 95, 99와 p. 101.

92 Morellet, 《이른바 '국민공회에 부쳐진 것'에 반대한 예방, 견해의 자유 등에 관하여》, 앞의 책, p. 27에서 재인용.

93 Roché, 《비평 방법과 비종교적 이상》, 앞의 책, p. 22.

94 Marcel Conche가 그처럼 시사하고 있다. 〈프랑스의 똘레랑스와 그 보편적 의미〉, 《똘레랑스여, 너의 이름을 쓴다》, 앞의 책, p. 176.

95 Marcuse, 《순수 똘레랑스 비판》, 앞의 책, p. 49, 1968년 후기.

96 같은 책, p 30

97 Jean Daniel, *Le Nouvel Observateur*(1997년 1월) 참조.

98 Locke, 〈똘레랑스에 관한 에세이〉, 앞의 책, p. 113.

제3부 자유의 이름으로

1 *Tolérance, j'écris ton nom*, Unesco, Saurat, Paris, 1995.

2 Jean-Marie Paul, 〈진리는 똘레랑인가?〉, 《어디까지 똘레랑스할 것인가?》에 수록, Le Monde-Editions, 1996, p. 122.

3 Léon XIII, 《인간의 자유에 관하여》, 앞의 책, p. 30.

4 Saint Bernard, 《전집》, 앞의 책, p. 268과 p. 284.

5 Léon XIII, 《인간의 자유에 관하여》, 앞의 책, p. 1.

6 Thiry, 《종교의 자유와 기독교의 자유》, 앞의 책, p. 41 참조.

7 Jeanne Hersch, 〈똘레랑스와 진리〉, 《역사를 무릅쓴 똘레랑스, 볼테르에서 오늘날까지》에 수록. Michel Comation 감수, Aléas, 1995, pp. 235~242.

8 Ricœur, 〈똘레랑스, 앵똘레랑스, 용인할 수 없는 것〉, 앞의 책, p. 445.

9 사제들의 1562년 1월의 칙령에 관한 논평과 1563년 3월 19일의 앙부아즈 칙령에서.

10 Bertin, 《양심의 자유론》, 앞의 책, p. 4.

11 Spinoza, 《신학적 및 정치적 권위론》, 앞의 책, p. 146, 254와 p. 311.

12 Turgot, 《똘레랑스에 관한 두 번째 편지》, 앞의 책, pp. 384~385.

13 Spinoza, 《신학적 및 정치적 권위론》, 앞의 책, p. 312.

14 Turgot, 《똘레랑스에 관한 두 번째 편지》, 앞의 책, pp. 384~385

15 Versé, 《양심의 자유론》, 앞의 책, p. 24.

16   Todorov, 〈똘레랑스와 똘레랑스할 수 없는 것〉, 앞의 책, pp. 197~198.

1장 감시받는 자유

1   Jean Baubérot, 〈자유의 전략〉; Sahel, 《이단의 인류를 위한 똘레랑스》에 수록, 앞의 책, p. 86.

2   Bayle, 《하느님 말씀에 대한 철학적 주해》, 앞의 책, p. 267.

3   Saint Augustin, 〈인간은 그가 바라는 것만 믿을 수 있다〉, *credere non postest homo nisi volens*, In Joannem, XXVI, p. 235.

4   《똘레랑스에 관한 서한문》, Locke, 앞의 책, Spitz의 서문에서 재인용. pp. 14~15. D. Wootton, *Divine Right and Democracy. An Anthology of Political Writtings in Stuart England*에 수록. London, 1986, pp. 247~271.

5   Locke, 〈똘레랑스에 관한 에세이〉, 앞의 책, p. 129와 p. 108.

6   같은 책, p. 108.

7   Locke, 《똘레랑스에 관한 서한문》, 앞의 책, p. 199.

8   Bayle, 《하느님 말씀에 대한 철학적 주해》, 앞의 책, p. 152와 p. 274.

9   같은 책, p. 332와 p. 345.

10   Basnage de Beauval, 《종교의 똘레랑스》, 앞의 책, p. 55.

11   Van Paets, 《영국의 최근 동요에 관하여》, 앞의 책, p. 17.

12   Yvon, 《양심의 자유》 제II권, 앞의 책, p. 42.

13   Rousseau, 〈1756년 8월 18일, 볼테르에게 보낸 편지〉, 앞의 책, p. 1072.

14   Voltaire, 《똘레랑스론》, 앞의 책, p. 83.

15   Locke, 《똘레랑스에 관한 서한문》, 앞의 책, p. 199.

16   Rousseau, 〈1756년 8월 18일, 볼테르에게 보낸 편지〉, 앞의 책, p. 1077.

17   Voltaire, 《똘레랑스론》, 앞의 책, p. 83.

18   Henri Laborit, 〈앵똘레랑스와 타인의 권리〉; Collange와 Duprait, 《앵똘레랑스와 타인의 권리》, 앞의 책, p. 27.

19   Mill, 《자유론》, 앞의 책, p. 114. 또 칼뱅에 관한 Zweig, 《칼뱅에 반대한 카스텔리옹》, 앞의 책, p. 59 참조.

20   Negroni, 《앵똘레랑스, 프랑스에서의 가톨릭과 프로테스탄트, 1560~1787》, 앞의 책, p. 63 참조.

21   Zweig, 《칼뱅에 반대한 카스텔리옹》, 앞의 책, p. 170.

22   Bossuet, 〈다섯 번째 경고〉, 앞의 책, p. 644.

23 Saint Bernard, 《전집》 제Ⅱ권, 앞의 책, 《부활절을 위한 세 번째 서약》, p. 245.

24 Pey, 《철학적 똘레랑스주의에 반대하는 기독교의 똘레랑스…》, 앞의 책, p. 113.

25 Saint Bernard, 앞의 책.

26 루소는 복종과 자유의 이 신비로운 융합을 재구성하고자 시도했다. 즉, 올바른 이성의 공동의 실행 속에서 구상된 공통의 법에 인간이 스스로 따를 때 그들은 인간이 되게끔 하는 내적인 법에 스스로 복종하는 것이 되며, 따라서 자유로운 인간으로 남아 있게 된다―그들의 복종이 자유 자체를 구성하는 것이다. 〈코르시카를 위한 헌법 계획〉, 《전집》에 수록. Gallimard, 〈Bibliothèque de la Pléiade〉 제Ⅲ권, 1964, p. 950.

27 Luther, 《독일 민족의 기독교도 귀족들에게 보내는 연설》, 앞의 책, p. 179; "세례를 통하여 우리는 자유로워지며 오직 하느님의 말씀에만 복종하게 된다."

28 Husser, 〈스트라스부르의 카스파르 슈벤크펠트와 그의 제자들의 똘레랑스를 위한 변론(1529~1631)〉, 앞의 책, p. 75.

29 Lecler와 Valkhoff, 《종교적 자유의 초기 옹호자들》, 앞의 책, p. 81.

30 Caspar Coolhaes, 그의 풍자문 중 마지막 것에서, 《Naedencken of de disputatiën van de godtlycke praedestinatie(신성 숙명론에 관한 논쟁에 대한 성찰)》, Gouda, 1609(Knuttel, 1639호). H. Rogge, *Caspar Coolhaes* 제Ⅱ권, p. 121 이하. p. 127 참조; Lecler, 《종교개혁 세기의 똘레랑스의 역사》 제2권, 앞의 책, p. 257에서 재인용.

31 Husser, 〈스트라스부르의 카스파르 슈벤크펠트와 그의 제자들의 똘레랑스를 위한 변론(1529~1631)〉, 앞의 책, p. 75.

32 Chillinworth, Works 제Ⅱ권, p. 39; Lecler, 《종교개혁 세기의 똘레랑스의 역사》 제2권, 앞의 책, p. 370에서 재인용.

33 *De captivitate babylonica*(1520), Lecler, 《종교개혁 세기의 똘레랑스의 역사》 제1권, 앞의 책, p. 163.

34 M. Jordan, Toleration 제Ⅰ권, p. 254; Lecler, 《종교개혁 세기의 똘레랑스의 역사》 제2권, 앞의 책. p. 235에서 재인용.

35 Wergierski, *Slavonia reformata*, 앞의 책, p. 215.

36 Thomas Helwys, *A Short Declaration of the Mistery of Iniquity*(1612), 오리지널 판에서 팩스로 받음. The Baptist Historical Society, 1935, p. 69.

37 Max Weber에 의해 인용. 《프로테스탄트의 윤리와 자본주의 정신》, Presses-Pocket, 〈Agora〉, 1991, p. 151.

38 Émile Poulat에 의해 인용, 〈프랑스 현대의 비종교주의와 비타협성〉, 《어디까지 똘레랑할 것인가?》에 수록, 앞의 책, p. 251.

39 John Goodwin, *Βασανισται or the Triers(or Tormentors) tryes and cast by the Laws*

both of God and the Men, London, 1657, pp. 18~19; Lecler, 《종교개혁 세기의 똘레랑스의 역사》 제2권, 앞의 책, p. 395에서 재인용.

40 Bayle, 《하느님 말씀에 대한 철학적 주해》, 앞의 책, p. 129.

41 Locke, 〈똘레랑스에 관한 에세이〉, 앞의 책, p. 109.

42 Rousseau, 〈1756년 8월 18일, 볼테르에게 보낸 편지〉, 앞의 책, p. 1072.

43 Pelletan, 《발언할 권리. M. Imhaus에게 보낸 편지》, 앞의 책, p. 13.

44 Canet, 《양심의 자유와 역사의 성격》, 앞의 책, p. 57.

45 같은 책.

46 예컨대, C. Bouglé, 《양심의 자유, 종교, 프리메이슨》, Chambéry, 1892, p. 25와 p. 29.

47 John Rawls, 《정의론》(1971), Seuil, 1987, pp. 242~243.

48 Johann Gottlieb Fichte, 《사상의 자유 청구》(1793), Paris, F. Chamerot, 1859, p. 13.

49 같은 책, p. 15.

50 Rabelais, *Gargantua*, Pierre Michel 편(작성하고 주를 담), Gallimard, 〈Folio〉, 1992, LII장, p. 395.

51 Spinoza, 《신학적 및 정치적 권위론》, 앞의 책, p. 245.

52 Emmanuel Kant, 《생각 속에서 어디로 향하는가?》(1786), Vrin, 1993, p. 86.

53 Vaissière, 《도시국가의 기초》, 앞의 책, p. 166과 p. 168.

54 Mirabeau, 《언론 자유에 관하여》, 앞의 책, p. 35: "하느님이 인간에게 이성을 주었을 때, 그것은 선택의 자유를 준 것이다. 왜냐하면 그 능력이 바로 이성을 구성하는 것이기 때문이다. 그렇지 않다면 인간은 기계에 지나지 않을 것이다. 그러므로 하느님은 자유로운 첫 인간을 창조했다."

55 Léom XIII, 《인간의 자유에 관하여》, 앞의 책, p. 2와 p. 4.

56 Canet, 《양심의 자유와 역사의 성격》, 앞의 책, p. 9.

57 Léom XIII, 《인간의 자유에 관하여》, 앞의 책, p. 5.

58 Simon, 《양심의 자유》, 앞의 책, p. 393.

59 Roché, 《비평 방법과 비종교적 이상》, 앞의 책, p. 27.

60 Vaissière, 《도시국가의 기초》, 앞의 책, pp. 183~194.

61 Monteigne, 《수상록》, 〈자만심에 관하여〉, III, 9: "나는 나의 동국인을 평가한다. 그리고 나는 국가적 연결을 보편적 · 공동의 연결보다 후치시키면서 프랑스인과 똑같이 폴란드인을 껴안는다." "모든 관습은 나름의 이유가 있으며 (…) 나는 우리들의 것보다 가치가 뒤떨어지는 것을 만나본 것 같지 않다." La Bruyère, 《성격(Caractères)》, 〈판단〉, 22: "이성은 어디든지 있는 것이다. 사람이 있는 곳에서는 어디서나 올바르게 생각한다."

62 Samuel von Pufendorf, 《인간의 의무와 시민의 의무》(1673); Bruno Huisman, 《철학

자와 자유, 자유에 관한 철학적 텍스트》, Huisman, 1982, p. 233에서 재인용.

63 Andreas Wiszowaty, 《Religio rationalis(이성적 종교)》(1685)…, L. Chmag, D. Gromska, V. Wasik판, Varsovie, 1960, pp. 65~66.

64 Malesherbes, 《출판 자유에 관한 비망록》, 앞의 책, p. 227참조.

65 Emmanuel Kant, 《빛이란 무엇인가?》(1784), 또한 《판단력 비판》, Gallimard, 〈Folio〉, 1989, p. 503.

66 Mill, 《자유론》, 앞의 책, p. 41.

67 Bouderville, 《견해의 자유》, 앞의 책, p. 13.

68 Polin, 《우리 시대의 자유》, 앞의 책, p. 138.

69 Spinoza, 《신학적 및 정치적 권위론》, 앞의 책, p 97

70 Vaissière, 《도시국가의 기초》, 앞의 책, p. 179.

71 Léom XIII, 《인간의 자유에 관하여》, 앞의 책, p. 13.

72 Martin Clifford, 《인간 이성론》, 1675년에 출판, 프랑스 번역판 1682년, 2판, Amsterdam, chez la Vve de J. van Dyck, 1699, p. 29.

73 같은 책, p. 66.

74 Emmanuel Kant, 《영구평화계획》(1795), Heinz Wismann에 의해 재인용. 〈독일 철학에서의 똘레랑스 목소리〉; 《앵똘레랑스》, Académie universelle des cultures, 앵똘레랑스에 관한 국제 포럼. 유네스코, 1997년 3월 27일, 소르본, 1997년 3월 28일, Grasset, pp. 95~98.

75 쥘 페리가 교사들에게 보낸 편지 참조: "만일 단 하나의 구절이라도 당신 앞에 있는 학생의 부모를 거슬리게 하거나 문제를 일으킬 수 있다면 그 구절을 말하지 마시오. (…) 만일 당신이 말하고자 하는 것이 사적인 확신에 부딪힐 수 없다고 느낀다면 과감하게 말하시오. 왜냐하면 그때 당신이 수중에 갖고 있는 것은 인간의 보편적 윤리인데, 교사에게 그보다 더 중요하게 방어해야 할 것은 없기 때문입니다."; François Bayrou가 앵똘레랑스에 관한 국제 포럼에서 인용. 앞의 책, p. 234.

76 Roché, 《비평 방법과 비종교저 이상》, 앞의 책, p. 12.

77 Boudeville, 《견해의 자유》, 앞의 책, p. 8.

78 Pie IX와 Léon XIII에 의해 비난받은 '오류'의 맥락 안에서, *Syllabus*, Office international des œuvres de formation civique et d'action doctrinale selon le droit naturel et chrétien, 1964, p. 17(3)과 《인간의 자유에 관하여》, 앞의 책, p. 12.

79 Jean Paul Sartre, 《실존주의는 휴머니즘이다》(1945), Gallimard, 〈Folio-Essais〉, 1996, p. 28.

80 Miguel Benasayag의 표현. 〈이슬람의 스카프와 사상의 베일〉, *Libération*, 1995년 7월

5일자. 그는 '현대의 근본주의'를 강조하고 있다. 그에 따르면 "각 개인은 그 자신의 행복만을 추구하는 타산적인 사회적 아톰이다. (…) 각 개인은 자유로운데, 왜냐하면 항상 자신의 특별한 이해관계에 따라서만 행동하기 때문이다. 오직 미친 자들만 그 반대로 행할 것이다. 비합리성과 그 결과로 나타나는 자유의 상실은 그 징후로서 자신에 반하는 행동을 보인다. 비합리성과 그 결과로 나타나는 자유의 상실은 그 징후로서 자신에 반하는 행동을 보인다. (…) 따라서 인간의 자유는 식물의 자유와 마찬가지로 자신의 이익을 위하여 음지보다는 양지를 향하게 한다."

81   Polin,《우리 시대의 자유》, 앞의 책, p. 108 참조.

82   Junzo Kawada,《문제제기된 문화적 상대주의》,《앵똘레랑스》, 앵똘레랑스에 관한 국제 포럼, 앞의 책, pp. 146~150.

83   Jean Paul Sartre,《실존주의는 휴머니즘이다》, 앞의 책, p. 29.

84   Julien Freund, 〈사회적 갈등과 앵똘레랑스〉, Collange와 Duprait,《앵똘레랑스와 타인의 권리》, 앞의 책, pp. 75~107.

85   Rawls,《정의론》, 앞의 책, pp. 248~249.

86   Émile Poulat, 〈비종교주의의 미래〉, *Le Monde*, 1995년 11월 3일자, p. 12.

2장 자발성과 무상성無償性

1   Saint Bernard,《전집》제 I 권, 앞의 책, p. 267: "구원의 창조자이며 절대적 지배자로서 하느님만이 그것을 맞아들일 수 있다. 즉, 하느님만이 베풀 수 있는 것이므로 하느님만이 맞아들일 수 있는 것이다. 그렇지만 설령 구원을 베푸는 하느님의 은총 없이는 실현되지 않긴 하지만, 구원받는 사람의 동의 없이 구원은 존재할 수 없다. 동의한다는 것, 그것이 곧 구해지는 것이다."

2   Luther,《세속 정부에 관하여》(1523), *Werke* 제 XI 권, p. 264.

3   *Corpus Sahwenckfeldianorum*, t. -XV, Leipzig, 1909~1939, *De cursu verbi Dei*, t, II, doc, 41, p. 596; Lecler,《종교개혁 세기의 똘레랑스의 역사》제2권, 앞의 책, p. 180에서 재인용.

4   《Die Erste Teil der christlichen orthodoxischen Bücher(정통 기독교도서의 첫째 부분)》, 발행처 불명, 1564, p. 962.

5   Lecler,《종교개혁 세기의 똘레랑스의 역사》제2권, 앞의 책, p. 180과 p. 226 참조.

6   예를 들어 Menno Simons(1493~1559) 참조. *Omnia opera theologica, of alle de Godtgeleerde Wercken van Menno Simonsm*, Amsterdam, 1681; Een klare beantwoordinghe over eene schrift Gellii Fabri(1534), p. 323; Caspar

Schwenkfeld(1489~1561), *Die Erste Teil*…, 앞의 책, p. 966; Lecler, 《종교개혁 세기의 똘레랑스의 역사》 제1권, 앞의 책, p. 219에서 재인용.

7   Crell, 《종교에서의 똘레랑스와 양심의 자유에 관하여. 죄악과 광기로 입증된 앵똘레랑스》, 앞의 책, p. 119.

8   Cottret, 《똘레랑스인가, 양심의 자유인가?》, 앞의 책, p. 335.

9   De Montcheuil 신부(2차대전 이후 〈교회 청년〉의 창시자)의 표현에 따름. Vaissière, 《도시국가의 기초》, 앞의 책, p. 175에서 재인용.

10   Luther, 《독일 민족의 기독교도의 귀족들에게 보내는 연설》, 앞의 책, p. 161.

11   Vaissière, 《도시국가의 기초》, 앞의 책, p. 175.

12   Schamschlager, 〈스트라스부르의 사법관에게 똘레랑스를 호소함〉, 앞의 책, p. 105.

13   〈로마인들에게 보낸 편지〉 12장

14   Lecler와 Valkhoff, 《종교적 자유의 초기 옹호자들》, 앞의 책, p. 161에서 재인용.

15   *Chronica*, 3e p., 〈von den romischen Ketzen(로마의 이단에 관하여)〉, 1585년도 판, p. 471.

16   《황폐한 프랑스에의 권고》, Bayle, 《하느님 말씀에 대한 철학적 주해》에서 재인용, 앞의 책, dossier, p. 385.

17   Versé, 《양심의 자유론》, 앞의 책, p. 30.

18   가령 de La Baumelle(프로테스탄트)의 《똘레랑한 아시아인》이라는 제목의 연극을 볼 것. 그 내용 요약이 *L'Epilogueur Moderne* 1752년 11월 13~20일자에 실려 있음. Michel Cornation, 〈기독교의 양심에 비추어 본 볼테르의 똘레랑스〉에 있음. 《역사를 무릅쓴 똘레랑스》, 앞의 책, p. 145.

19   Voltaire, 《똘레랑스론》, 앞의 책, pp. 109~111: 〈앵똘레랑스에 반대하는 증언〉.

20   Tertullien, lettre , *ad Scapulam*; *P.L.*, Ⅰ, c. 699.

21   Crell, 《종교에서의 똘레랑스와 양심의 자유에 관하여. 죄악과 광기로 입증된 앵똘레랑스》, 앞의 책, p. 55.

22   *De institutioibus divinis*, V, 20~21; *P.L.*, Ⅵ, 616; Lecler, 《종교개혁 세기의 똑레랑스의 역사》 제1권, 앞의 책, p. 68에서 재인용.

23   종교의 필수적 자유에 관한 이 주장은 특히 종교개혁 운동에 의해서 동냥과 자선 행위에 대한 반대를 위험 수준에 이를 정도로 발전시키기도 했다. 동냥을 강요하는 죄악이 베풀기를 강요함으로써 베풂―즉, 구원적인 제스처―을 소멸시킨다는 데에 있는 것과 같은 방식으로, 앵똘레랑스의 죄악은 자유로운 동참을 소멸시킨다는 데에 있다.

24   La Broue, 《…똘레랑스에 관한 예수 그리스도의 정신》, 앞의 책, p. 46.

25   Basnage de Beauval, 《종교의 똘레랑스》, 앞의 책, p. 43.

26　Yvon,《양심의 자유》제 II 권, 앞의 책, p. 36.

27　예수 그리스도의 말씀에 따르면(〈마태오의 복음서〉 25:40): " 너희가 여기 있는 형제 중
　　에 가장 보잘것없는 사람 하나에게 해준 것이 바로 나에게 해준 것이다." 또한 성 요한에
　　따르면(〈요한의 첫째 편지〉 4:20): "하느님을 사랑한다고 하면서 자기의 형제를 미워하는
　　사람은 거짓말쟁이입니다."

28　Luther,《기독교도의 자유에 대하여》, 앞의 책, p. 223.

29　같은 책, p. 206, pp. 219~221, 227~230, p. 265.

30　Fichte,《사상의 자유 청구》, 앞의 책, p. 15.

31　Pelletan,《발언할 권리. M. Imhaus에게 보낸 편지》, 앞의 책, p. 7.

32　Abauzit,《똘레랑스의 문제》, 앞의 책, p. 245.

33　Marcel, 〈똘레랑스의 현상학과 변증법〉, 앞의 책, p. 280.

34　Luther,《독일 민족의 기독교도의 귀족들에게 보내는 연설》, 앞의 책, p. 116.

35　《필리프 드 마르닉스 생트-알드공드의 피비린내 나고 가시돋친 권고에 대한 해독제》, 앞
　　의 책, p. 86.

36　*Catéchisme de Rakov*(1605), *Catechesis ecclesiarum polonicarum*, de Stauropolis판,
　　1684, Introduction.

37　Bayle,《하느님 말씀에 대한 철학적 주해》, 앞의 책, p. 129.

38　Fichte,《사상의 자유 청구》, 앞의 책, pp. 34~35.

39　Mill,《자유론》, 앞의 책, p. 108.

40　Rayot, in Ballaguy 외,《양심의 자유를 위하여-인민 회의》, 앞의 책, p. 133.

41　Boudeville,《견해의 자유》, 앞의 책, p. 24와 p. 28.

42　Polin,《우리 시대의 자유》, 앞의 책, p. 108.

43　Kant,《생각 속에서 어디로 향하는가?》, 앞의 책, p. 86.

44　Michael Walzer, 〈다원주의에 어떻게 가치를 부여하는가? Isaiah Berlin의 강독〉,
　　Esprit 224호, 1996년 8~9월, pp. 153~164.

45　Jean Paul Sartre,《실존주의는 휴머니즘이다》, 앞의 책, p. 65.

46　P. Vanbergen. 벨기에 교육부 소식지, 1969년 4월, 아동과 학교 교육 연구 자치비서의
　　비평, 브뤼셀, 〈새교육, 무엇을 생각할 것인가?〉. Creuzet의 인용,《똘레랑스와 자유주
　　의》, 앞의 책, p. 20.

47　요한 바오로 2세의 표현에 의함.《진리의 광채》, Mame/Plon, 1993, pp. 54~57.

48　Jean Paul Sartre,《존재와 무》(1943), Gallimard, 1980. p. 460.

49　Constant,《정부의 이해관계의 관점에서 본 소책자, 팸플릿, 신문의 자유》, 앞의 책, p. 2.

50　〈몇몇 랩 그룹이 지나치게 '폭력적' 이라는 이유로 고발당함〉, *Le monde*, 1995년 9월 8일

자, 23면.

51 일반적인 배척에 항의한 텔레비전 진행자의 〈빌어먹을, 더 지껄일 수 없다니…〉에 이르
기까지; 〈Patrick Sébastien의 "과감하게 합시다." 프로에 관해〉, *Libération*, 1995년 9
월 25일.

52 Polin,《우리 시대의 자유》, 앞의 책, p. 39.

53 같은 책, p. 38.

54 Pierre-André Stucki,《똘레랑스와 교리》, 로잔느, L'Âge d'Homme, 1973, p. 37.

55 Olivier Abel, 〈현대인의 다원주의적 조건〉, *Esprit* 224호, 1996년 8~9월, pp. 101~
113.

56 Chantal Delsol, 〈인간의 성격과 자유, 시뮬라크르와 같은 상대주의〉, *Revue des deux
mondes*, 1997년 1월, pp. 91~100.

57 Raymond Polin이 지적한 바임.《우리 시대의 자유》, 앞의 책, p. 114.

58 C. Virmaud,《똘레랑스》, Paris, Imprimerie de H. Richard, 1922, p. 13.

59 Castellion,《이단론》, 앞의 책, pp. 48~49.

60 Clifford,《인간 이성론》, 앞의 책, p. 13.

61 Van Paets,《영국의 최근 동요에 관하여》, 앞의 책, p. 7.

62 Malesherbes,《출판 자유에 관한 비망록》, 앞의 책, p. 266.

63 Virmaud,《똘레랑스》, 앞의 책, p. 12.

64 Marcel, 〈똘레랑스의 현상학과 변증법〉, 앞의 책, p. 280.

65 Abauzit,《똘레랑스의 문제》, 앞의 책, p. 222.

66 Souleymane Bachir Diagne, 〈인권의 관점에서〉, *Le Monde*, 1995년 11월 3일, 12면.

67 Jankélévitch,《덕목론》제2권, 앞의 책, p. 101.

68 Hersch, 〈똘레랑스와 진리〉, 앞의 책, p. 242. 그리고 〈자유와 진리 사이의 똘레랑스〉,
《똘레랑스여, 너의 이름을 쓴다》, 앞의 책, p. 53.

69 Jankélévitch,《덕목론》제2권, 앞의 책, p. 101.

70 같은 책, p, 87,

71 Robert Maggiori,《함께 살기: 자유 철학인가, 사랑의 철학인가?》, Fayard, 1985, p.
277.

72 Paul Dumouchel, 〈똘레랑스는 다원주의가 아니다〉, *Esprit* 224호, 1996년 8~9월, pp.
165~182.

73 이 인용과 그 앞의 인용들은 Abauzit,《똘레랑스의 문제》, 앞의 책, p. 26, 50, 71, 79, 94
참조.

74 Françoise Coblence, 〈이성의 독재?〉; Sahel,《이단의 인류를 위한 똘레랑스》에 수록.

앞의 책, pp. 34~39.

75 Sigmund Freud, 《문명의 불안》, 바로 앞의 Coblence의 글에서 재인용, pp. 38~39.

76 〈각 영혼적 가족이나 공동체의 시스템을 보존하기 위하여 그리고 자체 갱신을 위하여 필요한 원천을 자체의 기본 자산에서 찾을 수 있기 위하여 치루어야 하는 대가〉, Claude Lévi-Strauss, 《먼 시선》; Alain Finkielkraut, 《사상의 패배》, Gallimard, 1987, p. 15에서 재인용.

77 Paul Ricœur, 〈앵똘레랑스에 관한 성찰의 현 상황〉, 《앵똘레랑스》에 수록, 앞의 책, pp. 20~23.

78 Françoise Héritier, 〈자기, 남 그리고 앵똘레랑스〉, 《앵똘레랑스》에 수록, 앞의 책, pp. 24~27.

79 Abauzit, 《똘레랑스의 문제》, 앞의 책, p. 191, 193.

80 Canto-Sperber, 〈똘레랑스의 한계〉, 앞의 책, p. 132.

81 Paul Valéry, 〈자유에서의 파동〉, 《현 세상에 대한 시선》(1945)에 수록; Huisman, 《철학자들과 자유》, 앞의 책, p. 11.

82 Roger-Pol Droit, 〈똘레랑스의 두 얼굴〉, 앞의 책, p. 19.

83 Francis Rosenstiel, 〈앵똘레랑스, 흡혈귀들의 사육제〉, *Libération*, 1994년 3월 22일, 5면.

84 Souleymane Bachir Diagne, 〈똘레랑스와 문화〉, 《똘레랑스여, 너의 이름을 쓴다》, 앞의 책, p. 114.

85 Humberto Giannini, 〈기이함을 받아들이기〉; Sahel, 《이단의 인류를 위한 똘레랑스》에 수록. 앞의 책, p. 20~33.

86 André Comte-Sponville, 《위대한 덕목에 관한 소론》, 앞의 책, p. 212.

87 Sahel, 《이단의 인류를 위한 똘레랑스》, 전문. 앞의 책, p. 13.

88 Serres, 《제3의 교육》, 앞의 책, p. 180.

89 Ricœur, 〈똘레랑스, 앵똘레랑스, 용인할 수 없는 것〉, 앞의 책, p. 449.

90 *'Jusqu'où tolére?'*, 르몽드–르망 포럼, 1995년 10월 29일.

91 Karl Popper, 《열린 사회와 그 적들》 제1권, Seuil, 1979, p. 222. n. 4.

92 Freund, 〈사회적 갈등과 앵똘레랑스〉, 앞의 책, p. 85.

93 André Comte-Sponville, 《위대한 덕목에 관한 소론》, 앞의 책, p. 213: 끝까지 밀려나면 "똘레랑스는 스스로를 부정하게 된다. 왜냐하면 똘레랑스를 제거하려는 것까지 놔두어야 하기 때문이다." 또 Jankélévitch, 《덕목론》 제2권, 앞의 책, p. 92 참조.; Popper, 《열린 사회와 그 적들》 제1권, 앞의 책, p. 222. n. 4.

94 Polin, 《우리 시대의 자유》, 앞의 책, p. 159, 161, 164.

95 Jean-François Lyotard, 〈우리에겐 금지가 필요하다〉, *Le Monde* 1995년 11월 2일.

96 Todorov, 〈똘레랑스와 똘레랑스할 수 없는 것〉, 앞의 책, p. 209.

97 André Comte-Sponville, 《위대한 덕목에 관한 소론》, 앞의 책, p. 215.

98 Giannini, 〈기이함을 받아들이기〉, 앞의 책, p. 22와 p. 23.

99 *Le Monde* 1997년 1월 23일, 36면 참조.

100 Helvétius, 《인간과 인간의 지적 능력 및 교육에 관하여》, s. IV, ch. 19, 앞의 책, p. 398.

101 Jacques Attali, 〈앵똘레랑스의 의무〉, 《어디까지 똘레랑스할 것인가?》에 수록, 앞의 책, p. 41.

102 그와 같이 Monique Canto-Sperber가 지적했다. 〈똘레랑스의 한계〉, 앞의 책, p. 140.

103 Jacques Attali, *Le Monde* 1995년 11월 2일 11면.

104 Jacques Attali, 〈앵똘레랑스의 의무〉, 앞의 책, p. 39.

결론

1 Abel, 《피에르 바일과 방황하는 양심》, 앞의 책, p. 56.

2 이와 같은 3중의 접근은 Paul Veyne에 의해 역사에 관해 언급되었다. Paul Veyne, 《역사를 어떻게 쓰는가?》, Seuil, 1979, pp. 72~73.

3 〈히브리인들에게 보낸 편지〉 13장 2절.

HISTOIRE DE LA TOLÉRANCE

BECKER(B.), *Autourde Michel servet et de Sébastien Castellion*(recueil publié sous la direction de), Haarlem, 1953.

BELMONT(P.), *Égailté politique et tolérance religieuse de Roger Williams à Fefferson*, Payot, 1927.

BONET-MAURY(G.), *La Liberté de conscience en France depuis l'édit de Nantes jusqu'à la Séparation*, Alcan, 1909.

BOTS(H.), 《L'esprit de la République des Lettres et la tolérance dans les trois premiers périodiques savants hollandais》, *Dix-septième siècle*, 1977, n° 116, p. 43-57.

BUISSON(F.), *Sébastien Castellion, sa vie et son uvre*(1515-1563). *Étude sur les origines du protestantisme libérance français*, 1892, 2, vol. *Castelloniana. Quatre études sur Sébastien Castellion et l'idée de tolérance*(par R. H. Bainton, B. Becker, M. Valkhoff et S. van der Woude), Leyde, 1951.

COTTRET(B.), 《Tolérance ou liberté de conscience? Épistémologie et politique à l'aube des Lumières》, *Études théologiques et religieuses*, Montpellier, 1990, n° 3, p. 333-352.

_______________ , 《Tolérqnce et constitution d'un espace européen. France-Angleterre-Pays-Bas à l'aube des Lumières(1685-1688)》, *Bulletin de la Société d'histoire du protestantisme frannçais*, 1988, n° 134, p. 73-86.

DELORMEAU(C.-E.), *Sébastien Castellion: apôtre de la tolérance et de la liberté de conscience*, Éd. H. Messeiller S.A., 1964.

DUBOIS(L.), *Bayle et la tolérance*, A Chevalier-Marescq, 1902

GILMORE(M.), *Les Limites de la tolérance dans l' uvre politique d'Érasme*, Colloquia Erasmiania Turonensia, 1972, 2 vol.

LECLER(J.), 《Érasme et la crise religieuse de l'unité chrétienne au XVIe siècle》,

Nouvelle revue théologique, 1950, n° 82, p. 284-295.

——————— , *Histoire de la tolérance au siècle de la Réforme*, Desclée de Brouwer, 1955, 2 Vol. ; réédité, 1994, Albin Michel.

LECLER(J.), VALKHOFF(M. -F.), *Les Premiers Défenseurs de la liberté religieuse(textes choisis et présentés par)*, Cerf, 1969, 2 vol.

MICHELIS PINTACUDA(F. de), 《Pour une histoire de l'idée de tolérance du X Ve XVIIe siècle》, *Revue d'histoire et de philosophie religieuses*, Strasbourg, 1985, vol. 65, n° 2, p. 131-151.

MINOIS(G.), *Censure et culture sous l'Ancien Régime*, Fayard, 1995.

NEGRONI(B. de), *Intolérances. Catholiques et protestants en France*, 1560-1787, Hachette, 1996.

PLONGERON(B.), 《De la Réforme aux Lumières. Tolérance et liberté : autour d'une fausse idée claire》, *De la tolérance à la liberté religieuse*. À la mémoire du père Joseph Lecler(s.j.), *Recherches religieuses*, 1990, vol. 78, n° 1, p. 41-72.

POMEAU(R.), *La Religion de Voltaire*, Nizet, 1969.

——————— , 《Une idée neuve au XVIIIe siècle, la tolérance》, Actes du colloque sur la deuxième centenaire de l'édit de tolérance de 1787, Paris, 9-11 octobre 1987, numéro sépecial de la *Revue de la société d'histoire du protestantisme français*.

PUAUX(F.), *Les Précurseurs français de la tolérance au* XVIIe *siècle*, Slatkine, 1970, reprod. de l'édition de Paris, 1881.

STACKELBERG(J. von), 《La réaction des "philosophes" à la révocation de l'édit de Nantes》, *Francia*, 1986, t. 14, p. 231.

THIERRY(P.), *La Tolérance, société démocratique, opinions, vices et vertus*, PUF, 《Philosophies》, 1997.

La Tolérance au risque de l'histoire de Voltaire à nos jours, sous la direction de M. Cornaton, Lyon, Aléas, 1995.

La Tolérance civile, Actes du colloque international de Mons, septembre 1981, éd, R. Crahay, Édition de l'Université de Bruxelles(Études sur le XVIIIe siècle, hors série), 1983.

Tolérance et intolérances dans le monde anglo-américain des XVIIIe et XVIIIe siècles, Société

d'études anglo-américaines des XVIIIe et XVIIIe siècles, Nantes, Université de
Nantes, 1981.

La tolérance, république de l'esprit, Actes du colloque 《Liberté de conscience, conscience
des libertés》, Toulouse, 26-28 novembre 1987, Les Bergers et les Mages, 1988.

TURCHETTI(M), 《Une question mal posée: Érasme et la tolérqnce. L'idée de
sygkatqbasis》; *Bibliothèque d'humanisme et Renaissance*, 1991, t. LIII, n° 2, p. 279-395.

Voltaire, Rousseau et la tolérance, colloque franco-néerlandais, 1978, Maison Desccartes,
1980.

WATERLOT(G.), 《Voltaire ou le fanatisme de la tolérance》, *Esprit*, août-septembre
1996, n° 224, p. 114-139.

Weber(M.), *L'Éthique protestante et l'esprit du capitalisme*, Presses-Pocket, 1991.

ZWEIG(S.), *Castellion contre* Calvin, texte français d'Alzir Hella, Grasset, 1980.

SOURCES

ABAUZIT(F.), *Le Problème de la tolérance*, Delachaux et Niestlé, 1939.

ABEL(O.), 《La condition pluraliste de l'homme moderne》, *Esprit*, août-septembre
1996, n° 224, p. 101-113.

L'Accord de la religion et de l'humanité sur l'intolérance(anonyme), s.l., 1762.

ACONTIUS(J.), *Stratagemata Satanae*(1565), édition français de Delf, 1611.

ALLÈGRE(C.), 《Les races n'existent pas. Le racisme est une idée fausse》, *Le Figaro*,
12 septembre 1996.

*Antidote ou Contrepoison contre les conseils sanguinaires et envenimés de Phillippe de Marnix, Sr
de Sainte-Aldegonde*, s.l.n.d.(vers 1598).

BALLAGUY, BOUGLÉ, DARLU, LOTTIN, RAYOT, *Pour la liberté de conscience,
conférences populaires*, E. Comély, 1901.

BASNAGE DE BEAUVAL(H.), *Tolérance des religions*, Rotterdam, Chez Henri de Graef,
1684; New York-Londres, Johnson reprint, 1970.

BAYLE(P.), *Ce que c'est que la France toute catholique*(1686), éd. par É. Labrousse avec
la collaboration de H. Himelfarb et R. Zuber, 1973.

__________ , *Commentaire philosophique sur ces paroles de Fésus-Christ; ⟪Contrains-les d'entrer⟫*(1686), préface et commentaires de J.-M. Gros, Presses-Pocket, ⟪Agora⟫, 1992.

BENASAYAG(M.), ⟪Le foulard islamique et le voile de la Pensée⟫, *Libération*, 5 juillet 1995.

BERGA(A.), *Les Sermons politiques du P. Skarga*, Paris, 1916.

BERNARD(saint), *Œuvres*, traduites et préfacées par M.-M. Davy, Aubier-Montaigne, 2 vol., 1945.

BERTIN(P.), *Traité de la liberté de conscience*, Bordeaux, Millanges, 1586.

BOSSUET(J.-B), *Avertissements aux protestants sur les lettres du ministre Furieu contre l'histoire des variations*, Vve Cramoisy, 1689.

BOUDEVILLE(E.), *La Liberté d'opinion*, Sens, Imprimerie ouvrière, 1912.

BOUGLÉ(C.), *Liberté de conscience, Religions, Franc-maçonnerie*, Chambéry, 1892.

CANET(abbé), *Nature et histoire de la liberté de conscience*, Bloud et Barral, 1893.

CANFORA(L.), *La Tolérance et la vertu : de l'usage politique de l'analogie*, trad. de l'italien par D. Fourgous, Desjonquères, ⟪Le bon sens⟫, 1989.

CASAMAYOR, *La Tolérance, Gallimard*, 1975.

CASTELLION(S.), *Traité des hérétiques*(1554), édition nouvelle par A. Olivet, Genève, Jullien, 1913.

__________ , *Conseil à la France désolée...*(1652), éd. Droz, 1967.

__________ , *De l'art de douter et de croire, d'ignorer et de savoir*(1563), trad. Ch. Baudouin, Genève-Paris, 1953.

CLIFORD(M.), *Traité de la raison humaine*, publié en 1675, traduit en français en 1682, 2e édition, Amsterdam, chez la vve de J. Van Dyck, 1699.

COLLINS(A.), *Discours sur la liberté de penser*, Londres, 1714.

COMPTE-SPONVILLE(A.), *Petit Traité des grandes vertus*, PUF, 1995.

CONDORCET(M.-J.-A. de Caritat, marquis de), *La Tolérance aux pieds du trône*, Londres, 1779.

__________ , *Esquisse d'un tableau historique des progrès de l'esprit humain*(1794), éd. Prior, Vrin, 1988.

CONSTANT(B.), *De la liberté des brouchures, des pamphlets et des journaux, considérée sous le rapport de l'intérêt du gouvernement*, H. Nicolle, 1814.

CRELL(J.), *De la tolérance dans la religion ou de la liverté de conscience. L'intolérance convaincue de crime et de folie*(1637), traduction de Ch. Le Cène, adaptée par J. -A. Naigeon, de 《Vindiclae pro religionis libertate》, Londres, 1769; Hachette, 1972.

De la concorde de l'É tat par l'observation des édicts de pacification, Paris, 1599.

DELSOL(C.), 《Nature humaine et liberté. Le relativisme comme simulacre》, *Revue des deux mondes*, janvier 1997, p. 91-100.

Discours contenant le vray entendement de la pacification de Gand, s.l., 1579.

DUMOUCHEL(P.), 《La tolérance n'est pas le pluralisme》, *Esprit*, n° 224, août-septembre 1996. p. 165-182.

FICHTE(J.-G.), *La Revendication de la liberté de penser*(1793), F. Chamerot, 1859.

GOODWIN(J.), *Hagiomastix or the Scourge of the saints displayed in his colours of Ignorance and Blood,* Londres, 1646.

_______________ , *Βασανισται or the Triers(or Tormentors) tryes and cast by the Laws both of God and of Men,* Londres, 1657.

GRÉGOIRE(H.), *Essai sur la régénération physique, morale et politique des Fuifs*(1788), Flammarion, 1988

GRÉGOIRE XVI, *Mirari vos*(1832), Villegenon, Éditions Sainte-Jeanne-d'Arc, 1981.

GROTIUS(H.), *De veritate religionis christianae*(1627), Operum theologicorum, t. III, Amsterdam, 1679.

_______________ , *Le Droit de la paix et de la guerre*(1625), nouvelle traduction par J. Barbeyrac, Bâle, 1768.

HAYEK(F.von), *La constitution de la liberté*(1959), Litec, 1994.

HUISMAN(B.), *Les Philosophes et la liberté : les grands textes philosphiques sur la liberté*(réunis et présentés par), Huisman, 1982.

L'Intolérance, Académie universelle des cultures. Forum international sur l'intolérance, Unesco, 27-28 mars 1997, Grasset, 1998.

L'Intolérance éclairée, anonyme(curé de saint-Cyr), s.l., 1777.

L'Intolérance et le droit de l'autre, ouvrage collectif dirigé par J.-F. Collange et J. Duprat,

Genève, Labor et Fides, 1992.

JACQUARD(A.), *Éloge de la différence*, Seuil, 1985.

JANKÉLÉVITCH(V.), *Traité des vertus Flammarion*, 《Champs》, 1986, t. 2.

JEAN-PAUL II, *La Splendeur de la vérité*, Mame/Plon, 1993.

JURIEU(P.), *Politique du clergé de France*, Cologne, 1681.

___________ , *Lettre de quelques protestants pacifiques au sujet de la réunion des religion, à MM du clergé de France*, s.l.n.d.

___________ , *Des droits deux souverains,*, Rotterdam, 1687.

Fusqu'où tolérer?, Forum Le Monde-Le mans des 27-29 octobre 1995, textes réunis et présentés par R.-P. Droit, Le Monde-Éditions, 1996.

KANT(E.), *Qu'est-ce que les Lumières?*(1784), *avec Critique de la faculté de juger*, Gallimard, 《Folio》, 1989.

___________ , *Qu'est-ce que s'orienter dans la pensée?*(1786), Librairie philosophique J. Vrin, 1993.

LA BROUE(de), *L'Esprit de Fésus-Christ sur la tolérance pour servir de réponse à plusieurs écrits de ce temps sur la même matière, et particulièrement à l'Apologie de Louis XIV sur la révocation de l'édit de Nantes, et à la dissertation sur le massacre de la saint Barthelemi,* s.l., 1760.

Le Monde, 8 septembre 1995, 《Certains groupes de rap sont accusés d'être trop "violents"》.

Le Monde, 2 et 3 novembre 1995, à propos du Forum Le Monde-Le Mans des 27-29 octobre 1995 : *Fusqu'où tolérer?*, compte rendu des interventions de J. Attali, J.-F. Lyotard, S. B. Diagne, É. Poulat.

LÉON XIII, *Libertas praestantissimun*(20 juin 1888), sur la liberté humaine, Office international des uvre de formation civique et d'action doctrinale selon le droit naturel et chértien, 1962.

L'HOSPITAL(M. de), 《Ouverture des états généraux à Orlérans le 13 décembre 1560》, in *Œuvres de Michel de L'Hospital,* éd. Dufey, t. I, 1824, p. 375-407.

LOBET(B.), *Tolérance et Vérité,* Nouvelle Cité/Racines, 1993.

LOCKE(J.), *Lettre sur la tolérance*(1667), *précédée d'Essai sur la tolérance*(1689) *et de Sur la différance entre pouvoir ecclésiastique et pouvoir civil,* trad. de J. Le Clerc, introduction, bibliographie et notes par J.-F. Spitz, GF-Flammarion, 1992.

LUTHER(M.), *Traité de l'autorité séculière*(1523), *Von weltlicher Obrigkeit, in Werke*, t. XI.

_______________ , *Lettre aux princes de Saxe*, vers 1524, sur Thomas Müntzer et les anabaptistes, in Werke, t. XV.

_______________ , *À la noblesse chrétienne de la nation allemande, in Les Grands Écrits réformateurs*, traduction, introduction et notes par M. Gravier, préface de P. Chaunu, Flammarion, 1992.

MAGGIORI(R.), *De la convivance : philosophie de la liberté ou philosophie de l'amour?*, Fayard, 1985.

MALESHERBES(C.-G. de Lamoignon de), *Mémoire sur la liberté de la presse*(1778), Imprimerie nationale, 1994.

MARCEL(G.), *Phénoménologie et dialectique de la tolérance, in Du refus à l'invocaion*, 5e éd., Gallimard, 1940.

MARCUSE(H.), MOORE(B.), WOLFF(R.-P.), *Critique de la tolérance pure*, J. Didier, 1969.

MEMMI(A.), 《Être-vous tolérant?》, *Le Figaro*, 26 octobre 1995.

MILL(J. STUART), *De la liberté*(1859), Presses-Pocket, 《Agora》, 1990.

MIRABEAU(H.-G. Riqueti, comte de), *Sur la liberté de la presse*, imité de L'Anglois, de Milton, Londres, 1788.

MONTESQUIEU(Ch. de Secondat, baron de), *Lettres persanes*, éd. établie par J. Starobinski, 1973.

MORELLET(A.), *Réflexions sur les avantages de la liberté d'écrire et d'imprimer sur les matières de l'administration*(écrit en 1764), Paris, chez les frères Estienne, 1775, in Opuscules de Morellet, B.N., Z23806(6).

_______________ , *Préservatif contre un écrit intitulé Adresse à l'Assemblée nationale sur la liberté des opinions, etc.*, À Paris, De l'imprimerie de Crapart, in Opuscules de Morellet.

_______________ , *Pensées libres sur la liberté de la presse, à l'occasion d'un rapport du représentant Chénier, à la Convention nationale, du 12 floréal*, À Paris, Chez Maret, in *Opuscules de Morellet*.

NICOLAS DE CUES, *De Pace fidei*, in Opera omnia, éd. de Bâle, 1565.

PAMELE(J.de)(Pamelius), *De religionibus diversis non admittendis. Excellent et très utile traicté de ne recevoir diverses religions en aucunroyaume*, Anvers, 1589; trad. franç., Lyon, 1592.

PELLETAN(E.), *Le Droit de parler. Lettle à Mr Imhaus*, Paris, Pagnerre, 1862

PEY(J.), *La Tolérance chrétienne opposée au tolérantisme philosophque, ou Lettres d'un patriote au soi-disant curé sur son Dialogue au sujet des Protestans*, Fribourg, Les Libraires associés, 1784.

PIE IX, *Syllabus*(1864), Office internationlal des œuvres de formation civique et d'action doctrinale selon le droit naturel et chrétien, 1964.

PIE XII, *Discours à l'Union des juristes catholiques italiens*, 6 décembre 1953. Documentation catholique, 23 décembre 1953.

POLIN(R.), *La Liberté de notre temps, Librairie philosophique* Vrin, 《Problèmes et controverses》, 1977.

POPPER(K.), *Conjectures et réfutations. La croissance du savoir sceintifique*(1963), Payot, 1985.

_______________ , *La Société ouverte et ses ennemis*, Seuil, 1979.

RABAUT-SAINT-ÉTIENNE(J.-P.), *Opinion de Monsieur de Rabaut de Saint-Étienne sur la motion suivante de Monsieur le Comte de Castellane : Nul homme ne peut être inquiété pour ses opinions, ni troublé dans l'exercice de sa religion*, Paris, Baudoin, 1789.

RABELAIS(F.), *Gargantua*, établi et annoté par P. Michel, préface de M. Butor, Gallimard, 《Folio》, 1992

RAWLS(J.), *Théorie de la justice*(1971), Seuil, 1987.

REBÉRIOUX(M.), 《Contre la loi Gayssot》, *Le Monde*, 21 mai 1996

RIC UR(P.), 《Tolérance, intolérance, intolérable》, *Bulletin de la Société d'histoire du protestantisme français*, n° 134, 1988-2, p. 435-450.

ROBESPIERRE(M. de), *Sur les rapports des idées religieuses et morales avec les principes républications et sur les fêtes nationales*, Rapport présenté au nom du Comité de Salut public(18 floréal, an II, 7 mai 1794), in Roberspierre, Discours et rapports à la convention, UGE, 《10-18》, 1965.

ROCHÉ(D.), *Méthode critique et idéal laïque*, Carcassonne, édité par l'auteur, 1922.

ROOS(M.), 《Le rationalisme expérimental : méthode et pratique, ou la ludicité et la tolérance》, *Raison présente*, 1976, n° 37, p. 17-27.

ROSENSTIEL(F.), 《Intolérance, le camaval des vampires》, *Libération*, 22 mars 1994.

ROUSSEAU(J.-J.), *Du contrat social.*

___________ , *Cinquième letttre écrire de la montagne.*

___________ , *Considérations sur le gouvrnement de Pologne.*

___________ , *Discours sur l'économie politique, in Œuvres complètes*, Gallimard, 《Bibliothèque de la Pléiade》, t. III, Paris, 1964.

___________ , *Lettre à Christophe de Beaumont, archevêque de Paris.*

___________ , *Lettre à Voltaire du 18 août 1756, même édition*, t, IV, 1969.

SARTRE(J.-P.), *L'existentialisme est un humanisme*(1945), Gallimard, 《Folio-Essais》, 1996.

___________ , *L'Être et le néant*(1963), Gaillmard, 1980.

SERRES(M.), *Le Tiers instruit*, éd. François Bourin, 1991.

SIMON(J.), *La Liberté de conscience*, Hachette 6e éd., 1883.

SPINOZA(B.), *Traité des autorités théologique et politique*(1670), Gallimard, 《Folio》, 1994.

STUCKI(P.-A.), *Tolérance et doctrine*, Lausanne, L'Âge d'Homme , 1973.

Sur l'édit du mois d'avril 1598, publié le 25 février 1599, anonyme, s.l.n.d.

THIRY(A.), *Liberté religieuse et liberté chrétienne*, Desclée de Brouwer, 1966.

TODOROV(T.), 《La tolérance et l'intolérable》, In Les Morales de *l'histoire*, Grasset, 《Collège de philosphie》, 1991, p. 191-212.

Tolérance, j'écris ton nom, ouvrage collectif, Unesco, éd. Saurat, 1995.

La Tolérance : pour un humanisme hérétique, ouvrage collectif dirigé par Cl. Sahel, Autrement, 《Morales》, 1991.

TURGOT(A, -R.), *Première lettre sur la tolérance.*

___________ , *Seconde lettre sur la tolérance.*

___________ , *Le Conciliateur*, in Œuvres, t. II, Delance, 1808.

VAISSIÈRE(J.-M.), *Fondements de la cité*, Paris, Club du livre civique, 1963.

VAN PAETS(A.), *Lettre sur les derniers troubles d'Angleterre*, Rotterdam, Reinier Leers,

1686.

VERSÉ(A. de), *Traité de la liberté de conscience*(1687), Fayard, 《Corpus des œuvres de philosophie en langue français》, 1998.

VEYNE(P.), *Comment on écrit l'histoire, suivi de Foucault révolutionne l'histoire*, Seuil, 《Points-Histoire》, 1979.

VIRMAUD(C.), *La Tolérance*, Imprimerie de H. Richard, 1922.

VOLTAIRE, *Traité de la tolérance*(1763), GF-Flammarion, 1989.

__________ , *Dictionnaire philosophique*(1769), éd, Étiemble, Garnier, 1967, article 《Tolérance》.

WALZER(M.), *Critique et sens commun*, Agalma/La Découverte, 1990.

__________ , 《Comment valoriser le pluralisme? Une lecture d'Isaiah Berlin》, *Esprit*, n° 224, août-septembre 1996, p. 153-164.

YVON(abbé), *Liberté de conscience resserrée dans des bornes légitimes*, Londres, 1754.